TEN NOVELS
AND
THEIR AUTHORS

高高国际　出品

[英]威廉·萨默塞特·毛姆 著
赵文伟 译

巨匠与杰作

图书在版编目（CIP）数据

巨匠与杰作/（英）威廉·萨默塞特·毛姆著；赵文伟译.—合肥：安徽文艺出版社，2017.8
（毛姆文集）
书名原文：Ten Novels and Their Authors
ISBN 978-7-5396-6171-1

Ⅰ.①巨… Ⅱ.①威…②赵… Ⅲ.①小说家—作家评论—世界 Ⅳ.①I106.4

中国版本图书馆CIP数据核字（2017）第190980号

出 版 人：朱寒冬
责任编辑：宋晓津　　　　　　装帧设计：张丽娜
....
出版发行：时代出版传媒股份有限公司　www.press-mart.com
　　　　　安徽文艺出版社　　www.awpub.com
地　　址：合肥市翡翠路1118号　邮政编码：230071
营 销 部：（0551）63533889
印　　制：北京时捷印刷有限公司　电话：（010）51645685
....
开本：880×1230　1/32　印张：9.25　字数：250千字
版次：2017年8月第1版　2017年8月第1次印刷
定价：35.00元
....
（如发现印装质量问题，影响阅读，请与出版社联系调换）
版权所有，侵权必究

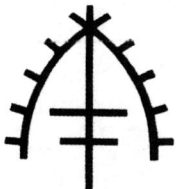

毛姆：偏见与矛盾的混合体

译者序

无论虚构、非虚构，毛姆的作品都有一个大大的"我"字在里面。思考一下毛姆的作品何以在他离世半个世纪后仍畅销不衰，显然不只是在中国，大概和这个"我"字脱不开干系。作家与畅销书是互相成就的关系，先是作家创造出一部畅销书，而后，畅销书给它背后的创造者戴上光环，推到台前，成为畅销书作家，倘若这个畅销书作家有毛姆这般的脑力、"功利"、笔力、心力和耐力，物和"造物者"自然相辅相成，这个作家就不只是幸运地昙花一现，不朽也或可期待了。

毛姆的不朽究竟在哪里呢？或许正在于他的偏见和矛盾。他的似是而非和不可界定与"中正"相违，"中正"更多是被推崇，而不是被喜欢的准则和楷模。

毛姆说："每个人都应时刻培养偏见。"毛姆还说："摧毁自年轻时被灌输的各种偏见，这本身就是一种消遣、一种娱乐。"毛姆又说："一个人只有通过武断的言论才能统治别人。这就是为什么人民的领导者是那些有着强硬的观点、偏见和激情的人，而不是哲学家，但哲学家们通过这样的想法自我安慰：他们不想领导一帮低劣的乌合之众。"看，他有多矛盾。或许正是这种无比人性或充满共性的悖论性格在同质群体中激起了共鸣，他的矛盾与他们或我们的矛盾重合时，他们或我们从皮肉到心灵都会随之震颤，他的矛盾阈值太高的话……这种情况似乎不多见。他把大多数人无意识的感觉具化成了有意识的文字，你在莞尔一笑或放声大笑表示认同的同时会想，这是我想过但没表达出来的，或者，这是我想过但没有找到合适的语言表达出来的，却很少会想，这是我从没想过的。正如毛姆所言："在任何一个族群中，理想之美往往是把平均相貌拔到一个相当的高度，所以，族群在自身发现的本能也就被称作善。"好也是如此，所谓好，就是在客体中看到了"我"，有"我"的影子，再比我高些就是好了。偏见这玩意，在政治正确的语言氛围里，更多是用来抑制，而不是培养的，它有禁不住撺掇的特性，但更多是自发行为。

举个例子，说到女人的本分，毛姆提出了三条看法，"一要漂亮；二要衣着讲究；三，绝不顶嘴。"有一次，他拿一本自己的新书给一个女人看，女人赞不绝口，但她说出的每一句赞美之词都让他感到羞辱。他调动全部的自控力，才忍住没叫她管住自己那张蠢嘴，他还装出一副很满意、很荣幸的样子。他想，如果书中只有她看到的那些东西，他为它花费的那些心思，他读过的那些资料，他付出的那些辛苦就全白费了。他试图说服自己，她只看到了虚荣和肤浅，因为她就是一个虚荣肤浅的女人。看，他有多矛盾。他说的那三条女人的本分里没有一条不是虚荣肤浅的，他却受不了虚荣肤浅的女人。"一个女人若适应不了男性对她的普遍看法就会吃苦头。"可是，哪个做好了女人的本分的女人还接受男人对自己的评价是虚荣肤浅呢？即便女人接受了，男人也似乎给自己套了一件虚荣肤浅的外衣，用同样的虚荣肤浅来批镜中自己的面、打镜中自己的脸。然而，偏见是免不了的。矛盾也是少不了的。言行合一、一以贯之是理想，不是现实，做到言言合一都难。毛姆虽然声称自己十分讨厌不懈地研究人性，但他终归是个对人性看得透彻明白的人，尤其是"月之背面"，他当然不会像某些人那样时刻站在高处，无论白天黑夜，大言不惭地宣称自己说的才是正见，其余的都是非我族类，其心可诛。

有一定智识的人都是"自家有病自家知"，毛姆知道人们说他愤世嫉俗，因为他说真话。他早就知道他身上有某种东西招某些人讨厌。他还是好奇他们到底讨厌他什么。他们讨厌的不正是他的愤世嫉俗，他的说真话吗？而这也正是他被另一个群体喜欢的原因。

毛姆很早就有一种观点，此后一直没变过，那就是"小说家创造的丰满的人物形象身上必然有他自己的影子。其他人物，他只是描写，而不是创造，而且，他们很少令人信服。如果这是真的，那么由此可以断定，通过研究一个作家塑造得最成功的人物，他给予了最多同情和理解的人物，你可以更全面地了解他的性格，这比任何传记都可靠"。

我们在毛姆的文字中看到了毛姆的"我"。他在十大巨匠的十部巨作中看到了他们的"我"。这种"螳螂捕蝉,黄雀在后"，这种"你站在桥上看风景,看风景的人在楼上看你"，都是因为我们，我们的大多数也和毛姆一样喜欢故事，他喜欢讲故事，我们喜欢看故事，他喜欢"戏剧情境险恶多变、矛盾冲突尖锐激烈、剧情发展中包含着大量偶然及巧合的因素"的情节剧，我们也想通过他创作的情节剧从平淡重复的日常生活中出来透口气，受点可接受的刺激。

毛姆算不上一个合格的文艺批评家，他的身份永远是剧作家和小说家，正因如此，这部文艺批评著作不同寻常，且不同寻常得好看。

赵文伟
2017年8月3日

目 录

1 毛姆：偏见与矛盾的混合体
1 小说的艺术
19 亨利·菲尔丁和《汤姆·琼斯》
40 简·奥斯汀和《傲慢与偏见》
62 司汤达和《红与黑》
90 巴尔扎克和《高老头》
113 查尔斯·狄更斯和《大卫·科波菲尔》
138 福楼拜和《包法利夫人》
162 赫尔曼·麦尔维尔和《白鲸》
185 艾米莉·勃朗特和《呼啸山庄》
212 费奥多尔·陀思妥耶夫斯基和《卡拉马佐夫兄弟》
237 托尔斯泰和《战争与和平》

结束语

小说的艺术

1

我想告诉本书的读者，书中的随笔最初是如何写成的。我在美国时，有一天，《红皮书》的编辑请我列一份书单，列出我心目中的世界十佳长篇小说。我照办了，此后没再多想。当然，我的书单是武断的，我本可以列出其他十部小说，和我选择的这十本同样优秀，只是方式不同，并就为何做出这样的选择给出同样充分的理由。倘若请一百个博览群书、教养良好的人列这样一份书单，大概至少有两三百部小说会被提及，但我认为，在所有这些书单中，我所选择的大部分书将会有一席之地。这个问题上观点各异是可以理解的。一本特定的小说为何强烈吸引一个人，理由多种多样，即使此人有明智的判断力，以至于认为此书非同凡响。他阅读此书时所处的时期和环境或许恰好让他容易为之感动；也许由于他自身的偏好和人际交往，使此书的主题或背景对他有非同寻常的意义。我可以想象，一个狂热的音乐爱好者可能会把亨利·汉德尔·理查德森[①]的《莫里斯·格斯特》（Maurice

---

[①] 亨利·汉德尔·理查德森，Henry Handel Richardson，埃塞尔·弗罗伦丝·林德赛·理查德森的笔名，1870—1946，澳大利亚女小说家。（此处均为译者注，后文不再特别标明）

Guest）置于十佳小说之列；一个五镇本地人，对阿诺德·本涅特[①] 对镇上的居民及其性格的逼真描写非常满意，会把《老妇人的故事》(The Old Wives' Tale）列入他的书单。这两本都是好小说，但我并不认为一个不偏不倚的评判者会将其中任何一部列入十佳。一个读者的国籍会让他对某些作品感兴趣，并导致他给出高于普遍看法的评价。18世纪时，英国文学在法国被广泛阅读，但自打那时起，直到最近，法国人对国界之外的任何文字都兴趣不大，我不认为一个法国人会想到在我开列的这种书单中提到《白鲸》(Moby Dick）, 若提到《傲慢与偏见》，此人必定学养非凡，但他必定会将拉法耶特夫人[②]的《克莱芙王妃》(La Princesse de Clèves）收入其中，公平来讲，这本书有其突出的优点。这是一部情感小说，一部心理小说，或许是有史以来第一部心理小说：情节动人、人物描写合乎情理，文笔出色，且篇幅短小，这一点值得称赞。它所描述的社会状态是每一个法国学童所熟知的，他们都读过高乃依和拉辛的作品，因此熟悉书中的道德氛围；它与法国最辉煌的历史时期的联系使其独具魅力，而且它对法国文学的黄金时代做出了有价值的贡献。然而，英国读者可能会认为，主人公的宽宏大度着实怪异，对话未免呆板，且行为不可思议。我并不是说，他这么想是对的，只是有了这种想法，他绝不会将这部令人钦佩的小说列入世界十佳。

我为《红皮书》开列书单时，写了一条简短的评论："一个睿智的读者将在阅读这些书时获得最大的享受，倘若他掌握了有用的跳读的技巧。"理智的读者不会把读小说当成一项任务。他是当消遣来读的。他准备对书中的人物感兴趣，关心他们在特定环境中如何行动，会有什么事发生在他们身上；他们烦恼，他同情；他们愉快，他欢喜；他设身处地，在一定程度上，过着他们的生活。他们的人生观，对于人类思索的各种伟大主题的态度，无论是通过语言表达出来，还是通过

[①] 阿诺德·本涅特，Arnold Bennett, 1867—1931, 20世纪初英国杰出的现实主义作家。
[②] 拉法耶特夫人，Marie Madeleine de La Fayette, 1634—1693, 法国女作家。

行为呈现出来，总会唤起他的惊讶、欢乐或是愤慨的情绪。然而，他本能地了解自己的兴趣所在，就像猎狗跟随狐狸的气味一样确定。有时，由于作者的失败，他闻不到这种气味了。这时，他就会挣扎着向前，直至重新找到它。于是，他跳读。

人人都会跳读，但跳读的同时不损失什么并非易事。据我所知，这是一种天赋，也可通过经验获得。约翰逊[①]博士的跳读能力实在惊人，鲍斯韦尔（Boswell）告诉我们："无论读哪本书，立刻抓住其中有价值的部分对他而言易如反掌，无须费力地从头读到尾。"无疑，鲍斯韦尔指的是资料书或教化书；如果读小说是件费力的事，干脆不要读了。可惜的是，由于我马上要谈到的一些原因，可以让读者从头至尾，且兴趣不衰地读完的小说寥寥无几。尽管跳读也许是个不好的习惯，读者也是迫不得已。然而，一旦读者开始跳读就很难停下来，从而会遗漏掉许多对他有益的东西。

我给《红皮书》开列的这份书单面世后不久，碰巧一位美国出版商给我提了个建议，即以删节本的形式重新出版我提到的那十部小说，并请我为每部书作序。他的想法是，保留作者该讲的东西，其余的全部删去，只显示相关的思想，呈现他所创造的人物，这样，读者就可以读这些佳作了，若不把书中那么多被认为是朽木枯枝的毫无价值的内容砍去，读者就不会读这些书，尽管这种想法并不公平；只保留有价值的内容，读者就可以充分享受一种强烈的智力乐趣。听他这么说，我先是诧异，但过后想想，虽然有些人掌握了跳读的窍门，并从中获益，但大多数人没有，假如有一位老练且有鉴别力的人替他们跳读，当然是件好事。我支持为这些小说写序的想法，并立即着手。某些文学系的学生、教授和批评家会惊呼，将一部杰作删改得支离破碎简直骇人听闻，杰作就该原样照读。是否要这么做取决于杰作本身。我认为，迷人如《傲慢与偏见》，结构紧凑如《包法利夫人》，一页都不能删；

[①] 塞缪尔·约翰逊，Samuel Johnson，1709—1784，英国作家、文学评论家和诗人。

可是，明智的批评家乔治·森茨伯里[①]曾说过，"没有几部小说经得起狄更斯作品那样的浓缩与节略。"删减本身无可责难。很少有剧本在演出前，为了对作品有利，而不在排演时大幅删改的。许多年前，有一天，我同萧伯纳共进午餐，他对我说，他的作品在德国比在英国成功得多。他把这归因于英国观众的愚蠢和德国人更睿智。他错了。在英国，他坚持让演员把他写的每一个字都说出来。我在德国看过他的戏，那里的导演毫不留情地将与戏剧行为无关的冗词赘语一概删去，从而给观众提供一种彻底的娱乐享受。不过，我觉得还是不要告诉他为好。我不明白有什么理由不能对小说进行类似的处理。

柯勒律治在谈到《堂吉诃德》时说，这是一本可以通读一遍的书，此后只需随意翻阅。他的意思大概是，某些部分太沉闷，乃至荒唐，一旦你觉察到这一点，再花时间去读就不值当了。这是一本伟大且重要的著作，一个声称学文学的学生肯定应该通读一遍（我自己从头至尾读过，英文版读了两遍，西班牙文版读了三遍），但我不能不这么认为，一个普通读者，为了消遣而阅读的读者，完全不读枯燥无味的部分也不会有任何损失。他肯定更欣赏那些与文雅骑士和他朴实侍从的冒险和对话直接相关的段落，那么有趣、那么动人。事实上，一位西班牙出版商将这些段落编成了一卷，好看极了。还有一本小说，当然也很重要，至于说它伟大嘛，我要迟疑一下，这就是塞缪尔·约翰逊的《克拉丽莎》（Clarissa），它的长度足以击败所有小说读者，特别顽强不屈的除外。若不是碰到了一个删节本，我不相信自己有勇气去读它。这个删节本做得极好，我没觉得自己损失什么。

我想，大多数人会承认，马塞尔·普鲁斯特的《追忆似水年华》是20世纪最伟大的小说。我是普鲁斯特狂热的崇拜者，可以饶有兴

[①] 乔治·森茨伯里，George Saintsbury，1845—1933，英国文史学家及评论家。他最重要的作品包括：《欧洲文学批评史及文学鉴赏》《12世纪后英国韵律学史》《法国小说史》等。

致地读他写的每一个字；有一次，我大放厥词，我宁愿要普鲁斯特带给我的厌烦，也不要被其他作家逗乐，但读完第三遍，现在的我打算承认，这本书的很多部分价值不等。我怀疑，普鲁斯特受当时的思潮影响写下的那些冗长散漫的沉思段落，未来的读者不会感兴趣，当时的思潮如今部分已被遗弃，部分平庸陈腐。我想，到了那个时候，比现在更明显的是，他是一位伟大的幽默家，他塑造新颖、多样、逼真的形象的能力，可使之与巴尔扎克、狄更斯和托尔斯泰并驾齐驱。或许有一天，他这部鸿篇巨制的删节版会问世，删去那些被时间剥离价值的段落，只留下精华，那才是兴味持久的所在，即便如此，《追忆似水年华》仍将是一部很长的小说，但它将是一本绝妙的书。安德烈·莫洛亚[1]写过一本极好的书——《马塞尔·普鲁斯特研究》(A La Recherche De Marcel Proust)，叙述得稍显复杂，据我的理解，作者的本意是将小说分三卷发表，每卷大约四百页。第二、三卷付印时正赶上第一次世界大战爆发，出版延期。普鲁斯特的健康状况太糟，无法服兵役，于是他利用可随意支配的充足的空闲时间给第三卷增添了巨量的材料。"增加的许多东西，"莫洛亚说，"是心理学和哲学论文，在这些论文中，智者（我认为他指的是作者本人）对人物的所作所为做出了评论。"他补充说，"从中可以编纂出一系列蒙田风格的随笔：论音乐的作用、艺术的新奇性、风格之美、论少数派、论对医药的鉴别力，等等。"确实如此，然而，这些内容是否增加了小说本身的价值，我认为，取决于你对这种形式的基本功能持怎样的见解。

这方面，不同的人有不同的看法。赫伯特·乔治·威尔斯[2]写过一篇有趣的杂文，名为《当代小说》。"就我看来，"他说，"只有通过

---

[1] 安德烈·莫洛亚，André Maurois，1885—1967，法国著名作家。代表作《布朗勃尔上校的沉默》。

[2] 赫伯特·乔治·威尔斯，Herbert George Wells，1866—1946，英国著名小说家，尤以科幻小说创作闻名于世。

这个媒介，我们才能对由当代社会发展所引起的数量惊人的问题中的绝大部分展开讨论。"未来的小说是"社会的协调者、理解的载体、自省的工具、道德的阅兵场、生活方式的交流、风俗习惯的工场，以及对法律制度、社会教条和思潮的批判"。"我们要探讨政治问题、宗教问题和社会问题。"威尔斯对小说仅是一种消遣方式的观点缺乏耐心。他直截了当地说，他无法将小说视作一种艺术形式。奇怪的是，他憎恶他人认为他的小说是宣传，"因为，在我看来，宣传这个词仅限于为某个有组织的党派、教会或学说所提供的特定的服务"。无论如何，这个词现在的含义更广，它指的是一种方法，通过口头语言、书面文字和广告，一再重复，试图说服他人，你对什么是正确与恰当、好与坏、正义与非正义的观点是正确的，所有人都应当接受并照办。威尔斯的主要小说旨在传播某种学说和原则，这就是宣传。

这一切可归结为一个问题，小说到底是不是一种艺术形式？它的目的是教育，还是娱乐？如果它的目的是教化，那它就不是一种艺术形式。因为，艺术的目的是取悦于人。诗人、画家和哲学家们一致同意这一观点。然而，由于基督教教导人们看待娱乐时要心怀疑虑，将其视作迷惑不朽灵魂的圈套，这一事实令许多人震惊。把娱乐看成好事似乎更合理，不过，我们要记住，某些娱乐会带来有害的后果，因此避开它或许更明智。社会上存在着一种普遍倾向，即把娱乐仅仅看作耽于肉欲感官，这很自然，因为肉体的欢乐比精神的欢乐更生动，也更鲜明，然而，这绝对是错误的，因为欢乐有思维的，也有肉体的，尽管思维的欢乐没那么强烈，但更持久。《牛津词典》给艺术下了这样一个定义："技巧应用于有关品味的学科，如诗歌、音乐、舞蹈、戏剧、演说、文学创作等。"说得很好，但接下来又补充了一句，"尤其是在现代应用中，本身作为一种客体，在工艺与执行的完善中展现自身的技巧。"我想，这是每一位小说家的目标，但我们都知道，永远也实现不了。我想，我们可以声称，小说是艺术的一种形式，也许不是一种十分崇高的艺术，但仍是一种艺术。然而，它是一种本质上不完善的形式。我在各地的演讲中谈过这个话题，现在我要讲的并不比从前好，所以我简要地引述一些内容。

我认为把小说当布道坛或讲台来用是一种陋习，我相信，当读者以为可以轻松从中获取知识时，他是被引入了歧途。知识只能通过勤奋获得的想法着实可恶。如果我们能吞下裹着小说果酱因而变得可口的有益信息的药粉也是好的。但事实上，变得可口之后，我们就不能确定这药粉是否有益了，因为，小说家所传递的知识是有偏见的，所以不可靠；与其了解被歪曲过的知识，还不如完全不了解。小说家就是小说家，没有理由成为别的什么家。他是个好小说家就够了。他应该对很多东西略知一二，但成为某个特定学科的专家没有必要，有时甚至有害。他不需要吃下整头羊才知道羊肉的滋味，吃一块羊排就够了。这样，吃了羊排，再运用他的想象力和创造力，就可以将爱尔兰炖肉很好地描述一番，但如果他从这点出发，进而讨论他对养羊业、羊毛产业和澳大利亚政治局势的看法，那么有保留地接受才是明智之举。

小说家任由偏见摆布。他所选择的题材、创造的人物，以及他对他们的态度，都受此制约。无论他写什么，都是在表达他的性格，呈现他固有的直觉、感觉和经验。无论他多么追求客观，他仍是他特有风格的奴隶。无论他多么追求不偏不倚，还是忍不住会偏袒某一方。他预先耍了手腕。在小说最开始向你引见一个人物时，他就博得了你对那个人物的兴趣和同情。亨利·詹姆斯[①]一再强调，小说家要将情节戏剧化。作者必须把材料编排得足够吸引读者的注意力，这种说法很说明问题，尽管或许不太明晰。因此，为了达到他想要的效果，必

---

① 亨利·詹姆斯，Henry James，1843—1916，19世纪美国继霍桑、麦尔维尔之后最伟大的小说家，也是美国乃至世界文学史上的大文豪。代表作有长篇小说《一个美国人》《一位贵妇的画像》《鸽翼》《使节》和《金碗》等。

要时,他会牺牲逼真性和可信度。众所周知,有科学和资料价值的作品不是这个写法。小说家的目的不是教育,而是娱乐。

2

小说可以有两种主要写法。各有利弊。一种是第一人称,另一种是全知视角。采用后一种写法时,作者可以告诉你一切他认为有必要的话,使你跟随故事情节的发展,理解他笔下的人物。他可以描述人物的内在情感和动机。如果一个人正在过马路,他可以告诉你,他为什么这么做,结果会怎样。他可以关注一组人物和一系列事件,之后将其暂时搁置,关心起事件的另一面和另一组人物,激活阑珊的兴致,同时将故事复杂化,展现生活的复杂多样。这种写法的危险在于,一组人物可能比另一组有趣得多,举个著名的例子——《米德尔马契》[①],读到他毫不关心的人物命运时,读者会不胜其烦。以全知视角写成的小说要冒着笨拙、冗长、散漫芜杂的风险。这类小说,没有谁比托尔斯泰写得更好,但即便是他也摆脱不了这些缺陷。这种写法所提出的要求,作者无法时刻满足。他必须潜入每一个人物的内心,感其所感、想其所想,但他毕竟有自己的局限,只有他身上有他所塑造的人物的影子时,他才能做到这一点。没有的话,只能从外部观察,这样,他笔下的人物就少了能使读者相信的说服力。

我想,由于亨利·詹姆斯十分关心小说的形式,并意识到了这些缺陷,于是发明了被称为亚变种的全知写法。采用这种写法时,作者

---

① 《米德尔马契》,*Middlemarch*,是乔治·艾略特较成熟的一部作品,也被许多批评家认为是她的代表作。小说塑造了约一百五十个"圆形"或"扁平"人物,并将他们安排在错综复杂的社会关系中,再现了一个完整的社会结构。

仍是全知全能的,但他的全知全能集中在一个人身上,由于是个人就难免犯错,作者的全知全能并不完全。当作者写到"他看见了她的笑容"时,他将自己包裹在全知里;但当他写"他看出了她笑容中的讽刺"时就不是了,因为他把讽刺归于她的笑容,这也许没有正当理由。亨利·詹姆斯无疑看得很清楚,这种写法的有用之处在于,比如《大使》中的史特雷瑟,这个特定人物极其重要,作者通过他的所见、所闻、所感、所思,以及他的猜测,讲述故事,展现其他相关人物的性格,作者觉得这样很容易避免无关紧要的东西,小说结构必然紧凑。此外,这种写法赋予了他的文字以逼真性,因为你被要求主要关心一个人,你会不知不觉地被他引导着相信了他的话。故事通过那个人物来讲述,他所逐步获知的事实,也是读者应该了解的事实,会被传达给读者,所以,读者会在一步步对曾经令人费解、模糊不清、飘忽不定的东西的阐释中获得乐趣。这种写法赋予了作品类似侦探小说的神秘感,以及亨利·詹姆斯一贯渴求的戏剧性。不过,一点一点透露一连串事实的危险在于,读者可能比揭露真相的人物更机敏,早在作者希望他知道答案之前就猜到了。我想,读过《大使》的读者都会对史特雷瑟的迟钝越来越不耐烦。就在他眼皮底下的东西,和他接触的每个人都心知肚明的东西,他却看不见。这是一种"公开的秘密",史特雷瑟竟然猜不到,这表明这种方法有缺陷。把读者想象得比他们本身更傻的做法靠不住。

既然小说的大部分内容是从全知的视角书写的,想必小说家们认为,总的来说,这是他们处理难题最满意的方式;但用第一人称讲故事也有一定的优势。正如亨利·詹姆斯所采用的方法,它也赋予叙事以逼真感,迫使作者紧扣主题,因为他只能告诉你他亲眼所见、亲耳所闻、亲身经历的事。要是19世纪英国伟大的小说家们多采用这种写法就好了,部分由于发表的方式,部分由于民族特性,他们的小说倾向于结构松散、杂乱无章。采用第一人称写法的另一个优点是,让你同情叙述者。你也许不认同他，但他会让你的注意力集中在他身上，迫使你同情他。然而，这种写法也有一个缺点，比如在《大卫·科波菲尔》中，叙述者同时也是主人公，他告诉你他有多么英俊迷人时，这种言辞不免令人生出不得体的怀疑，他在讲述他的英勇行为时则显得极度虚荣，所有读者都看出女主人公爱着他，他却看不出来，又显得很愚蠢。然而，还有一个更大的缺陷是这类小说作者无法完全克服的，主人公兼叙述者，那个中心人物，与相关人物比起来，容易显得苍白。我问过自己为什么会这样？我能给出的唯一的解释是，作者把自己当成了主人公，从内部主观地观察这个人物，讲述他所看到的东西，这会让他感觉到自身的困惑、软弱和优柔寡断；而其他人物，他是从外部，通过他的想象和直觉，客观地去观察的，如果他具有，譬如说，狄更斯那种非凡的天赋，他就会带着一种戏剧的强烈性、喧闹的趣味感观察他们，怀着极其喜悦的心情看待他们古怪的言行，使他们逼真地凸显出来，并使他对自己的描写黯然失色。

以这种方式写成的小说有很多，曾经风行一时，这就是书信体小说。当然，每封信都用第一人称，且由不同的人来写。这个写法的优点是极其逼真。读者很容易相信这些信是真实的，由他们宣称的作者所写，之后由于轻信他人而落入小说家的圈套。如今，小说家们尤其力求真实感，他想让你相信，他告诉你的事确确实实发生过，即使像明希豪森男爵讲的故事[1]那样不可能，或者像卡夫卡的《城堡》那样令人恐惧。然而，这种风格有严重的缺陷。这种讲故事的方式很复杂，且拐弯抹角，深思熟虑到令人难以忍受。书信语言往往啰唆，包含不相干的内容。读者开始厌倦这种方式，它也就逐渐消失了。以这种方式写成的称得上是杰作的小说是：《克拉丽莎》《新爱洛伊丝》[2]和《危

---

[1] 指《吹牛大王历险记》。
[2] 《新爱洛伊丝》，*La nouvelle Heloise*，书信体小说《新爱洛伊丝》是卢梭的代表作之一。

险关系》[1]。

然而，有一种用第一人称创作的小说，在我看来，避免了这种写法的缺陷，同时充分利用了它的长处。也许这是写小说最便利也最有效的方式。从赫尔曼·麦尔维尔的《白鲸》一书中可以看到他很好地利用了这种写法。在这类小说中，作者自己讲故事，但他不是主人公，讲的也不是自己的故事。他是书中的一个人物，并与参与其中的其他人物或多或少有着紧密的联系。他的作用不是决定情节，他的角色是参与者的密友、斡旋者和观察者。他就像希腊悲剧中的合唱队，反思他所目睹的情况；他也许悲叹，也许劝告，但无力影响事态的发展。他把读者当作知心人，把他知道的、希望的、害怕的东西全都告诉读者，困惑不解的时候，也会坦率地告诉读者，不必把他写成笨蛋，这样，他就不会把作者希望隐瞒的东西泄露给读者，就像亨利·詹姆斯笔下的史特雷瑟那样。相反，作者可以把他写得极其精明敏锐。叙述者和读者由于都对故事中的人物，他们的性格、动机和行为感兴趣而联合在一起；叙述者使读者对他所塑造的人物产生了他对自身同样的亲切感。他所取得的真实的效果与作者本人就是小说主人公的效果一样有说服力。他能把主人公塑造得引起你的同情，给他戴上英雄的光环，叙述者是主人公时，不激起你的敌对情绪是办不到的。这种有助于读者对人物产生亲近感，且增加真实性的小说写法，显然很值得推荐。

现在我想斗胆说一下，我认为一部好小说应该具备哪些特性。它应该有一个可以引发广泛兴趣的主题，我的意思是，认为这个主题有趣的人不局限于一个小圈子，不管是批评家、教授、高雅的知识分子、公共汽车售票员，还是酒吧招待，要具有广泛的人性，可以吸引形形色色的男女。此外，读者对这个主题的兴趣要持久不衰：只选择热门话题的小说家未免太轻率了。一旦这些题材不再有趣，他的小说就会变得像上个星期的报纸一样不值一看。作者所讲述的故事要有连

---

[1] 《危险关系》，*Les Liaisons Dangereuses*，法国作家拉克洛创作的长篇书信体小说。

贯性和说服力，故事应该有头，有身，有尾，尾必须是头的自然结果。主要情节应具有可能性，不仅开拓主题，还应该从故事中自然生发出来。小说家创造的人物应该个性化，行为应该从性格出发，绝不允许读者发出这样的议论："某某绝不会那样"，相反，读者不得不说："我本该料到某某会这样，会这么做。"我认为，人物本身有趣就更好了。比如，福楼拜的《情感教育》，许多杰出的批评家盛赞这部小说，但他所选择的主人公那么没有个性、没有特色、索然无味，以至于我们不可能在乎他的所作所为，或者有什么事会发生在他身上，结果是，尽管这部小说有很多优点，依然不堪卒读。我想，我应该在这儿解释一下为什么我说人物要有个性：希望小说家创造出一个全新的人物纯属奢望，他的材料是人性，尽管有形形色色的人，各种各样的情况，但种类毕竟不是无限的，小说、故事、戏剧、史诗已被创作了数千年，作者创造出一个全新人物的机会微乎其微。回想整部小说史，我能想到的唯一绝对具有独创性的人物是堂吉诃德，得知某个博学的批评家还在这本书中找到了他的一个远祖，我也不觉得奇怪。如果作者能通过他自身的个性看待他的人物，如果他的个性与众不同到赋予他笔下的人物以一种虚幻的独创性，他就已经很幸运了。

正如人物的行为应从性格出发，语言也是。上流社会的女人说话就该像上流社会的女人，站街女说话就该像站街女，赛马探子说话就该像赛马探子，律师说话就该像律师。无疑，梅瑞狄斯[①]和亨利·詹姆斯的作品有这方面的毛病，他们的人物讲起话来全是梅瑞狄斯和亨利·詹姆斯的口吻。对话既不该漫无目的，也不该成为作者发表观点的契机；它应当服务于刻画人物性格，并推动故事情节向前发展。叙事段落应当生动、扼要，不要过分冗长，必须使相关人物的动机和他所置身的情境清晰且令人信服。文字应当简洁，足以让受过一定教育的读者轻松地阅读，风格应当符合题材，就像一只做工精巧的鞋适

[①] 梅瑞狄斯，Meridith，1828—1909，英国19世纪作家。

合一只匀称美观的脚。最后，小说应当有趣。虽然我把这一点放到最后讲，但这是必不可少的特性，缺少了它，其他特性全无效。一部小说提供的娱乐越有智慧越好。娱乐这个词有很多意义，其中之一是提供乐趣或消遣。常见的错误是，以为从这个意义来讲，消遣是唯一重要的事。从《呼啸山庄》或《卡拉马佐夫兄弟》中得到的娱乐，和从《项狄传》①或《老实人》②中得到的一样多。感染力不同，但同样合理。当然，小说家有权谈论人人都关心的伟大的主题，比如，上帝的存在、灵魂的不朽、生命的意义和价值；但最好谨慎些，并牢记约翰逊博士那句至理名言：关于这些主题，再也没有人能说出任何新鲜且准确的见解，或者任何准确且新鲜的见解。小说家只能希望他的读者对他不得不说的话感兴趣，如果这些主题是故事的必要组成部分，对刻画人物至关重要，并会影响到他们的行为举止——导致某些行为发生，否则，他们的行为就不会发生。

然而，即使一部小说具备我所提到的所有特性，这是苛求，依然存在白璧微瑕的情况，一个形式上的瑕疵也会导致不完美。因此，没有一部长篇小说是完美的。短篇故事是这样一种虚构作品，根据它的篇幅，大约十分钟到一个小时内就能读完，它的主题单一、明确，描写一次完整的事件，或者一系列密切相关的事件，关乎心灵或现实。或增，或减，都不可能。我相信，写短篇小说可以达到完美的境界。我认为收集很多做到这一点的短篇小说并不难。然而，长篇小说是一种篇幅不定的叙事文学，可以长如《战争与和平》，讲述一连串事件，展现一个时间段内许许多多的人物，也可以短如《卡门》。为了让故事可信，作者必须讲述一系列相关的事实，而这些事实本身并不有趣。

---

① 《项狄传》，*Tristram Shandy*，全名为《绅士特里斯舛·项狄的生平与见解》，是18世纪英国文学大师劳伦斯·斯特恩的代表作之一。《项狄传》被认为是"世界文学中最典型的小说"。评论家指出20世纪小说中的意识流手法可以追溯到这部奇异的小说。

② 《老实人》，*Candide*，伏尔泰哲理性讽刺小说的代表作。

事件经常需要间隔一段时间，作者为了作品的平衡，必须尽可能插入一些内容来填补这个空间。这些段落被称作"桥"。大多数作家顺从地过桥，各显神通地过桥，但在这个过程中，内容很可能枯燥乏味。小说家也是人，难免受到时代风气的影响，毕竟他有不同寻常的感受力，所以经常会不由自主地写下来，而当这种风气过去后，魅力也就消失了。我来举个例子：19世纪以前，小说家们极少注意景物描写，一两句便足以让他们说出所有关于景物要说的话，可是当浪漫派，比如夏多布里昂[①]抓住公众的喜好后，为了描写而描写流行起来。一个人沿着一条街去药房买支牙刷，作者也得告诉你，他路过的房子什么样，店里出售哪些商品。黎明、夕阳、星夜、晴空、白雪皑皑的山岭、黑洞洞的森林——所有这一切都会引发没完没了的描写。许多描写本身很美，但无关痛痒：很久以后，作家们才发现，景物描写，无论观察得多么诗意，表达得多么出色，除非有这个必要，都是无益的，也就是说，除非有助于作者推动故事情节向前发展，或者告诉读者有关人物他理应了解的情况。这是小说一个附加的缺陷，还有一种缺陷是内在的。写作大部头作品需要花费一定的时间，至少几个星期，一般要好几个月，有时甚至要好几年，这期间，作者的创造力有时会衰退，只好转而求助顽强的勤勉和综合能力了，如果仅凭这些就能吸引读者，实在令人惊奇。

过去，读者求量不求质，为了划算，希望小说很长，于是作者艰难地向出版商提供超过他要讲述的故事所需的更多的材料。他偶然发现了一种简单的方法，就是在小说中插入一些故事，有的故事长到足以被称作中篇小说，这些故事与主题毫无关联，充其量是有点道理的增补。做起这种事来，没有谁比《堂吉诃德》的作者塞万提斯更若无其事。这些插入的文字始终被认为是一部不朽著作的污点，读者只能

[①] 夏多布里昂，Chateaubriand，1768—1848，著有小说《阿达拉》《雷内》《基督教真谛》，长篇自传《墓畔回忆录》等，法国早期浪漫主义的代表作家。

耐着性子读。当代批评家就这点抨击过他。我们知道，他在书的第二部分戒绝了这种不良做法，写出了普遍认为不可思议的内容，续篇竟然好过前半部，但这并不能阻止后来者（无疑他们没读过那些批评文章）使用这种便利的手段，向书商提供大量文稿，足以做出一本畅销书。19世纪，新的出版方法让小说家们面临新的诱惑。投入大量版面登载含有贬义的通俗文学作品的月刊大获成功，这给作者提供了一个机会，作品在正式出版之前以连载的方式面世，作者从中获利。大约就在同一时间，出版商们发现，在月刊上发表受欢迎的作家的小说有利可图。作者按合同要求提供一定数量的材料，填满一定数量的页面。这种方式鼓励他们慢悠悠地絮叨。这些连载小说作者，即便是最棒的那几个，狄更斯、萨克雷、特罗洛普[①]，也曾亲口承认，他们时不时会觉得，被迫在规定日期前交稿是一种可恨的负担。怪不得加那么多废话！怪不得他们用不相干的事件让故事变得拖泥带水！当我考虑到，小说家要应付多少障碍，要避开多少陷阱，哪怕最伟大的小说也不是完美的，这一点并不让我觉得奇怪，我奇怪的只是，它们没有更不完美。

3

我曾抱着提升自己的希望读过几本谈论小说的书。总的来说，这些作者和赫伯特·乔治·威尔斯一样，不愿把小说视作一种消遣的手段。他们众口一词，认为故事情节无关紧要。事实上，他们倾向于认为，故事会阻碍读者专注于他们所认为的小说的要素。他们似乎没有想过，故事情节可谓是作者为了吸引读者抛出的一根救生索。他们把

[①] 安东尼·特罗洛普，Anthony Trollope，1815—1882，英国作家，代表作品有《巴彻斯特养老院》和《巴彻斯特大教堂》等。

为了讲故事而讲故事看作小说的一种低劣的形式。我觉得这个想法很奇怪,因为听故事的欲望和占有欲一样,似乎深植于人类这种动物的内心。有史以来,人们就围坐在篝火旁,或群集于市场上,听人讲故事。这种欲望一如既往地强烈,如今侦探小说风靡天下就可以为之佐证。事实上,认为小说家是讲故事的人相当于傲慢地对他不理不睬。我敢说,这种人不存在。作者通过他所选择的事件、挑选的人物,以及他对他们的态度,提供了一种对生活的批判。或许不够新颖,也许不够深刻,但它就在那里;因此,或许他不知道,但他依然是一个朴素的道德家。然而,道德和数学不同,不是一门精确的科学。道德不可能坚定不移,因为涉及人的行为,我们都知道,人是虚荣的、易变的、摇摆不定的。

我们生活在乱世,这无疑是小说家要谈论的东西。前途渺茫。自由受到威胁。我们被焦虑、恐惧和失意掌控。长期不被怀疑的价值观似乎变得可疑起来。但这些都是重大的问题,谈论这些内容的小说,读者可能会觉得有点沉重,这一点并没有逃过小说家的眼睛。如今发明了避孕药,人们不再高度重视贞洁。小说家很快就觉察到了这给两性关系带来的改变,于是每当他们觉得必须做点什么,让读者兴趣不减时,就会让人物纵情交媾。我认为这种做法不是很明智。关于性交,查斯特菲尔德勋爵[①]说过这样的话:"欢愉是短暂的、情境是荒谬的、花费是可恶的。"如果他活到今天,读一下现代小说,或许会补充一句,这种行为千篇一律,反复讲极其枯燥乏味。

目前存在这样一种倾向,强调对人物性格,而不是事件的描写。当然,刻画人物性格很重要,因为除非你熟知小说中的人物,并对他们产生同情,否则,你不太可能关心发生在他们身上的事。然而,专注于人物,而不是发生在他们身上的事,也只是一种写法而已。纯粹

[①] 查斯特菲尔德勋爵,Lord Chesterfield,1694—1773,英国著名政治家、外交家及文学家,有写给儿子的五十篇家书结集为《一生的忠告》传世。

讲故事的小说，即使人物刻画得敷衍或平庸，也同样有存在的权利。事实上，这类好小说也有一些，比如《吉尔·布拉斯》[1]和《基督山伯爵》。如果山鲁佐德[2]专注于人物性格，而不是他们的奇遇，她的脑袋早没了。

在接下来的章节中，我将讲述每一位作者的生平和性格。我这么做，部分是为了自娱自乐，也是为读者着想，因为我认为，了解作者是怎样一个人，有助于更好地理解和欣赏他的作品。对福楼拜有所了解，读《包法利夫人》时，碰到令人不安的地方会好理解得多；知道艾米莉·勃朗特少得可怜的生平，对她那本独特且奇妙的书会有更透彻的体会。作为一名小说家，我是从我自己的立场写这些随笔的。这种做法的危险在于，小说家倾向于最喜欢他自己写的那类东西，对于他人的作品，他会根据它们同自己的做法有多相近来评判。面对不会自然产生共鸣的作品，为了做出完全公正的评价，他需要具有心平气和的正直和精神上的宽容大度，易怒的人很难具备这些品质。另一方面，一个自己不是创作者的批评家可能对小说的技巧知之甚少，因此，他的批评要么是他的个人印象，很可能价值不大，除非他像德斯蒙德·麦卡锡[3]那样，既是文人，又深谙世故，要么他给出的评判建立在一套严格的准则之上，只有遵循这些准则才能获得他的认可，这就像一个鞋匠只做了两个尺码的鞋，如果两个鞋号都不合适，你就光着脚走吧，他才不在乎。

我写这些随笔，首先是为了吸引读者阅读这些小说，但为了不扫读者的兴，我觉得我必须小心，忍住不要透露更多的内容，因此很难充分讨论一本书。重写这些文章时，我想当然地认为读者已经了解我所谈论的小说了，所以即使我泄露了作者出于明显的理由拖到最后才

---

[1]《吉尔·布拉斯》，*Gil Blas*，全名为《吉尔·布拉斯·德·桑蒂亚纳传》，勒萨日的代表作，法国著名的流浪汉小说。

[2]《天方夜谭》里的一个女性人物，苏丹的新娘，靠每夜说一个故事取悦于苏丹，从而挽救了自己的性命。

[3] 德斯蒙德·麦卡锡，Desmond MacCarthy，1877—1952，英国文学评论家和记者。

讲出的事实也无关紧要。我毫不犹豫地指出我在这些小说中发现的优缺点，因为某些作品被正确地视为经典，有时任意恭维是帮了一般读者一个大大的倒忙。他读着读着就会发现，某个动机没有说服力，某个人物不真实，某个事件与主题无关，某段描写冗长乏味，性子急的人还会叫嚷起来：告诉他这本小说是杰作的批评家们全都是一群蠢蛋。如果他是个谦逊的人，他会责怪自己，认为这本书超出了他的理解能力，不适合他这类人看；但如果他生性固执，尽管没什么乐趣，他还是会认真地读下去。可是，小说就该津津有味地读。如果它不能给读者带来乐趣，那么对读者而言，它就毫无价值。从这一点来说，每个读者都是他自己最好的批评家，因为只有他自己知道，他到底喜欢读什么，不喜欢读什么。然而，我想，小说家可能会声称，除非你承认他有权对读者有要求，否则就是对他不公平。他有权要求读者具备阅读一本三四百页的书所需要的少量的专注度。他还有权要求读者有足够的想象力，足以对他所塑造的人物的经历、悲喜、苦难、危险和奇遇感兴趣。除非读者能给出自身的某些东西，否则无法从小说中得到它所给予的最好的东西，如果做不到，干脆不要读，人没有读小说的义务。

亨利·菲尔丁和《汤姆·琼斯》

1

写亨利·菲尔丁这个人的难处在于，人们对他了解甚少。1762年，就在菲尔丁去世八年后，阿瑟·墨菲①写过一篇菲尔丁简史，作为菲尔丁的一个版本的作品的引言，墨菲好像认识菲尔丁，即便认识，也是在他晚年，资料少得可怜，大概为了凑足八十页，他简直是长篇大论、离题万里。他讲的事实很少，后来的研究表明，仅有的一点事实也不一定准确。上一个详细论述菲尔丁的作家是剑桥大学彭布罗克学院院长霍姆斯·达顿博士②，厚厚实实两大卷本的著作俨然是一座辛苦勤奋的纪念碑。他通过生动地描述当时的政治环境，形象地描写"小王位觊觎者"③1745年的不幸遭遇，为讲述主人公的职海浮沉增添了色彩、深度和实质性的内容。我不认为，关于亨利·菲尔丁，还有什么是卓越的彭布罗克学院院长没说过的。

菲尔丁出身名门。他的父亲约翰·菲尔丁是索尔兹伯里一位牧师

---

① 阿瑟·墨菲，Arthur Murphy，1727—1805，爱尔兰作家。
② 霍姆斯·达顿博士，Dr Homes Dudden，1874—1955，学院管理者和神学学者。
③ 即斯图亚特家族的查理·爱德华·斯图亚特，又称"小王子查理"，老王位觊觎者詹姆斯的长子，英国国王詹姆斯二世的孙子。

的第三个儿子,他自己则是德斯蒙德伯爵的第五个儿子。德斯蒙德是登比家族一个较年轻的分支,登比自我吹嘘为哈布斯堡家族的后裔。吉本,那个写过《罗马帝国衰亡史》的吉本[①] 在他的自传中写道:"查理五世的继承人也许会拒绝承认他们的英国兄弟,但《汤姆·琼斯》中的风流韵事,对人类习俗精妙的描述,将比埃斯科里亚尔宫殿,比奥地利皇室的鹰徽更有生命力。"这句话引起了很多人的共鸣,可惜事实证明,这些贵族老爷的说法没有依据。他们把自己的姓氏写成了菲尔丁。有一个众所周知的故事,一次,当时的伯爵问亨利·菲尔丁这个姓氏的由来,亨利回答说:"我只好猜想,这是因为家族中我们这个分支在学会拼写大人您的姓氏前先学会了拼写菲尔丁。"

菲尔丁的父亲参了军,战时在马尔堡手下效力,"十分英勇,极具声望"。他娶了亨利·古尔德爵士的女儿萨拉。亨利·古尔德是王座法庭的一名法官;1707年,我们的作家在这位法官位于格拉斯顿伯里附近夏朴罕公园(Sharpham Park)的乡间宅邸降生。随后的两三年里,菲尔丁夫妇又有了两个孩子,都是女儿,之后他们迁往多塞特郡的东斯陶尔,法官将那栋房子赠予了他的女儿,接下来,他们又有三个儿女出生在这里。菲尔丁夫人卒于1718年,次年,亨利入读伊顿公学,并在那里交下了几位宝贵的朋友,假如他不离开的话,正如阿瑟·墨菲所言,"对古希腊作家了如指掌,谙熟拉丁文经典著作"的他一定会真正爱上古典学问。晚年,当他疾病缠身、贫困潦倒之际,他从阅读西塞罗的《自我安慰》中找到了安慰;临终前不久,他在一条前往里斯本的船上,随身带着一本柏拉图的书。

离开伊顿后,他并没有上大学,而是在索尔兹伯里跟外祖母古尔德夫人生活了一段时间,这时,古尔德法官已经去世。据达顿博士说,他在那儿读了一些法律书,还有杂七杂八很多文学书。这时的菲尔丁

[①] 爱德华·吉本,Edward Gibbon,1737—1794,近代英国杰出的历史学家,影响深远的史学名著《罗马帝国衰亡史》一书的作者,18世纪欧洲启蒙时代史学的卓越代表。

是个相貌英俊的青年，身高六尺有余，强壮，迷人，眼窝深陷，罗马鼻，上唇短，嘴角撇出一丝嘲讽的笑，下巴倔强突出，一头棕色卷发，牙齿洁白整齐。这年，他十八岁，已经能看出将来会成为哪类人。他碰巧住在林姆雷吉斯，有一个可信的仆人跟随左右，愿意为主人"打打杀杀"。他在这儿爱上了一个萨拉·安德鲁斯小姐。她可观的财富为她的美貌增添了魅力，于是他图谋把她弄到手，必要时就抢亲。阴谋败露后，这个姑娘立即被转移，并安全地嫁给了一个更合格的求婚者。大家都知道，接下来的两三年他是在伦敦度过的，靠着祖母给的生活费，像出身高贵且仪容标致、风度翩翩的公子哥那样纵情欢乐。1728年，通过表姐玛丽·沃特利-蒙塔古夫人的关系，并在安·奥德菲尔德，一个迷人但不太贞洁的女演员的帮助下，菲尔丁的一部戏被科利·西伯（Colley Cibber）搬上了特鲁里街剧院的舞台。这部戏的名字是《几种假面具下的爱情》（Love in Several Masques），一共演了四场。这之后不久，他进入莱顿大学，父亲每年给他两百英镑的生活费。但后来，他父亲再婚了，尽管许诺过，但不能，或者不愿继续资助他。于是过了大约一年，菲尔丁被迫回到英格兰。他自己曾轻松有趣地说过，当时的处境窘迫到别无选择，要么做个开出租马车的车夫，要么做个平庸的作家。

为英国作家丛书撰写菲尔丁生平的奥斯汀·多布森（Austin Dobson）说："他的爱好和机遇将他带上了舞台。"他有高昂的兴致、幽默感，以及对现实生活敏锐的观察，这些都是剧作家需要具备的特质。此外，他似乎还有一定的独创精神和结构感。奥斯汀·多布森所谓的"爱好"很可能是指，他有替身表现癖（vicarious exhibitionism），这是剧作家性格的一部分，而且，他把写戏看作赚快钱的捷径：所谓的"机遇"可能是在婉转地说，他是个充满阳刚之气的帅小伙，赢得了一个女明星的芳心。取悦女主演曾经是年轻剧作家把剧本成功搬上舞台的不二之道。1729年至1737年，菲尔丁创作或改编了二十六个剧本，至少有三部戏大受欢迎。其中有一部戏曾把斯威夫特逗得哈哈大笑，迪恩绞尽脑汁，只回想起这种情况此前只出现过两次。菲尔丁在纯喜剧方面做得不太好，据我所知，他巨大的成功体现在这样一种风格上，也就是说，他发明了一种娱乐方式，其中有歌舞、时事小品、戏仿，同时影射公众人物，其实这和当下流行的时事讽刺剧别无二致。阿瑟·墨菲说，菲尔丁的闹剧"通常两三个早上便写得，写作对他而言实在易如反掌。"达顿博士认为这是夸大其词。我不这么认为。有些剧本很短，我听说过一个周末就写成的轻喜剧，不见得质量就差。菲尔丁的最后两个剧本抨击了当时的政治腐败，他的抨击十分有效，导致内阁通过了一项《批准法案》，一部戏必须在经理人拿到宫务大臣的许可证后方能上演。这项法案至今仍折磨着英国作家们。自打那以后，菲尔丁很少写剧本，写的话，无外乎一个原因，他的经济比往常更拮据。

我不会假装认真读过他的剧本，但我确实翻阅过，读过一些片段，感觉他的对白自然活泼。我偶然看到的最有趣的部分是他对一个角色的描写。依照当时流行的写法，他在《伟大的大拇指汤姆》的人物表中写道："一个完美无瑕的女人，只是有点贪杯。"通常，人们认为菲尔丁的剧本毫无价值，毋庸置疑，如果他不是《汤姆·琼斯》的作者，谁也不会关注他写的剧本。他的剧本缺少文学性，（就像康格里夫[①]的作品），两百年后，评论家们在自家书房读这些剧本时希望它们有文学性。但写剧本的目的是演出，不是阅读：剧本有文学性当然好，但这并不能使之成为好剧本，倒很可能（往往如此）让剧本变得不太适合演出。到如今，菲尔丁的剧本已失去了原有的价值，戏剧十分依赖现实性，因而短命，几乎像报纸一样短命，而且正如我说过的那样，菲尔丁的剧本之所以成功，是因为讨论的是时事，既然那么轻松，必然有其优点，因为，无论是一个青年写剧本的愿望，还是必须承受来

[①] 康格里夫，William Congreve，1670—1729，英国剧作家，英国风俗喜剧的优秀代表。

自一个女明星的压力,都无法迫使经理们答应接二连三上演他的剧作,除非能取悦观众。在这一点上,观众才是最终的裁判。除非经理能号准观众的脉,否则必定破产。菲尔丁的剧本起码有一个优点,观众喜欢去剧院看他的戏。《伟大的大拇指汤姆》连演了"四十多个夜场",《巴斯昆》(Pasquin)和《乞丐的歌剧》(The Beggar's Opera)一样,都是连演了六十个夜场。

菲尔丁没对自己的剧本的价值抱任何幻想,他自己也说过,他是在原本应该开始时停止了为舞台创作。他为钱而写,不太关心观众是否理解。墨菲说,他签了一份创作戏剧或闹剧的合同,"很多至今仍健在的他的朋友都知道,他在酒馆待到很晚才回家,第二天早上,他把写在卷烟纸上的一场戏交给演员,他酷爱烟草。"排演一部叫《大喜之日》(The Wedding Day)的喜剧时,参演的一个演员加里克对其中一场戏提出异议,要求菲尔丁删去。"不行,该死。"菲尔丁说,"如果这场戏不好,让他们自己去发现吧。"这场戏上演时,观众吵嚷着表达不满:加里克回到休息室,作家正陶醉于自己的天赋,用一瓶香槟酒安慰自己。当时,他已经喝多了,他瞟了一眼这位演员,粘着烟丝的口水顺着嘴角滴滴答答往下淌。"怎么了,加里克?"他说,"他们嘘什么?"

"哎呀,还不是我求你删掉的那场戏。我就知道不行,他们可把我吓坏了,我这一晚上的心情都甭想平静了。"

"我,真该死,"作家回答道,"他们看出来了,是吗?"

这个故事是阿瑟·墨菲讲的,我必须说,我怀疑它的真实性。我认识加里克这种演员兼经理,跟他们打过交道,我觉得,如果他认为一场戏会毁掉整部戏,他不太可能答应演,不过,除非貌似可信,没人会编出这种逸事。这至少说明菲尔丁的朋友和玩伴们是如何看待他的。

我这么喋喋不休地讲他做剧作家的那段日子,是因为我认为这对他成长为一名小说家非常重要,尽管这不过是菲尔丁职业生涯的一段小插曲。相当多优秀的小说家尝试过写剧本,但我想不起有谁获得过令人瞩目的成功。问题在于,戏剧和小说的写作技巧很不同,学会如何写小说在写剧本时没多大助益。小说家有的是时间阐述主题,可以随心所欲地描写人物,并通过讲述人物的动机让读者明白他们的所作所为。技巧够娴熟的话,他能把不可能的事写得活灵活现。如果有叙事天赋,他能把情节逐步推向高潮,长时间的铺垫会让结果更触目惊心(这方面最好的例子是《克拉丽莎》那封信,她在信中宣告自己被诱奸。),他无须表现动作,讲出来就行;他可以让人物通过对话解释自己的行为,想写多少页就写多少页。但剧本依赖的是行为;当然,我所谓的行为,不是指剧烈的行为,比如从悬崖上掉下来,或者被一辆公共汽车碾过去,递一杯水之类的行为也可以有极强的戏剧性。观众的注意力非常有限,必须靠一连串事件抓住他们,始终要有新鲜的事情发生;主题要开门见山,展开主题必须遵循一条特定的思路,不能走到与主题不相干的岔道上去;对话必须干脆利落、简明扼要,听者无须停下来思考就能立刻理解其中的含义;人物必须浑然一体,让观众一眼便知,一想就懂,不管多么复杂,这种复杂性必须讲得通。结尾松散要不得,无论结尾多么微不足道,根基必须稳固、结构必须扎实。

如果编剧具备了我所建议的这些必备的素质,观众看戏时就能津津有味地头从看到尾,这时,他再写小说就有优势了。他学会了言简意赅;懂得了情节迅速推进的价值;明白了不能徘徊不前,而要紧扣主题,继续讲他的故事;他晓得了让人物不借助描述,而是通过言行来表现自己,因此,当他开始在小说所给予的更广阔的画布上创作时,他不但能从小说这一特定形式的优点中获益,他做编剧时所受的训练也能让他把小说写得生动活泼、节奏明快,且富有戏剧性。这些都是极好的素质,有些优秀的小说家,尽管他们有其他长处,却不具备这些素质。我认为，菲尔丁写剧本那些年没有白费，正相反，到了写小说的时候，当时积累的经验的价值就显示出来了。

1734年，菲尔丁娶了夏洛特·克拉多克，她是住在索尔兹伯里的一个寡妇的两个女儿之一，我们对她一无所知，除了知道她美丽迷人。克拉多克夫人是个老于世故、固执己见的女人，显然，她不同意菲尔丁打她女儿的主意，不过，我们也不能太责怪她，菲尔丁收入不稳定，他与剧院的关系很难激发一个审慎的母亲的信任。总之，这对情人私奔了，克拉多克夫人去追赶过，但"没能及时赶上他们，并阻止这桩婚事。"菲尔丁将夏洛特塑造成《汤姆·琼斯》中的索菲娅和《阿米莉亚》(Amelia)中的阿米莉亚，因此，读过这两本书的人会对她在恋人及丈夫眼中的形象有一个确切的概念。一年后，克拉多克夫人离世，留给她一千五百英镑。这笔钱来得正是时候，因为菲尔丁早前上演的一部戏以惨败收场，手头正紧。他有一个习惯，时不时会去曾属于他母亲的小庄园住上一阵子。接下来的九个月，他就是在那里度过的，款待朋友，享受乡村提供的各种娱乐活动。回到伦敦后，他在秣市买下了小剧院①，用的想必就是夏洛特得到的那笔遗产花剩的钱。没过多久，他便在那里上演了他最好（据说）也最成功的剧作：《巴斯昆，一部关于时代的讽刺剧》(Pasquin, a Dramatic Satire on the Times)。

《批准法案》的出台终止了菲尔丁的戏剧生涯，这时，他有一个妻子和两个孩子，靠极少的一点钱维持生活。他必须另谋生路。他进入中殿律师学院②，据阿瑟·墨菲说，尽管"有时他会故态复萌，早年寻欢作乐的癖好和他的精神活力合谋将他拖入城市的狂欢中"，但他仍用功学习，并及时取得了律师资格。他准备兢兢业业地从事法律工作，但接到的案子似乎并不多，很可能是律师们信不过这个只以写轻喜剧和政治讽刺剧为人所知的人。此外，从业三年后，痛风开始频繁

---

① 小剧院，the Little Theatre，小剧院即后来的秣市皇家剧院，或秣市剧院。
② 英国伦敦四所律师学院之一，负责向英格兰及威尔士的大律师授予执业认可资格。

发作，妨碍他定期出庭。为了赚钱，他只得给报纸写粗劣的文章，与此同时，他抽出时间，写了他的第一部小说《约瑟夫·安德鲁斯》。两年后，他的妻子去世了。她的死令他悲痛到精神恍惚。路易莎·斯图尔特夫人[①]写道："他狂热地爱着她，她也回报以温情，但他们的生活并不幸福，因为他们几乎穷困潦倒，很少有平静安稳的状态。所有人都知道他言行轻率，但凡手里有点钱就去挥霍掉，谁也拦不住他，他从不为明天考虑。有时，他们的寄宿环境还算体面，舒适度尚可容忍；有时，他们住在破旧的阁楼里，连基本的生活必需品都没有，此外，他还四处躲债，有时想要找到他，得去拘留所。他那能屈能伸、欢乐的性情帮他挺过来了，忧虑却折磨着夏洛特更脆弱的神经，并逐渐搞垮了她的身体。她的健康每况愈下，发了一次烧，便在他怀里咽气了。"这个故事的真实性在菲尔丁的《阿米莉亚》中被部分证实了。我们知道，小说家习惯利用生活中任何一点微小的经验，菲尔丁创造了比利·布思（Billy Booth）这个人物，他不仅描绘了自己，也描绘了他的妻子，也就是阿米莉亚，并使用了婚姻生活中发生的各种事件。妻子过世四年后，他娶了她的女仆玛丽·丹尼尔。当时，她已经有了三个月的身孕。他的朋友们大为震惊，夏洛特死后一直跟他一起生活的妹妹离开了那个家。他的表姐玛丽·沃特利-蒙塔古夫人对此嗤之以鼻，他竟然"跟厨娘寻欢作乐"。玛丽·丹尼尔没有多少个人魅力，但她是个大好人，每次说到她，他都会充满温情和敬意。她是一个非常正派的女人，把他照顾得很好，她也是一个好母亲。她为他诞下二男一女。

当菲尔丁还是一个在困境中挣扎的剧作家时，他曾试图亲近权倾朝野的罗伯特·沃波尔爵士[②]，尽管他对菲尔丁的剧作《现代丈夫》（The Modern Husband）不吝赞美之辞，但这个毫不领情的内阁大臣

[①] 路易莎·斯图尔特夫人，Lady Louisa Stuart，1757—1851，英国作家。
[②] 罗伯特·沃波尔爵士，Sir Robert Walpole，1676—1745，英国辉格党政治家，后人普遍认为他是英国历史上第一位首相。

似乎不想为他做什么，因此菲尔丁断定在沃波尔的反对派那边能得到更好的帮助，于是，他主动向反对党的领导人之一切斯特菲尔德勋爵示好。用达顿博士的话来说，"他的暗示不能更明了了，如果他们愿意雇佣他，他愿意把全部的机智幽默用在对手身上"。最终，斯特菲尔德勋爵答应了，菲尔丁被任命为一家叫《冠军》的报纸的主编，创办这份报纸的目的就是攻击和嘲笑沃波尔和他的内阁。1742年，沃波尔倒台，经过短暂的间隔，继任者是亨利·佩勒姆。菲尔丁效力的党派执政了，接下来的几年，他为支持政府和为政府辩护的几家报纸撰文并编稿。他自然盼望付出能有回报。菲尔丁在伊顿交下且仍保持友谊的朋友当中有一个叫乔治·利特尔顿（George Lyttelton）的，他出自一个显赫的政治家族（直至今日，依然显赫），也是一个慷慨的文学资助人。利特尔顿被任命为亨利·佩勒姆内阁的财政大臣，1748年，通过他的关系，菲尔丁被任命为威斯敏斯特治安法官。很快，他更有效地履行职责，管辖范围延伸至米德尔赛科斯，他和家人在博街①的官邸安顿下来。由于受过法律专业训练，熟习世俗，且有这方面的天赋，菲尔丁很适合这个职位。菲尔丁说他就职前，这份工作的价值是每年五百镑的肮脏钱，他每年只拿到三百镑的干净钱。他通过贝德福德公爵的关系从公共服务基金拿到一笔津贴，大概每年一两百镑。1749年，《汤姆·琼斯》出版，他给政府报纸编稿那段时间肯定在写这部小说。他总共拿到了七百镑的稿费。当年的钱更值钱，至少相当于现在的五六倍，所以这笔钱相当于现在的四千镑。如今，对于一本小说而言，这是一笔很不错的酬劳。

此时菲尔丁的健康状况很糟糕，痛风时常发作，他不得不常去巴思或伦敦附近他的一处乡间别墅养病。然而，他并没有停止写作。他撰写与自身职责有关的宣传册。一本名为《造成近日匪患之调查》的小册子曾促成政府通过了那项著名的《金酒法案》。他还写了《阿米

---

①博街，Bow Street，伦敦市街名，警察法庭所在地。

莉亚》——他的勤奋令人惊叹——这本书于 1751 年问世。同一年，他着手主编另一份报纸《柯芬园日报》。他的病情恶化了，显然再也无法履行他在博街的职责了。1754 年，在打掉一帮给伦敦制造恐惧气氛的亡命之徒后，他把这个职位让给了他的同父异母兄弟约翰·菲尔丁。继续活下去的希望似乎只有一个，到气候比英国好的地方去。于是，同年六月，他乘坐由理查德·维尔担任船长的"葡萄牙皇后号"离开祖国，前往里斯本。他于八月抵达目的地，两个月后，与世长辞，终年四十七岁。

2

我凭借不充分的资料，概述了菲尔丁的生平，想想菲尔丁这辈子，我心中有一种很奇特的感觉。他是一个人。很少有人能把更多的自己放进作品当中，阅读他的小说，你会产生那种与他亲密交往多年的感觉。他身上有某种当代的东西。有一种英国人，即使近来也不罕见。你会在伦敦、纽马克特，狩猎季节在赖斯特郡，8 月份在考兹，仲冬时在戛纳或蒙特卡洛，遇到他。他是一位绅士，彬彬有礼。他相貌好、脾气好、待人友善、易于相处。他并不是很有文化，但包容文化人。他喜欢姑娘，容易作为共同被告受到传讯。他不是一个劳动者，他也不明白自己为什么应该是。虽然他什么都不做，但并非无所事事。他有足够的收入，且出手大方。如果爆发战争，他会参战，并勇冠三军。此人无害，大家都喜欢他。许多年过去后，他青春已逝，富有不再，生活也没过去那么轻松了，他被迫放弃打猎，但依然打得一手好高尔夫，你还是很高兴在俱乐部的桥牌室见到他。人到中年，他娶了一个老情人，一个有钱的寡妇，做她的好丈夫。当今这个世界已经没有他的位置了，再过几年，这类人就会绝种。我想，菲尔丁就是这类人。

只是碰巧他有极高的写作天赋,让他可以成为一名作家,他愿意的时候可以很努力地工作。他贪杯、好色。人们谈论美德时,想到的总是性,然而,贞洁只是美德很小的一部分,可能还不是主要部分。菲尔丁情欲旺盛,会毫不犹豫地向它屈服。他也可以温柔地爱一个人。爱和情,不是一码事,爱,根源于性,但也有无爱的性欲。否认这一点,不是虚伪,就是无知。性欲是一种动物本能,并不比口渴和饥饿更可耻,没有理由不去满足它。如果说菲尔丁享受了性的欢愉,有点淫乱,但即便如此,他也并不比大多数男人更糟糕。像我们很多人一样,他为自己的罪过悔恨——如果这是罪过的话——但一有机会,他还是会犯错。他脾气暴躁,但心地善良,为人慷慨大方,时代如此堕落,他却那么诚实;他是个深情的丈夫和父亲;他勇敢、真诚,是个好朋友,朋友们对他的忠诚至死不渝。他虽然容忍他人的缺点,却痛恨残暴和两面三刀。成功并没有让他膨胀,一对山鹑和一杯克拉雷红葡萄酒足以让他坚毅地忍受逆境。他随遇而安,怀着高昂的兴致和愉悦的心情面对生活,而且总能尽情享受。实际上,他酷似他笔下的汤姆·琼斯,跟比利·布思也有几分相像。他是一个很正派的人。

不过,我得告诉读者,我所描绘的亨利·菲尔丁的形象,与我经常提到并从中获取大量有用信息的彭布罗克学院院长那部巨著中所描绘的形象完全不符。他写道:"直到近期,大众想象中盛行的菲尔丁的形象仍是一个卓越的天才,生来就有一副'好心肠'和许多可亲的品质,可是他沉湎酒色,不负责任,做下了令人遗憾的荒唐事,并非完全没有沾染更严重的恶习。"而且他极力说服读者,菲尔丁备受诋毁。

但是这个达顿博士试图驳倒的概念,在菲尔丁有生之年很流行。熟悉他的人持有这种看法。确实,在他生活的那个年代,他曾遭到政敌和同行猛烈的攻击,对他的指责很可能夸大其词,但既然对他的指责造成了不良影响,肯定貌似有理。举个例子来说,已故的斯塔福德·克里普斯爵士[①]有很多死对头，他们急着要诽谤他；他们说他是变节者，背叛自己所属的阶级，但他们从来没想过要说他是一个色鬼和酒徒，因为众所周知，他品德高尚、生活极有节制，这么做只会让他们自己显得荒唐。同样，围绕一个名人的传言也许并不真实，但一定貌似正确，否则人们不会信以为真。阿瑟·墨菲说过，有一次菲尔丁为了交税让他的出版商预付了一笔款子，拿着这笔钱回家的路上，他遇到一个朋友，那人的境况比他还糟糕，于是他把这笔钱给了那个朋友。收税员打来电话，他回口信说："朋友急需，友情为重，让收税员再打电话来。"达顿博士认为这则逸事并不真实，但既然有人编出这么个故事，就说明它可信。人们谴责菲尔丁挥霍无度，他很可能就是个败家子；这是伴随他的逍遥自在、兴致高昂、喜欢饮酒作乐和对金钱满不在乎的性格而生的。因此，他经常欠债，"催债的人和法警"会不时地骚扰他。毫无疑问，当他绞尽脑汁也弄不到钱的时候，他会向朋友求助，他们也会给他钱。高尚的埃德蒙·伯克[②]也是。作为一名剧作家，菲尔丁在戏剧圈混迹多年；在任何一个国家，无论过去，还是现在，剧院都不被视作教育青年严于律己的有益场所。通过安·奥德菲尔德的关系，菲尔丁的第一部戏得以搬上舞台。安死后葬在威斯敏斯特教堂，但由于她曾被两个有身份的先生包养，并育有两个私生子，为她树碑的请求遭到了拒绝。想当年，菲尔丁可是个帅小伙儿，她没资助过他才是怪事，而且他身无分文，她不把自己从恩主那儿得来的钱分一些来帮助他才是怪事。他之所以同意接受资助也许是因为贫穷，而不是出于意愿。如果说他年轻那会儿沉溺于私通，他和他那个年代（以及我们这个年代）大多数有机会同时有条件的年轻男子并没有什么不同。毫无疑问，"许多个夜晚，他是在酒馆中痛饮"中度过的。无论哲学家

[①] 斯塔福德·克里普斯爵士，Sir Stafford Cripps，1889—1952，英国工党政治家。
[②] 埃德蒙·伯克，Edmund Burke，1729—1797，爱尔兰政治家、作家、演说家、政治理论家和哲学家。他经常被视为是英美保守主义的奠基者。

们如何断言，大家公认一个常识，对于青年和老人，各有一套道德标准，门第出身不同，也会标准不一。一个神学博士与人胡乱通奸应当受到谴责，一个年轻人这么做则是本性使然；一个学院的院长喝得烂醉如泥不可宽恕，一个大学生偶尔为之则无可厚非。

菲尔丁的敌人们攻击他受雇于政客。确实如此。他很乐意用自己极高的天赋为罗伯特·沃波尔爵士效劳，发现他们不需要他时，他同样乐意为沃波尔爵士的敌人效劳。这并没有特别牺牲原则，因为当时的执政党和在野党的唯一区别是，政府官员有职业薪金，在野党没有。腐败现象普遍存在，涉及生计问题时，贵族老爷们和菲尔丁一样随时愿意倒戈。值得称许的是，沃波尔发现他很危险时，主动提出，如果菲尔丁放弃在野党，就安排他在自己的政府任职，他拒绝了。他也很聪明，因为没过多久沃波尔就倒台了！菲尔丁有很多上层社会的朋友，在艺术界也有名人朋友，但从他的作品来看，显然，他喜欢和出身底层且声名狼藉的人厮混于一处，因此他受到了严厉的谴责，但在我看来，如果他不参与底层社会的生活，并享受其中，他不可能把底层人的生活场景描写得那么精彩生动。在他生活的那个年代，人们普遍认为他荒淫无度、恣意挥霍。证据太充分，不容忽视。如果他是彭布罗克学院院长希望我们相信的那种可敬、贞洁、节俭的人，他写出《汤姆·琼斯》的可能性微乎其微。我认为，误导达顿博士试图粉饰菲尔丁的原因是，尽管这种企图也许值得称赞，但他没有想过，自相矛盾，甚至难以捉摸的特质，可以在一个人身上共存，并以某种方式达到一种可容忍的、貌似合理的和谐。一个过着安逸的学院生活的人自然会这么想，因为菲尔丁慷慨、善良、正直、和蔼、充满柔情，而且很诚实，在院长看来，他不可能同时是那种挥金如土，在有钱朋友那儿蹭上一顿饭，或者讨得一个基尼，流连于酒馆，喝酒喝到毁了身体，一有机会就交欢的人。达顿博士说，他的第一任妻子在世时，菲尔丁对她绝对忠诚。他怎么知道的？菲尔丁当然爱她，充满激情地爱着她，但他不会是第一个遇到合适的场景便心旌摇荡的有爱的丈夫；事后，他很可能和他笔下遇到类似情况的布思上尉一样，后悔不迭；但这并不能阻止他在机会来临时再次越界。

玛丽·沃特利-蒙塔古夫人在一封信中写道："我为亨利·菲尔丁的故去难过，不仅因为再也读不到他的作品了，而且我相信，他比其他人失去的更多，因为没有谁比他更享受生活，尽管几乎没谁有更少的理由这么做，他最大的偏好就是在最深的邪恶与苦痛的深沟里搜索。我认为，受雇主持夜间婚礼更高贵，而不是更可恶。他快乐的性情（即使在他病痛缠身，健康毁坏殆尽之时）使得他在面对一块鹿肉糕和一瓶香槟时会忘掉一切；我深信，他比地球上任何一个王公都经历过更多欢乐的时刻。"

3

有人读不了《汤姆·琼斯》。我指的不是那些只看报纸和图画周刊的人，也不是只读侦探小说的人；我指的是那些如果你把他们归类为知识分子，不会提出异议的人，我指的是那些满心欢喜一读再读《傲慢与偏见》人，读《米德尔马契》时沾沾自喜，读《金碗》①时诚惶诚恐的人。可能他们从来就没想过要读《汤姆·琼斯》，他们尝试过，但读不下去，觉得无聊。现在说他们应该喜欢这本书没用。这个问题没有什么"应该"不应该。读小说是为了找乐，我再重复一遍，如果它给不了你乐子，就什么都给不了。没有人会因为你不觉得它有趣就责怪你，就像没有人会责怪你不喜欢牡蛎。但我还是忍不住问自己，到底是什么令读者望而却步？这本书曾被吉本形容为一幅精美的人类

---

① 《金碗》，*The Golden Bowl*，亨利·詹姆斯的小说。

风俗画，沃尔特·司各特①称赞它是真理和人性本身，关于此书，萨克雷写道："《汤姆·琼斯》这部小说确实精妙，结构堪称奇迹，充满智慧的穿插情节、观察力、多重恰当的转折和想法，这部伟大的喜剧史诗中形形色色的人物，都在不断激发读者的赞美和好奇心。"他们是对两百年前的生活方式、风俗习惯和那个时代的人不感兴趣吗？是风格的问题吗？多么轻松自然的风格。有人说过——我忘了是谁说的，可能是菲尔丁的朋友斯特菲尔德勋爵：好的风格与有教养的人的言谈类似。这正是菲尔丁的风格。他和读者聊天，给他讲汤姆·琼斯的故事，就像在餐桌旁就着一瓶葡萄酒给一群朋友讲故事。他没有故作高雅。美丽贤淑的苏菲亚显然听惯了"淫妇""杂种""娼妓"这类字眼，而出于某种难以猜测的原因,菲尔丁把 bitch(婊子)写成了 b..ch。事实上，她父亲魏思特恩老爷有时候会把这些字眼随便用在她身上。

以谈话的方法写小说，作者会把你引为知己，告诉你他对他所创造的人物的感觉，以及他让人物所处的环境，这么做是有危险的。作者触手可及，他会妨碍你与他故事中的人物及时交流。有时，他的说教会惹怒你，一旦他开始偏离主题，阅读很容易变得枯燥乏味。你不想听他就道德或社会问题发表看法；你想让他继续讲故事。菲尔丁的枝节话总是说得合乎情理，或者妙趣横生，这些题外话很简短，而且他会很有风度地表达歉意。字里行间透着他温厚的品性。萨克雷很不理智地模仿菲尔丁这个写法，那么一本正经、道貌岸然，你忍不住怀疑他虚伪。

《汤姆·琼斯》分成数册，每册开头，菲尔丁都会写一篇散文体的序言。有些评论家对此大为欣赏，认为这些序言锦上添花。那么，我只能猜想，这是因为他们的兴趣不在它是小说这点上。散文家选中一个主题，而后加以论述。如果这个主题对你来说是新鲜的，他或许能告诉你一些你以前不知道的东西，但新鲜的主题很难找到，所以，

---

① 沃尔特·司各特，Sir Walter Scott，1771—1832，英国著名的历史小说家和诗人。

一般来说，他希望以自己的态度和看待问题特有的方式吸引你。也就是说，他希望你对他本人感兴趣。可是，你看小说时并不想这么做。你不在乎作者，他在给你讲故事，给你介绍一群人物。读者想知道这些人物接下来怎么样了，要是读者不想知道就完全没有理由读这本书。小说不应当被视作教化启迪的媒介，它是一种智力消遣的来源，这一点我怎么强调都不为过。菲尔丁似乎是写完小说后才写的介绍《汤姆·琼斯》的散文，这些散文几乎与他介绍的书没有任何关系。他自己也承认，这给他带来不少麻烦。我也疑惑，何必写呢。他不可能意识不到，很多读者认为他的小说低级、毫无道德感，甚至下流，他或许想通过这些序言提升一下档次。这些散文合乎情理，有时极其精明；如果熟悉这部小说，读起来会有一定的乐趣；但第一次读《汤姆·琼斯》的人，跳过去不看才是明智之举。《汤姆·琼斯》的情节受到广泛称赞。我从达顿博士那里得知，柯勒律治曾惊叹："菲尔丁简直是个创作大师！"司各特和萨克雷同样狂热。达顿博士引述了后者的观点："无论道德与否，让读者仅把这本小说当作一件艺术品来审视吧，他一定会被打动，认为这是人类的巧思所能创造出来的最令人惊奇的作品。没有一个事件是无关紧要的，全部在推动故事向前发展，从前面的事件中产生，并与整体紧密相连。这样一个文学'天意'，如果可以用这个词，在其他虚构作品里是见不到的。你可以删掉半部《堂吉诃德》，或者对沃尔特·司各特的任何一部小说添枝加叶、调换顺序，或者改写，二者都不会受到损害。罗德里克·蓝登[①]和那类主人公经历一连串冒险活动，最后，种种诡计败露，有情人终成眷属。但《汤姆·琼斯》的历史从第一页贯穿到最后一页，想想作者在动笔前就在头脑中构建了这个故事，并将整个结构烂熟于心，他肯定是这么做的，实在是不可思议。"

这段话有夸大的成分。《汤姆·琼斯》是仿照西班牙流浪汉小说

[①] 英国文学家斯摩莱特的自传体小说《蓝登传》的主人公。

和《吉尔·布拉斯》的模式写的，简单的结构取决于这种体裁的特性：男主人公出于某种原因离开家，一路上经历各种奇遇，周旋于各色人物中间，最后发财致富，抱得美人归。菲尔丁遵循这种模式，用不相干的故事中断叙事。作者采用的手段并不恰当，原因我已在第一章中给出了，作者不得不给书商提供一定数量的内容，拿一两个故事来充数；但我认为不仅如此，还有一部分原因是，他们担心一大串冒险活动可能给人冗长乏味的感觉，他们觉得如果随意插入一个故事，或许能刺激读者一下；还有一部分原因是，他或许有意写一个短篇小说，但作品没有其他与读者见面的方式。评论家们对此颇有微词，但积习难改，我们都知道，狄更斯在《匹克威克外传》中就借助了这种手段。《汤姆·琼斯》的读者即使跳过"山上的男人"和菲茨赫伯特太太的故事不读，也不会有任何损失。萨克雷所谓"没有一件事是无关紧要的，全部都在推动故事向前发展，并从前面的事件中产生"的说法不太准确。汤姆·琼斯遇到吉普赛人就没有什么结果；引入亨特太太，以及她向汤姆求婚，实在没有必要；一百英镑钞票的事没有用，而且这种可能性微乎其微。萨克雷惊叹菲尔丁动笔前在头脑中构建了整个故事。我不相信他做过任何此类事情，就像我不相信萨克雷在撰写《名利场》前这么做过一样。我认为更有可能的情况是，菲尔丁预先构思好了小说的主线，然后边写边创作出各种事件。大部分事件设计得颇为巧妙。菲尔丁和写流浪汉小说的前辈们一样，不太关心可能性，最不可能发生的事发生了，最离谱的巧合将人物聚集在一起，他兴致勃勃地催促你向前，你几乎没有工夫，其实也没有意愿抗议。人物以原色勾勒，辅之以草率且大胆的尝试，倘若欠缺微妙感，可用勃勃的生气弥补。他们个性鲜明，描述的手法有点夸张，但这就是当时的风气，也许这种夸张并没有超出喜剧所允许的范畴。恐怕奥沃希先生好到令人难以置信，在这一点上，菲尔丁失败了，所有企图描绘一个完美的正人君子的小说家都失败了。经验似乎表明，不让他显得有点蠢是不可能的。读者对一个好到任由所有人欺骗他的人物没有耐心。据说，奥沃希先生的原型是住在帕莱尔帕克的拉尔夫·艾伦[1]。如果真是这样，人物描写是精准的，这只能说明，虚构作品中那些直接从生活中拿来的人物向来难以令人信服。

相反，布立菲尔被认为坏到令人难以置信。菲尔丁憎恶欺诈和伪善，他太讨厌布立菲尔了，所以出手过重；然而，在现实生活中，布立菲尔这类卑鄙无耻、鬼鬼祟祟、追逐私利、冷血无情的家伙并不罕见。只有担心被识破这一条使他不至于沦为一个彻头彻尾的混蛋。但我认为，倘若布立菲尔没有这么容易就被识破，我们会更相信他。他令人厌恶，他不是活的。尤赖亚·希普则是活的，我问过自己，菲尔丁是不是故意没把他往坏了写，他本能地意识到，如果让布立菲尔担当一个更活跃、更突出的角色，他会变得过于强大邪恶，以至于风头盖过男主人公。

《汤姆·琼斯》似乎一问世便大获成功，但总的来说，评论家们的态度很严厉。一些反对意见荒唐得令人感动。举个例子来说，拉夫伯勒夫人[2]抱怨，书中的人物太像"生活中遇到的人"。然而，遭到广泛谴责的是所谓的伤风败俗。汉娜·摩尔[3]在她的回忆录中讲过，她从未见过约翰逊博士当着她的面发火，除了那次她提到《汤姆·琼斯》里某个诙谐的段落。"听你引述如此邪恶的一本书，我很震惊，"他说，"听说你读过这本书，我很遗憾：我坦言，淑女绝不该做这种事。我几乎不知道还有哪部作品比这个作品更堕落。"现在，我要说的是，淑女们最好在婚前读一读这本书。它会清楚地告诉她一切她所需要了解的人生无法改变的现实，以及许多关于男人的事情，陷入困境之前

---

[1] 拉尔夫·艾伦，Ralph Allen of Prior Park，1693—1764，英国企业家和慈善家，因改革英国邮政系统闻名。
[2] 拉夫伯勒夫人，Lady Luxborough，1699—1756，英国诗人、书信家。
[3] 汉娜·摩尔，Hannah More，1745—1833，英国宗教作家和慈善家。

读一读吧,肯定有用。不过,从来没有人认为约翰逊博士是没有偏见的。他不认可菲尔丁的文学价值,有一次,他甚至说菲尔丁是个笨蛋。鲍斯韦尔表示异议时,他说:"我说他是个笨蛋,意思是,他是个思想贫乏的混蛋。""先生,您不承认他描绘了一幅非常逼真的人类生活图景吗?"鲍斯韦尔回答道。"哎呀,先生,那是最卑贱的生活。理查德森过去常说,如果他不知道菲尔丁是谁,肯定以为他是个马夫。"我们已经看惯了小说中展现的底层生活,《汤姆·琼斯》里没有什么是当今的小说家没让我们习以为常的。约翰逊博士或许还记得,菲尔丁塑造了苏菲亚·魏思特恩这个可爱温柔的形象,这个可爱的姑娘令读者陶醉。她很单纯,但并不愚蠢,她贤惠,但不假正经;她有个性、决心和勇气;她有爱心,还很美丽。玛丽·沃特利-蒙塔古夫人恰当地认为《汤姆·琼斯》是菲尔丁的杰作,遗憾的是,他没有觉察到自己将主人公塑造成了一个无赖。我猜,她指的是那件被认为琼斯先生一生最该受谴责的事。贝娜斯登夫人喜欢上了他,发现他对满足她的欲望并非毫无准备,因为他认为,如果一个女人流露出想要交媾的意愿,展现"骑士风度"才是有教养的表现;他身无分文,甚至没钱付去她住处的车费,贝娜斯登夫人却腰缠万贯;她表现出女人罕有的慷慨,女人倾向于挥霍他人的钱财,对待自己的钱财却十分谨慎,她大方地解决了他的生活需要。是啊,男人接受女人的钱财不是什么光彩的事;而且无利可图,因为在这种情况下,富婆们的索求大大超出钱本身的价值。然而,从道德的角度来看,女人接受男人的钱财不再令人震惊,如此看待这个问题正说明普遍看法的愚蠢。我们今天认为有必要创造一个专有名词——"牛郎"——来形容将自身魅力转化为利润来源的男性。因此,汤姆的不够精致,无论多么值得谴责,都很难算得上独一无二。我毫不怀疑,牛郎在乔治五世和乔治二世统治时期一样坚强地繁荣。因为陪贝娜斯登夫人过夜,她给了他五十英镑,就在当晚,他的房东太太给他讲了亲戚们的倒霉事,他深受感动,于是把钱包递给她，告诉她需要多少就拿多少，以解燃眉之急，汤姆·琼斯这一点是值得称赞的。汤姆·琼斯真诚地、发自内心地、深深地爱着可爱的苏菲亚，同时与任何唾手可得的漂亮女人沉湎于肉欲，对此他问心无愧。他对苏菲亚的爱丝毫没有因为这些插曲就减弱了。菲尔丁很明白事理，不会把他的主人公写得比普通人更克制。他知道，倘若夜里跟早上一样谨慎，大家的品德就更端正了。苏菲亚听到他的这些艳遇也没有过分恼火。在这一点上，她表现出女性罕见的常识，这无疑是她最迷人的个性之一。

奥斯汀·多布森说得好，尽管行文不够优雅："他没有假装塑造完美的典范，而是为普通人画像，也许宁可粗糙，也不要精美，宁可自然，也不要做作，他的愿望是如实呈现，对人的缺点和短处，既不低估，也不掩饰。"这就是现实主义作家努力要做的事。纵观历史，他多多少少因此受到猛烈的抨击。据我所知，有如下两个原因：有很多人，尤其是上了年纪、经济富裕的特权阶层，持有这样一种态度："我们当然知道世间有许多罪恶和邪淫，贫穷和不幸，可是，我们不想读这些东西。我们为什么要让自己不舒服呢？我们又无能为力。反正世上总会有富人和穷人。"另一类人有其他谴责现实主义者的理由。他们承认世间有罪恶和邪恶，残酷和压迫，但他们问，这是适合小说的题材吗？年轻人读长辈们了解但后悔的事，这样真的好吗？读那些会让人产生邪念的东西，如果算不上淫秽的话，他们难道不会堕落吗？当然，小说最好用来表现人世间的美好、良善、自我牺牲、宽容大度和英雄气概。现实主义作家的回答是，他感兴趣的是把他所见到的东西，他所接触到的世界，原原本本讲述出来。他不相信人类纯粹的良善，他认为人类是善恶的混合体，他包容那些被传统道德观责难的人性特点，接纳它们，认为它们是人性的、自然的，并为其辩解。他希望既如实描述人物身上的好，也如实描述人物身上的坏，倘若读者对他们的恶习，而不是美德更感兴趣，那不是他的错。这是人身上一个奇怪的特点，他不该为此担责。不过，如果他对自己诚实的话，他会承认，恶习可以用发光的颜色描绘，而美德的色调则微暗。如果你问他，面对他腐化年轻人的指控，他将如何为自己辩解，他会回答，让年轻人了解一下他们将应对的是怎样一个世界是件大好事。如果他们期望过高，结果可能是灾难性的。如果现实主义作家可以教导年轻人，让他们明白不要对他人抱有任何期望，从一开始就意识到每个人的主要兴趣都在自己身上；如果他能教导他们，让他们明白，得到的一切都要付出代价，代价可能是地位、财富、荣誉、爱情、声望；让他们明白，大部分智慧在于不做无谓的付出，他将比教育工作者和牧师更能让他们充分利用活着这个苦差事。不过，他还会补充一句，他既不是教育工作者，也不是牧师，他希望自己是个艺术家。

简·奥斯汀和《傲慢与偏见》

1

简·奥斯汀的生平,寥寥数语便能讲完。

奥斯汀是个古老的家族,同英格兰诸多名门望族一样,他们也靠羊毛贸易起家,羊毛业一度是该国的支柱产业;发迹后,他们又像其他更显赫的家族那样购置土地,并最终跻身乡绅阶层。然而,简·奥斯汀家所属的那一支似乎继承了很少的财产,这个家族的其他成员则拥有许多财富。他们的家道从此中落。她的父亲乔治·奥斯汀是汤布里奇一个外科医生威廉·奥斯汀的儿子,18世纪初,人们并不认为外科医生这个职业能比律师强到哪儿去。我们从《劝导》中得知,即便是在简·奥斯汀的时代,律师也没有什么社会地位可言。拉塞尔夫人"不过是个骑士的遗孀",得知埃利奥特小姐,一个准男爵的女儿,竟然跟克莱夫人,一个律师的女儿交往后,十分惊愕,她"只配淡然以礼相待"。作为外科医生的威廉·奥斯汀死得早,他的兄弟弗朗西斯·奥斯汀将他的遗孤送进汤布里奇公学,后来又把他送入牛津大学圣约翰学院。以上史实,我是从R.W.查普曼博士的克拉克讲稿中获悉的,他以《简·奥斯汀的史实与问题》为名出版了该书。以下文字均受惠于这部佳作。

乔治·奥斯汀留校做了研究员，领受圣职时，他的一个亲戚，哥德玛夏姆的托马斯·奈特，赠予他汉普郡史蒂文顿的牧师俸金。两年后，乔治·奥斯汀的叔叔又赠给他附近的迪恩教区的俸金。由于我们对这个慷慨之人一无所知，只能猜测，像《理智与情感》里的加德纳先生一样，他也是个生意人。

乔治·奥斯汀牧师娶了托马斯·利的女儿卡桑德拉·利为妻，托马斯·利是众灵学院的研究员，也是亨利镇附近哈珀斯登的牧师。她是我年轻那会儿所谓的出身名门的小姐，也就是说，就像赫斯特蒙苏的黑尔家一样，她显然与乡绅贵族阶层的成员有亲戚关系，对于一个外科医生的儿子，这是迈上了一个台阶。这对夫妇生了八个孩子：两个女儿，卡桑德拉和简，还有六个儿子。为了增加收入，这位史蒂文顿的牧师收了些学生，他的儿子们则在家里受教育。两个儿子上了牛津大学圣约翰学院，由于母亲的缘故，他们是创办人的亲戚；其中一个叫乔治，对他的情况，我们一无所知；查普曼博士暗示，他是个聋哑人；另两个儿子加入了海军，地位显赫：那个叫爱德华的很幸运，他被托马斯·奈特收养，继承了他在肯特郡和汉普郡的庄园。

作为奥斯汀夫人的小女儿，简生于1775年。她二十六岁那年，父亲将俸金让给了他成为牧师的长子，搬去巴思生活。他于1805年去世，他的遗孀和女儿们在南汉普顿定居下来。就在那里，她同母亲一起作了次拜访后，给姐姐卡珊德拉这样写道："我们发现只有兰斯夫人在家，除了夸耀一架大钢琴，她是否有子孙似乎并不……他们的生活方式很气派，也很富有，她似乎也喜欢富有，我们让她明白，我们远非如此；她很快就会觉得，不值得结识我们。"奥斯汀夫人确实生活窘迫，但有了儿子们的补贴，她过着还算舒适的生活。爱德华在欧洲大陆壮游一番后娶了伊丽莎白·布鲁克·布里奇斯爵士·古德内斯通准男爵之女。1794年，托马斯·奈特离世三年后，他的遗孀将哥德玛夏姆和乔顿的庄园转让给爱德华，她则拿着一份年金隐居坎特伯雷。许多年后，爱德华主动提出送母亲一处庄园，她选择了乔顿；除了偶尔出门探亲访友，简一直住在那里，直到疾病迫使她去温彻斯特，把自己交付给乡下找不到的更好的医生。1817年，她在温彻斯特去世，葬在大教堂。

2

据说，简·奥斯汀本人很有魅力："她的身材修长苗条，步履轻盈稳健，整个外表透着健康活泼。她肤色浅黑，色彩浓重，面颊圆润，嘴巴和鼻子小小的，形状很好看，有一双明亮的、淡褐色的眼睛，棕色的自来卷拢住脸庞。"我只见过一张简的画像，那是一个胖脸姑娘，相貌平凡，圆圆的大眼睛，胸部突出；不过也许是那位画家笔不从心。

简很依恋姐姐。从小到大，她们经常在一块儿，确实，她们共用一间卧室，直到简去世。卡桑德拉上学了，简也跟着去，尽管她年纪太小，无法从女校为姑娘们讲授的课程中获益，可是没有姐姐，这个小可怜会很难过。"即使卡桑德拉要掉脑袋，"她母亲说，"简也会坚持与她共命运。"卡桑德拉比简好看，性情更冷静沉着，情感不那么外露，天性也没她开朗；但她有个优点，始终能控制住自己的情绪，简则幸运地从来无须控制自己的情绪。简留下来的信笺中，大部分是姐妹中的一个外出时写给卡桑德拉的。很多她最热情的崇拜者发现，这些信毫无价值，认为这说明她这个人冷漠无情，她的兴趣也琐碎得很。对此我很惊讶。这些信合乎常理。简·奥斯汀从来没想过，除了卡桑德拉，还会有人读这些信，她告诉姐姐的是那类她知道姐姐会感兴趣的东西。她告诉她人们穿什么衣服，她花多少钱买的花布，她认识了什么人，碰到了哪些老朋友，听到了什么传言。

近些年，好几本著名作家的书信集出版。就我个人而言，当我读这些信时，有时难免心生怀疑，这些作家是不是早就打算好了，早晚有一天要将这些信公之于众。当我得知他们还保留着书信的复件时，怀疑变成了确信无疑。当安德烈·纪德①希望出版他与克洛代尔的通信时，克洛代尔②可能不愿意，于是告诉纪德，他的来信已销毁，纪德却回答说，没关系，他保留了复件。安德烈·纪德亲口告诉我们，发现妻子烧了他写给她的情书后，他哭了整整一个星期，因为他将这些信视作自己文学成就的巅峰，也是他获取后世关注的主要资本。每次出行，狄更斯都会给朋友们写很长的信，洋洋洒洒地描述沿途看到的风景，他的第一位传记作者约翰·福斯特恰当地评论道，这些信一字不改便可拿去发表。那个时代的人更有耐心，但即便如此，收到朋友这样一封信也会很失望，你很想知道他是否碰见了什么有趣的人，参加了什么聚会，是否买到了你让他捎回来的书、领巾或手帕，他却绘声绘色地描写山峦古迹。

在写给卡桑德拉的一封信中，简说："我已经掌握了真正的写信的艺术，别人总是告诉我们，你怎么口头对一个人说话就怎么在纸上表达。整封信，我都是以几乎最快的速度跟你说话。"确实，她所言极是；这就是写信的艺术。她轻而易举就做到了，既然她说，她的言谈和书信一模一样，她的信中充满了诙谐、反讽和恶毒的言辞，我们可以确信，她的言谈一定令人愉快。她几乎没写过一封不使人微笑或大笑的信，我举几个有关她的风格的例子，以飨读者：

"单身女性有可怕的受穷倾向，这是有利于婚姻的一个强有力的

---

① 安德烈·纪德，André Gide，1869—1951，法国著名作家。主要作品有小说《田园交响曲》《伪币制造者》等，散文诗集《人间食粮》等。
② 克洛代尔，Claudel Paul，1868—1955，法国诗人，剧作家。戏剧代表作有《正午的分界》《人质》等。

论据。"

"想想吧，霍尔德太太快死了！可怜的女人，她做了世上她所能做的唯一让人们停止辱骂她的事。"

"昨天，谢伯恩的黑尔太太生下一个死孩子，比预产期早了几个星期，原因是受到了惊吓，我估计是她碰巧无意中看了她丈夫一眼。"

"我们参加了 W.K. 太太的葬礼。我不知道有谁喜欢过她，所以对任何生者都无感，但我现在有点替她丈夫难过了，觉得他最好娶夏普小姐为妻。"

"我尊重坎布利尼太太，她的头发做得很好，但我无法对她有更温柔的情感。兰利小姐和其他矮个女孩一样，宽鼻、阔口、衣着时髦、袒胸露乳。斯坦霍普将军是个有绅士风度的男人，只是腿太短，燕尾服太长。"

"伊丽莎白在巴顿见到克雷文勋爵了，很可能这次是在肯特伯雷，预计他这周会在那儿待一天。她觉得他的举止十分令人愉快。现在他有个情妇跟他在阿什道恩公园同居，这个小瑕疵似乎是他身上唯一令人不愉快的地方。"

"W 先生二十五六岁的样子，不难看，也不和蔼。他肯定不是新来的。他从容淡定、举止高雅，但寡言少语。他们说他的名字叫亨利，这说明老天有多么不公平。我见过很多叫约翰的，叫托马斯的，那些人要和蔼得多。"

"理查德·哈维太太要结婚了，由于这是个大秘密，只有一半邻居知道，你可千万别提这事儿。"

"黑尔医生一身重孝，要么他母亲，要么他太太，要么他自己死了。"

奥斯汀小姐非常喜欢跳舞，她向卡桑德拉讲述了她参加过的舞会：

"只有十二支舞曲，我跳了九支，唯一阻止我跳其余舞曲的是缺少舞伴。"

"有位先生，一个来自柴郡的军官，那可真是个帅小伙儿，听说他很想经人引见认识我；但由于他的愿望还没有强烈到不辞辛劳将其实现的程度，我们也就无缘相识了。"

"美女不多，仅有的几个也不是很漂亮。艾尔芒格小姐气色不太好，只有布伦特太太受宠。她跟9月份时一模一样，还是那张宽脸、钻石束发带、白色的鞋、粉色的丈夫、肥肥的脖子。"

"星期四，查尔斯·鲍莱特举办了一场舞会，引起所有邻居极大的骚动，当然，你认识这些人，他们对他的财务状况有浓厚的兴趣，巴不得他早点儿破产。结果，他的太太正如邻居们希望的那样：愚蠢、暴躁、挥霍无度。"

有位曼特博士，他的某些行为导致他的妻子回了娘家，奥斯汀家的一个亲戚就此说了些闲话，于是简写道："不过，由于曼特博士是神职人员，他们之间的感情，不管多么不道德，都会有一种高雅的气度。"

奥斯汀小姐伶牙俐齿、幽默非常。她喜欢大笑，也喜欢逗人大笑。期望一个人想到好玩的事藏在心里别说，这对一个幽默家而言未免太苛求了。逗乐，而不偶尔掺杂点小恶毒无疑很难，恻隐之心不太带劲。简敏锐地觉察到他人荒谬的言行，他们的自命不凡、矫揉造作和虚情假意；值得称道的是，这并没有惹恼她，反而逗笑了她。她性情和蔼，不会当面出口伤人，但她认为和卡桑德拉私下拿那些人开涮无伤大雅。即使在她最尖刻的言辞中，我也看不出任何恶意；她的幽默基于观察和天资，幽默本该如此。可是，如果有机会，奥斯汀小姐也可以很严肃。尽管爱德华·奥斯汀从托马斯·奈特那儿继承了肯特郡和汉普郡的房产，但大部分时间他住在坎特伯雷附近的哥德玛夏姆，卡桑德拉和简轮流去那儿住上一阵子，有时长达三个月。他的长女范妮是简最喜欢的侄女，最后她嫁给了爱德华·纳希布尔爵士，他们的儿子则荣升为贵族，获得了布雷伯恩勋爵的封号。正是他最先出版了简·奥斯汀的信件。其中有两封信是写给范妮的，当时这位姑娘正在考虑如何应对一个想娶她为妻的小伙子的殷勤之举。这些信冷静有理,又不乏温情,称得上绝妙之作。

几年前,彼得·昆内尔(Peter Quennell)先生在《康希尔杂志》(The Cornhill)上发表了范妮,如今的纳希布尔夫人,许多年前写给她的小妹妹赖斯太太的信,信中谈到了她这个著名的姑妈,很多简·奥斯汀的崇拜者读了这些信十分震惊。得到已故布雷伯恩勋爵的许可这么做既令人惊讶,又很有那个时代的特色。我在此转载一下。斜体字标明了作者强调的话。由于1812年,爱德华·奥斯汀更名为奈特,也许有必要指出,纳希布尔夫人所谓的奈特夫人指的是托马斯·奈特的遗孀。从信的开头看,显然,赖斯夫人听到了什么影响她姑妈文雅声誉的传言,为此她惴惴不安,写信询问是否果真如此。纳希布尔夫人回复如下:

"是的,亲爱的,从各种情况来看,简姑妈的确没有她本该有的教养,如果她生活在五十年后,她或许在许多方面更适合我们更高雅的趣味。她们并不富有,且身边围绕的主要交际对象绝非高贵之人,简言之,无非是平庸之辈,尽管她们的脑力更高,至于文雅嘛,当然在同一水平线上。不过,我认为,在晚年,与奈特夫人(喜欢且善待他们)的交往对她们俩都有所提升,简姑妈太聪明了,不会不将一切可能的'平庸'(如果这种表达方式是可原谅的)的迹象搁置一旁,教会自己更文雅,至少是在与人交往的时候。两个姑妈(卡桑德拉和简)在成长过程中对世界一无所知,要不是爸爸的婚姻将她们带入肯特郡,还有好心的奈特夫人经常邀请姐妹中的这个或那个跟她住上一段时间,尽管她们自身不会更不聪明,或者更不可爱,但她们的行为方式应该远在上流社会的标准之下。如果你讨厌这一切,请原谅,可我的笔端就是这样感觉的，它选择顺性而为，道出实情。梳洗的时间快到了……

"……我永远是你挚爱的姐姐，你最亲爱的，

F.C.K."

这封信激起了简迷们的愤慨，他们声称纳希布尔夫人此时已年老昏聩。信中丝毫没有暗示她身体状况欠佳，倘若赖斯夫人认为她姐姐这样，也绝不会写信询问。似乎在简迷们看来，简如此宠爱范妮，她却用这样的措辞表达自己的看法，简直忘恩负义到了极点。他们表现得太天真了。孩子并不像他们的父母或属于另一代的亲戚看待他们那样，以同等的程度，或怀着同样的情感，看待父母和他们的亲戚，这确实令人遗憾，但这就是事实。父母和亲戚抱有这种期望是非常不明智的。我们知道，简从未结过婚，她给予范妮的感情近乎母爱，假使她结了婚，那么这种情感就会倾注到她自己的孩子身上。她喜欢孩子，孩子们也喜爱她；他们喜欢她嬉笑的方式，喜欢她详细地给他们讲长故事。她和范妮成了可靠的朋友。范妮不能用跟她讲话的方式对父母说话，她的父亲成为乡绅后，忙于乡绅的事务，她的母亲则不停地生育后代。但孩子们目光敏锐，且容易无情评判。爱德华·奥斯汀继承了哥德玛夏姆和乔顿的庄园后飞黄腾达，婚姻将其与全郡最高贵的家族联系在一起。我们对卡桑德拉和简如何看待他的妻子一无所知。查普曼博士宽容地暗示：正是她的逝去让爱德华认为"应当为母亲和妹妹们多做点什么，并促使他把两个庄园中任意一个里面的一幢乡间别墅提供给她们居住"。他已经拥有这些庄园十二年了。在我看来，情况更有可能是这样的，他的妻子认为，他们已经为他的家人做得够多了，比如邀请她们不时来拜访，但她不接受她们永远赖在她家里不走。直到她去世，他才终于可以随意处置自己的房产。如果真是这样，不可能逃过简那双锐利的眼睛，这会让人联想到《理智与情感》中她描

写约翰·达斯伍德对待他的继母和她的女儿们的那些段落。卡桑德拉和简是穷亲戚，如果她们受邀与有钱的哥嫂、与坎特伯雷的奈特夫人、与伊丽莎白奈特的母亲，古德斯内通的布里奇斯夫人，长期同住，主人不可能不意识到这是仁慈之举。很少有人素质高到为他人做件好事而不把功劳归于自己的。简在年长的奈特夫人家做客时，拜访结束前，她总会给简一笔"小费"，简每次都会欣然接受，在她给卡桑德拉的一封信中，简告诉她，她哥哥爱德华给了范妮和她一份价值五英镑的礼物。送给年轻的女儿是个相当不错的小礼物，送给家庭教师也是友善的表示，送给妹妹却有一种恩赐的意味。

我坚信，奈特夫人、布里奇斯夫人、爱德华和他的太太都对简很好，也很喜欢她，怎么可能不喜欢呢，但如果他们认为这姊妹俩不入流也并非不可理喻。她们是乡下人。在 18 世纪，哪怕是部分时间住在伦敦的人，和从未离开过乡下的人之间，也是相差很远的。这种差别为喜剧作家们提供了最有效的素材。《傲慢与偏见》中的彬格莱的妹妹们瞧不起班纳特家的几位小姐，觉得她们缺少格调，伊丽莎白·班纳特则无法容忍她们的矫揉造作。班纳特姐妹比奥斯丁姐妹的社会地位高一级，班纳特先生虽不富有，也是个地主，乔治·奥斯汀则只是一个贫穷的乡下牧师。

考虑到出身，简有点缺少肯特的夫人们重视的优雅，这并不奇怪；如果确实如此，如果逃过了范妮敏锐的眼睛，我们可以确定，她母亲也会对此有所评论。简性格直率、直言不讳，我猜想，她时常沉迷于一种生硬的幽默，这是那些毫无幽默感的女士无法欣赏的。如果她把写给卡桑德拉的话告诉她们，说她一眼就能分辨出谁是奸妇，可以想象，她们该有多尴尬。她生于 1775 年，即《汤姆·琼斯》出版后仅仅二十五年，没有理由认为，这期间英国的风俗发生了巨变。简的谈吐很可能就像纳希布尔夫人五十年后所认为的那样，"远在上流社会的标准之下"。根据纳希布尔夫人所说的情况来看，简去坎特伯雷陪奈特太太一起住时，这位年长的女士很可能给过她一些如何更"文雅"的建议。或许正因如此，简才在她的小说里特别强调良好的教养。今天的小说家，如果也描写同一阶层，会认为这是理所当然的。就我个人而言，纳希布尔夫人的信无可指摘。她的笔端"选择顺性而为，道出实情"。那又怎么样呢？猜想简说话时带汉普郡口音、举止欠优雅、自制的衣服品位低下，我丝毫不会生气。确实，我们从卡罗琳·奥斯汀的《回忆录》中得知：她的家人一致认为，尽管姐妹俩对衣服感兴趣，其实穿得并不好；但究竟是不时髦，还是不适合，没有提及。家庭成员们在写简·奥斯汀时，在制造更大的社会影响上下了一番苦功，而不是事实本身。没必要这样。奥斯汀一家善良、诚实、可敬，处于上中产边缘，或许他们对自己的阶级地位也不怎么有把握。正如纳希布尔夫人所说，姐妹俩同她们主要交往的人在一起很自在，而这些人的出身根本不高贵。面对地位高一点的人，比如彬格莱的妹妹们这样的上流社会的女人，她们往往通过吹毛求疵来保护自己。至于乔治·奥斯汀牧师，我们一无所知。他太太好像是个善良的女人，但相当愚蠢，小病小痛不断，女儿们善意的态度中不免夹杂着讥讽。她活到近九十岁。男孩们在自谋生路之前，想必迷恋乡村运动，能借到马的时候，就策马去打猎。

奥斯汀·利是第一个为简撰写传记的人。他的书中有一段话，我们发挥一点想象力，就能大概知道，她在汉普郡度过的那段漫长而宁静的岁月里过着怎样的生活。"可以断言这样一个基本事实，"他写道，"少部分事交由用人来负责和处理，大部分事则由男女主人亲自来做，或监督执行。至于女主人嘛，我认为，大致可以这样理解……她们亲自参与烹饪的高端工作，调配自制的葡萄酒，提取草药中的精华，制成自家用药……女士们没有瞧不起纺线，家用亚麻布就是用这些线织成的。早饭和下午茶后，有些女士喜欢亲自动手清洗上等瓷器。"从这些信，我们可以推断出：奥斯汀家有时候根本就没有用人，有时候则找个瘦弱的女孩,什么都不懂,凑合着用。煮饭的是卡桑德拉,不是因为女士们将"少部分事交由用人来负责和处理",而是根本就没有煮饭的用人。奥斯汀家不穷也不富。奥斯汀太太和女儿们的衣服大部分是自己做的,姑娘们还给兄弟们做衬衣。他们自酿蜂蜜酒,奥斯汀太太还熏制火腿。快乐很简单,最令人兴奋的事当属某个富裕的邻居举办舞会。很久以前,在英格兰,成千上万的家庭过着这种平静、单调、体面的生活:其中一个家庭,平白无故就出了一个天赋异禀的小说家,这不是很奇怪吗?

3

简并非不食人间烟火。年轻时,她喜欢跳舞、调情、戏剧演出。她喜欢好看的小伙子。她对礼服、帽子和围巾的兴趣浓厚,还精于女红,"不论是朴素的,还是装饰性强的都擅长",这在她改旧礼服,以及把废裙子改成帽子时,肯定派上了大用场。她的哥哥亨利在其《回忆录》中记述道:"只要是动手做的事,简·奥斯汀没有不成功的。我们当中没有谁能把小木块抛出那么完美的圆圈,或者稳稳地出手。她的杯球[①]表演精彩绝伦。在乔顿用过的那个玩具很简单,她曾连续接住将近一百次,直到手累了为止。有的时候,由于眼睛疲劳,无法长时间看书写字,她就靠这种简单的游戏打发时间。"

这真是一幅迷人的图画。

谁也不能把简·奥斯汀称作女学究,她也不赞同这类人,但显而易见,她绝非没有教养的女人。事实上,她与同一时代、同一阶层的女性一样,受过良好的教育。研究奥斯汀小说的权威查普曼博士曾列

[①] 这种玩具英文叫cup and ball,法文叫bilboquet,西班牙文叫balero,传入日本后叫剑玉。

过一个书单，据说都是她读过的书。这个书单令人印象深刻。当然，她读小说，有范妮·伯尼[①]的、埃奇沃斯小姐（Miss Edgeworth）的，还有拉德克利夫夫人（Mrs.Radcliffe）的（写《尤道夫之谜》的那个）；她还读了从法文和德文翻译过来的小说（其中有歌德的《少年维特之烦恼》），以及所有能从巴思和南安普敦的流动图书馆借到的小说。但是，她不仅对小说感兴趣，还熟悉莎士比亚，近代作家中，她读司各特和拜伦，不过，她最喜欢的诗人好像是柯珀[②]，她对他冷静、优雅、睿智的诗句有好感是很自然的事。除了五花八门的文学作品外，她还读约翰生和鲍斯韦尔的作品。她喜欢朗读，据说，她的声音很好听。

她读布道文，尤其喜欢一个生于17世纪的神学家夏洛克[③]的作品。其实，这并没有乍一看那么奇怪。我青少年时期住在乡下的一个牧师寓所里，书房的好几排书架上摆满了装帧精美的布道书。能出版大概是因为卖得出去，卖得出去是因为有人读。简·奥斯汀敬神，但并不笃信。当然，她礼拜天会去教堂，参加圣餐仪式；毫无疑问，无论是在史蒂文顿，还是哥德玛夏姆，家里早晚都要祷告。然而，正如查普曼博士所言："不可否认，那不是一个宗教狂热的年代。"就像我们每天洗澡、早晚刷牙，只有这么做，我们才会觉得自在；所以，我觉得，奥斯汀小姐和大部分她那个时代的人一样，虚情假意地履行完自己的宗教义务，就把与宗教相关的事务放在一边，就像人们把一件暂时不需要的衣服收起来，这一天剩余的时间和一整个星期就心安理得地投入到俗事中去了。一位绅士的少子，通过做牧师，可以得到一笔俸金，

[①] 范妮·伯尼，Fanny Burney，1752—1840，英国女小说家和书简作者。风俗小说发展史上的里程碑作品《埃维莉娜》的作者。

[②] 柯珀，William Cowper，1731—1800，威廉·柯珀是那个时代最受欢迎的诗人之一，通过描绘日常生活和英国乡村场景，改变了18世纪自然诗的方向，是浪漫主义诗歌的先行者之一。

[③] 汤玛斯·夏洛克，Thomas Sherlock，1678—1761，英国神学家，曾任英国圣公会主教三十三年。他作为基督教护教学的重要贡献者闻名。

过上体面的生活。他不必有什么职业，但想要住上宽敞的房子、得到足够多的收入，这么做是值得的。不过，既然做牧师就该履行职责。简·奥斯汀当然认为牧师应当"生活在教民中间，通过不断的关怀，证明自己确实是他们的祝福者和朋友"。她的哥哥亨利就是这么做的。他机智且快乐，是兄弟中间最出色的一个。他做过生意，发达过好几年，只是最后破产了。后来，他成了一名神职人员，成为教区牧师的楷模。

简·奥斯汀赞同那个时代的普遍观点，从她的书稿和信札中可以看出，她对当时流行的状况是满意的。她并不怀疑社会差别的重要性，认为存在贫富差距是很自然的事情。年轻男子理应借助朋友的权势为国王效力，并获得晋升。女人的本分是嫁人，当然是为了爱情，但要在令人满意的条件下。这在常理之中，没有迹象表明，奥斯汀小姐对此有何异议。在写给卡桑德拉的信中，她议论道："卡罗和他太太在普茨茅斯过着可以想象到的最隐秘的生活，没有雇用任何类型的用人。在这种条件下嫁人，她的道德力量得有多惊人啊。"由于母亲草率的婚姻，范妮·普里斯家的生活肮脏粗俗，这个实例告诫年轻女子应当对婚姻抱有谨慎的态度。

4

简·奥斯汀的小说是纯粹的娱乐。如果你恰好认为，小说家应着力于此，那么你必须把她单独归为一类。比她的小说更伟大的小说有人写过，比如《战争与和平》，还有《卡拉马佐夫兄弟》，但你必须精神抖擞、思维敏捷，才能从阅读中获益。可是即便你身体倦怠、精神萎靡，简·奥斯汀的小说依然有魔力。

在她著书那个年代，写作这个行为被认为太不淑女了。修道士刘易斯（Monk Lewis）曾说："我厌恶、同情、鄙视所有拙劣的女性作家。她们手里拿的应该是针，而不是笔，这是她们唯一熟练使用的工具。"对于小说这种文学形式，人们缺乏尊重，沃尔特·司各特爵士，身为诗人，竟然写小说，奥斯汀小姐为此感到不安。她"十分谨慎，以免她的行为引起用人、来客，或家人之外的什么人起疑。她把句子写在小纸片上，这样很容易收起来，或者用一张吸墨纸盖住。前门和家务间（offices）之间有一扇转门，门一开便会吱嘎作响，但她反对把门修好，去除这个小小的干扰，因为这样，只要有人来就会通知她。"她的长兄詹姆斯从没告诉过他当时还是学童的儿子，他读得津津有味的书其实是他简姑妈写的。她的哥哥亨利在《回忆录》中写道："如果她还活着，无论名望积累到何种程度，都不会诱使她在任何一部作品上署上真名。"于是，她的第一本书《理智与情感》出版时，仅在扉页上写了"一位女士所著"。

这并不是她的第一部作品，她的处女作是一部名为《第一印象》的小说。她父亲写信给一位出版商，希望可以自费出版，不然就出一本"手稿小说，共三卷，同伯尼小姐的《埃维莉娜》长度相仿。"这一建议在回信中遭到拒绝。《第一印象》的创作始于1796年冬，1797年8月完稿；人们普遍认为，这与十六年后出版的《傲慢与偏见》其实是同一本书。之后，她接连写出了《理智与情感》和《诺桑觉寺》，但运气依然不佳，尽管五年后，一位叫理查德·克罗斯比的先生出十镑买下了后者的版权，当时书名还叫《苏珊》。他从未出版过这本书，最后又以同样价格卖回去了。由于奥斯汀小姐的小说都是匿名出版的，他完全不知道花那点钱买下的小说竟然出自这位大获成功且备受欢迎的《傲慢与偏见》的作者之手。从1798年她完成《诺桑觉寺》到1809年，这期间，她似乎写得很少，只写了《沃森一家》的片段。一位创作力如此丰富的作家竟然长时间保持沉默，有人暗示，一段恋情占据了她的生活，使得她心无旁骛。据说，她和母亲、姐姐住在德文郡的一个海滨度假地时,"她认识了一位先生,他的相貌、思想和举止都那么有魅力,卡桑德拉认为,他配得上妹妹,有可能赢得她的芳心。"分别时,他表达了想要很快再见到她们的意愿,卡桑德拉毫不怀疑他的动机。可是他们再也没有见过面。不久后,她们就听说他突然去世了。相逢短暂,《回忆录》的作者补充道,他也说不好"她的情感是否属于会影响到她的幸福那种"。我不这么认为。我不相信奥斯汀小姐可以深陷爱河。倘若如此,她会赋予她的女主人公们更热烈的情感。她们爱得没有激情。事实上,她们的意愿被审慎调和、受常识操控,而真爱与这些可估计的品质毫无关系。以《劝导》为例:简声称,安妮·艾略特和温特沃思感觉深深爱上了彼此。我认为,在这一点上,她既欺骗了自己,也欺骗了读者。温特沃思那边,无疑是司汤达所谓的 amour passion(激情之爱),而安妮这边,则不过是他所谓的 amour goût(有滋味、有心计的爱)。他们订婚了。安妮听任那个多管闲事的势利眼拉塞尔夫人说服自己:嫁给一个穷男人,一个可能会战死的海军军官,是轻率之举。假如她深爱着温特沃思,一定会冒这个险。其实,风险并不是很大,因为只要结了婚,她就能从母亲的财产中得到属于她的那份,总计远远超过三千镑,相当于现在的一万两千多镑,所以,无论如何,她都不会身无分文。她本可以像本威克船长和哈格里福斯小姐那样,先订着婚,等他获得指挥权,再跟他结婚。安妮·艾略特解除了婚约,因为拉塞尔夫人劝导她,等一等,没准还能遇到更好的男人,直到没有她想嫁的求婚者出现,她才发现自己有多么爱温特沃思。我们可以确定,简·奥斯汀认为她的行为很正常,而且合情合理。

对于她长时间的沉默最貌似合理的解释是,她因找不到出版商气馁了。她把她的小说念给近亲们听,他们听得如痴如醉,但她既谦虚,又理性,她也许认定,她的作品只吸引喜欢她的人,这些人可能猜到了她笔下的人物的原型是谁。《回忆录》的作者断然否认有原型,查普曼博士似乎也同意他的观点。他们声称简·奥斯汀有创造力。坦率地讲，这是不可信的。最伟大的小说家，比如司汤达和巴尔扎克，托尔斯泰和屠格涅夫，狄更斯和萨克雷，他们塑造的人物都是有原型的。确实，简说过："我太为我的先生们骄傲了，不愿承认他们仅仅是 A 先生，或者 B 上校。"这句话的关键词是"仅仅"。和其他小说家一样，她在给她灵感的人身上发挥了想象力，这个人就是她创造出来的，但这并不意味着，他不是从 A 先生或 B 上校那里演化而来的。

不管怎么样，1809 年，她同母亲和姐姐在宁静的乔顿安顿下来，着手修改旧书稿，1811 年，《理智与情感》终于问世了。到了那时，女人写作不再是不可容忍的事。司布真教授（Professor Spurgeon）在皇家文学学会所做的一次关于简·奥斯汀的演讲中，引用了伊莱扎·费伊[①]的《印度来信》(Original Letters from India)中的一篇序言。1792 年，这位女士曾被敦促出书，但社会舆论极其嫌恶"女作者"，于是她谢绝了。然而，1816 年，她这样写道："从那时起，公众情感及其发展逐渐发生了巨大的变化；现在我们和以前一样，不仅有许多文学人物为女性争光，还有许多谦逊的女性对曾伴随旅程的评论危险毫不畏惧，敢于让自己的小帆船在浩瀚无垠的大海中航行，将娱乐或教益传递给广大读者。"

《傲慢与偏见》于 1813 年出版。简·奥斯汀以一百一十镑售出了版权。

除了上面已经提到的三部小说，她还写了三部，即《曼斯菲尔德庄园》《爱玛》和《劝导》。她的名气就基于这几部书，且稳如泰山。她要等很久，书才能出版，但刚一出版，她迷人的天赋就得到了认可。从此以后，最杰出的人都对她交口称赞。我仅引述司各特爵士的话，他向来不吝赞美之词："这位年轻的女士有描写平凡生活中的纠葛、情感和人物的天分，这种不可思议的才能是我从未见过的。我自己也

[①] 伊莱扎·费伊，Eliza Fay，1755或1756—1816，英国书简作家和旅行家。

能和其他人一样写些规规矩矩的文章，但如此精妙的笔法，将司空见惯的人和事刻画得如此妙趣横生，于我则力有不逮。"

奇怪的是，司各特爵士竟忘了提及这位年轻的女士最宝贵的才能：她的观察力敏锐，她的情感给人以启迪，然而，正是她的幽默使她的观察更中肯有力，为她的情感增添了一种一本正经的生动。她眼界狭窄。所有故事都大同小异，人物也没多大变化，基本都是一类人，观察角度略有不同而已。她很有自知之明，没有谁比她更清楚自己的局限。她的生活经验仅限于外省社会的一个小圈子，她也心甘情愿谈论这个主题。她只写自己熟悉的事。正如查普曼博士最先指出的，她从不试图再现男人们独处时的对话，因为她肯定没听过。

人们已经注意到了，尽管她经历了世界史上最激动人心的几件大事，法国大革命、恐怖统治①、拿破仑的兴衰，她在小说中却压根儿没提。因此，她受到过分淡漠的指责。不要忘了，在她那个时代，女人关心政治有失体统，那是男人该考虑的事；那时甚至很少有女人读报；但没有理由认为，她不写这些事件就不会受到它们的影响。她很爱她的家人，她有两个哥哥在海军服役，时常处境危险，从她的信中可以看出，她十分挂念他们。但不写这些内容是不是说明她很明智呢？她为人谦逊，不会料到死后多年还会有人读她的小说。但即使她抱着这样的目的，她也不可能做得更明智，她依然会避免谈论那些从文学角度来看只激发短暂兴趣的东西。近些年，写第二次世界大战的小说已经过时。它们就像日复一日告诉我们发生了什么的报纸一样短命。

大部分小说家会有起伏。有这样一条规律：只有平庸之人才保持一个均等的水平，一个平庸的水平，在证明这条规律时，奥斯汀小姐

---

① 法国大革命时1793年9月到1794年7月间由罗伯斯庇尔领导的雅各宾派统治法国时期的称呼。雅各宾派在1793年的起义中战胜温和共和主义派，夺取了政权。该派执政期间实行恐怖政策，将嫌疑的反革命者送上断头台，该时期有数千人被残忍杀害。1794年，热月政变爆发，罗伯斯庇尔被斩首，雅各宾专政结束。

是我所知道的唯一的例外。她从未大失水准，即使是在有很多刺可挑的《理智与情感》和《诺桑觉寺》里，给人更多的仍是喜悦。她的其他任何一部小说，都有忠实，乃至狂热的欣赏者。麦考利（Macaulay）认为《曼斯菲尔德庄园》是她最伟大的成就；其他同样著名的读者更喜欢《爱玛》；《傲慢与偏见》这本书，迪斯雷利[①]读了十七遍；今天有很多人认为《劝导》是她最完美的作品。我相信，大部分读者将《傲慢与偏见》视为她的杰作。在这个问题上，我认为最好同意他们的看法。一本书之所以成为经典，不是靠批评家的夸赞、教授们的讲解和学校里的学习，而是一代又一代的人从阅读中发现乐趣和精神食粮。

我个人认为，总的来说，《傲慢与偏见》是她所有的小说中最令人满意的一个。它的第一句话就让人心情很好。"对于那些有钱的单身汉来说，娶位太太已经成了一条人尽皆知的真理。"这句话为全书定下了一个基调，好心情一直伴随着你，直到你遗憾地读到最后一页。《艾玛》是奥斯汀小姐的小说中唯一让我感觉冗长的作品。我对弗兰克·丘吉尔和简·费尔法克斯之间的情事没多大兴趣。还有，尽管贝茨小姐很有趣，但她出现的次数是不是太多了？女主人公是个势利眼，她对那些她认为社会地位不如自己的人摆出一副屈尊俯就的样子，真是令人反感。但我们不该因此责怪奥斯汀小姐：别忘了，今天我们读的，和她那个时代读者读的，不是同一本小说。风俗习惯的变化改变了我们的观点；某些方面，我们比前人狭隘，某些方面，则比他们开明；一种甚至一百年前就很普遍的看法仍潜移默化地影响着我们。我们用自己的先入之见和行为标准对书籍进行评判。虽不公平，但不可避免。在《曼斯菲尔德庄园》中，男女主人公范妮和埃德蒙德一本正经到令人难以忍受，我的同情心全给了肆无忌惮、活泼可爱的亨利和玛丽·克劳福德。我不明白，托马斯·伯特伦爵士从海外归来，发现家人以业余戏剧演出自娱自乐时为什么要大发雷霆。简自己就很喜欢业余戏剧

[①] 迪斯雷利，Benjamin Disraeli，1804—1881，英国政治家、小说家。

演出，我不明白她为什么认为他的愤怒是无可非议的。《劝导》具有一种罕见的魅力，尽管我们希望安妮少一点就事论事，再公平一点，冲动一点，事实上，也不要那么古板，莱姆里吉斯的科布[①]那件事除外，我将其视作六部小说中最完美的一部肯定是被逼的。简·奥斯汀在虚构不寻常人物的事件方面没有特殊才能，下面这个情节在我看来就很笨拙。路易莎·默斯格罗夫跑上几级陡峭的台阶，跳向爱慕她的温特沃思上校。他没接住她，她的头碰在地上，不省人事。如果打算伸手接住她，我们知道他习惯扶着她跳下树篱踏级，即便当时的科布是如今两倍高，她离地面的距离也不会超过六英尺，跳下来时，绝不可能头先着地。无论如何，她也应该撞在健壮的海员身上，也许会吓得发抖，但不至于受伤。不管怎样，她晕过去了，随后发生的忙乱令人难以置信。身经百战、靠捕获赏金[②]发大财的温特沃思上校惊呆了。所有相关人物接下来的行为简直白痴，我很难相信，能够冷静坚强地面对亲友的疾病和死亡的奥斯汀小姐不认为这一幕愚蠢透顶。

一位博学且风趣的评论家卡洛德教授曾说过，简·奥斯汀没有写故事的能力，他解释说，他所谓的故事是指或浪漫或非凡的一连串事件。可是，简·奥斯汀的才华并不在此，她也不打算朝这个方向努力。她有太强的判断力、太活泼的幽默感，浪漫不起来，而且，她感兴趣的不是非凡的事，而是平凡的事。她凭借自身敏锐的观察力、冷嘲热讽和嬉笑怒骂，使平凡的事变得不平凡。说到故事，大多数人指的是一种前后连贯且条理清楚的叙事文，有开头、中间和结尾。《傲慢与偏见》在恰当的地方开始，两个年轻人出场，他们对伊丽莎白·班纳特和她的姐姐吉英的爱为小说提供了主要情节，以他们成婚结尾也很恰当，传统的大团圆结局。这种结尾引起了深谙世故之人的蔑视，诚然，

[①] 莱姆里吉斯的科布，Cobb at Lyme Regis，莱姆里吉斯位于英吉利海峡莱姆湾北岸，这个海港的城墙被称作"科布"。

[②] 出售捕获船货物后分给立功官兵的奖金。

许多婚姻,也许大部分婚姻是不幸福的,而且,无果而终:婚姻不过是引入另一种经验。结果,许多作者以结婚开场,论述其结果。这是他们的权利。但简单的人把婚姻视作一部小说理想的结局也不无道理。他们持这种观点是因为,他们有一种本能的感觉,一个男人和一个女人通过婚配完成了他们的生物功能;他们对整个过程中的一个个步骤自然生出的兴趣导致了这个完满的结局——爱情的萌芽、阻碍、误解、告白,产生结果,他们的子女,延续香火的下一代。对于大自然来说,每对夫妻只是一条链子上的一环,这一环唯一的重要性在于扣上另一环。这是小说家设定大团圆结局的理由。在简·奥斯汀的书中,当读者得知新郎收入可观,将携新娘入住一幢被园林围绕的豪宅,房子里布置的全是昂贵优雅的家具时,他们的满足感大大提升。

《傲慢与偏见》是一本结构完善的书。事件前后衔接自然,完全没有不可信之处。奇怪的是,伊丽莎白和简那么有教养、守规矩,她们的母亲和三个妹妹,用纳西布尔夫人的话来说,却"远在上流社会的标准之下",不过,这种安排正是这个故事需要的。我禁不住纳闷,为什么她不把伊丽莎白和吉英写成班纳特先生前妻的女儿,让班纳特夫人做他的第二任妻子和那三个小女儿的母亲,这样就可以避开这块绊脚石了。所有女主人公中,简·奥斯汀最喜欢的是伊丽莎白。她写道:"我必须承认,我认为她是已出版的小说中最讨人喜欢的人物。"如果像某些人所认为的那样,她就是伊丽莎白这个形象的原型,她一定把自己的欢乐、勇敢、机智、敏捷、理智和良好的感觉赋予了伊丽莎白,那么假定她在描写温和、善良、美丽的吉英·班纳特时,心里想的是她的姐姐卡珊德拉,也算不上草率吧。达西通常被看作一个可怕且粗野的家伙。他做的第一件讨厌的事是,他和一群人参加公共舞会,他不愿同不认识、也不想认识的人跳舞。这并非罪大恶极。倒霉的是,他用贬损之词跟彬格莱谈论伊丽莎白时被她听到了,但他并不知道她在偷听,他可以给自己找个借口,说朋友缠着他,非要他做他不想做的事。确实，达西向伊丽莎白求婚时，态度傲慢到不可宽恕，然而，骄傲，对自己出身和地位的骄傲是他的主要性格特征，少了这一点就没故事可讲了。再者，他求婚的姿态让简·奥斯汀有机会描写书中最富戏剧性的一幕。可以想见，随着简·奥斯汀的阅历逐渐丰富起来，她在描写达西很自然且易懂的情感时，既能让他与伊丽莎白作对，又不至于从他嘴中说出无礼到令读者震惊的话。或许她对凯瑟琳夫人和柯林斯先生的描写有些夸张，但依我看，这不过是可允许的喜剧因素。比起日常生活来，喜剧看待生活的方式更活跃，也更冷静，带着些许闹剧的夸张，这也无伤大雅。有分寸地添加些笑料，就像在草莓上撒点白糖，可以让喜剧更可口，也更可人。至于凯瑟琳夫人，我们不要忘了，在简·奥斯汀小姐的时代，在面对地位较低者时，身份地位会给它的拥有者带来极大的优越感；他们不仅期望对方毕恭毕敬，对方也确实是这么做的。我年轻那会儿，贵妇们的自尊自大，尽管没这么露骨，但也跟凯瑟琳夫人的表现相差不远。至于柯林斯先生，即使是在今天，谁没见过这种既谄媚又傲慢的家伙？他们学会将自己隐藏在亲切的面具后面，这只会让他们的嘴脸更可恶。

  简·奥斯汀不是一个伟大的文体家，但她的语言平实，且不掺杂丝毫情感。她的缀字法很特别，经常不顾语法，但她有灵敏的听觉。我认为，她的句法结构中能看出约翰逊博士的影响。她倾向于使用源自拉丁文的词语，而不是普通的英语词，这使她的措辞略显拘谨，但远不至于令人不悦；确实，这常常给她诙谐的言辞增加了力度，同时赋予她恶毒的话语以一种庄重的味道。她笔下的对话很可能就像当时真正的对话一样自然，尽管在我们看来或许有点做作。吉英·班纳特在谈到恋人的妹妹们时这样说："她们当然不赞成他和我要好，我也不奇怪，因为他大可以选中一个样样都比我强的人。"当然，这也许就是她的原话，但我认为不太可能。显然，同样一句话，现代小说家不会如此措辞。将讲出来的话原封不动记在纸上会很沉闷，组织编排一下是必要的。只是最近几年,小说家们为了追求逼真度才尽力让对话更贴近口语。我猜想,过去的习俗导致有教养的人在表达自己的观点时镇静沉着,且语法正确,通常情况下,他们是做不到的,我推测,当时的读者认为这样的对话很自然。

尽管奥斯汀小姐的对话略显拘谨,我们还是要承认,她笔下的人物讲起话来总是个性鲜明。我只发现她出过一次错:"安妮笑道:'埃利奥特先生,我心目中的愉快的伙伴,应该是些聪明人,他们见多识广,能说会道。这就是我所谓的愉快的伙伴。''你这话可说得不对,'埃利奥特先生温和地说道,'那不是愉快的伙伴,而是最好的伙伴。'"

埃利奥特先生有性格缺陷,但如果他听了安妮的话给出如此绝妙的回答,说明他身上有某些他的创造者认为不适合让我们了解的特性。我对此话很着迷,很愿意看到她嫁给他,而不是那个枯燥乏味的温特沃斯上校。当然,埃利奥特先生为了钱娶了一个地位比自己低的女人,而且对她颇有怠慢,他对史密斯太太的态度也不宽厚,但我们听到的毕竟是她的一面之词,假如我们有机会听听他的想法,应该会觉得他的做法情有可原。

奥斯汀小姐还有一个优点,我差点儿忘了提:她的书非常好读,比某些更伟大、更有名的小说家的作品更好读。正如沃特尔·司各特所说,她谈论的是平常的事物,"平凡生活中的纠葛、情感和人物";她书中没发生什么大不了的事,可是,当你读到一页末尾时,总会急不可耐地翻到下一页,想知道接下来会发生什么;同样没什么大事,而你又迫不及待地翻页。能够做到这一点的小说家拥有一个小说家所能具有的最宝贵的天赋。

司汤达和《红与黑》

1

1816年，一个品性正直但爱好文学的英国青年在去意大利的路上在巴黎逗留了几日，并递上随身携带的介绍信。他由此认识的一个人带他去见了安塞洛夫人，一位著名戏剧家的太太，她每周二晚上接待朋友。他环顾四周，立刻发现一个很胖的小个子男人正兴致勃勃地跟一小群人聊天。他长了一脸络腮胡，戴着假发，身穿一条紫色紧身裤，越发衬托出他的肥胖，一件暗绿色的燕尾服，一件淡紫色的小马甲，配了一件花边领衬衫和一条平滑的大领结。此人的样貌太古怪了，英国青年忍不住打听他是谁，同伴说了个名字，但这个名字对他而言毫无意义。

"他搞得我们大家都很紧张。"那个法国人继续说，"他是个共和党人，尽管为波拿巴效力，照目前这个局势，听他轻率的言辞有危险。他一度位高权重，跟科西嘉人去俄国打过仗。他大概在讲他的趣闻呢。这种故事他搜罗了一大堆，逮着机会就反复讲。你要是有兴趣，有机会我介绍你认识他。"

机会来了，矮胖子亲切地跟这个陌生人打招呼。闲聊了一会儿后，英国青年问他是否去过英格兰。

"去过两次。"他回答。

他说,在伦敦的时候,他和两个朋友住过塔维斯托克宾馆。他咯咯笑了,接着说,他要给他讲一个他在那里的奇遇。他在伦敦无聊得要死,一天,他对雇来的贴身男仆抱怨没有称心的伙伴,男仆以为他想找女人,打听一番后给了他一个地址,位于威斯敏斯特路,说他和他的朋友们可以第二天晚上去,不必担心有任何不快。当他们发现威斯敏斯特路位于一个贫困的郊区,他们有可能被劫杀时,其中一人拒绝前往;另外两个人怀揣匕首和手枪,坐着出租马车去了。他们在一个小农舍前下了车,三个面色苍白的妓女走出来,请他们进屋。他们坐下来,喝了茶,还在那里过了一夜。宽衣解带之前,他意味深长地把手枪放在五斗橱上,这可把那个姑娘吓坏了。英国青年尴尬地听这个滑稽的胖子详细且直白地讲述自己的经历。回到同伴身边后,他告诉那人,自己,一个素不相识的陌生人,却被迫听那种故事,有多么震惊难堪。

"一个字也别信。"同伴大笑道,"大家都知道他阳痿。"

年轻人的脸红了,为了转移话题,他提到那个胖子告诉他,他为英国书评撰稿。

"是啊,他写过一些拙劣的文章,还自费出过一两本书,但是没人看。"

"你刚才说他叫什么名字来着?"

"贝尔。亨利·贝尔。但他一点都不重要,他没有才华。"

我必须坦白,这个故事是我自己想象出来的,但很有可能真的发生过,它足够准确地反映了当时人们对亨利·贝尔的看法,我们现在更熟悉他的另一个名字:司汤达。此时,他四十三岁,正在写他的第一部小说。他的人生跌宕起伏,因此获得了极少数小说家可夸口的丰富经验。他生活在一个大变革的时代,置身于形形色色、各个阶层的人群中间，对人性有了他力所能及的最宽泛的了解。因为即便是观察力最敏锐的人性研究者也只能借助自身性格去了解他人。他所了解到的并不是他们的真实面目，而是被他特有的性格扭曲后的样子。

1783年，亨利·贝尔出生于格勒诺布尔，父亲是一名律师，是城里一个有资产、有地位的人，母亲是一个很有文化的名医的女儿，司汤达七岁那年，她就去世了。就这么几页纸，我只能对司汤达的生平做个概述，充分描述的话得写一本书，而且，我必须深入探究当时的社会和政治历史。幸好，这样一本书已经有人写出来了。如果《红与黑》的读者对司汤达有浓厚的兴趣，不满足于我说的这点东西，想对它的作者有更多的了解，最好去读一读马修·约瑟夫森先生写的那本生动翔实的传记，书名叫《司汤达，或者追求幸福》（Stendhal, or the Pursuit of Happiness）。

2

司汤达详尽地描述过他的童年和少年生活，研究这段生活很有趣，因为就在这个时期，他形成了至死不渝的偏见。他母亲一过世，他就被交给父亲和姨妈照看。他很爱他的母亲，用他自己的话说，他是怀着恋人一般的爱去爱她的。他父亲是个严肃谨慎的人，他姨妈则既严厉，又虔诚。他恨他们。尽管属于中产阶级，这个家庭却有贵族倾向，1789年，法国大革命爆发，他们深感沮丧。司汤达声称自己的童年生活是悲惨的，但从他自己描述的情形来看，似乎没什么好抱怨的。他聪明、好辩、很难驾驭。当恐怖气氛蔓延至格勒诺布尔时，司汤达的父亲被列入可疑分子名单，他认为这是一个叫阿玛尔的竞争对手所为，那个律师想抢他的生意。"可是，"这个聪明的小男孩说，"阿玛尔把你列入不爱共和国的可疑分子名单，但你确实不爱呀。"确实如此，但一个有掉脑袋危险的中年男人不太爱听自己的独生子说这种话。司汤达指责父亲是个极其讨厌的吝啬鬼，但他需要钱的时候，似乎总能花言巧语从父亲那儿骗到钱。他被禁止读某些书，但就像有书以来全世界成千上万的儿童做过的那样，他偷偷摸摸地看。他主要抱怨家里不允许他跟其他小孩自由交往，但他的生活不会像他自己喜欢声称的那么孤单寂寞，他有两个姐妹，他还跟一些男孩一起上课，老师是个耶稣会教士。事实上，他的成长环境和当时富有的中产阶级的孩子一样，像所有孩子一样，他把平常的管束看作粗暴的专制，当他被逼着做功课时，当不允许他随心所欲时，他就认为自己受到了残酷的虐待。

在这一点上，他和大多数孩子类似，但大多数孩子长大后会忘掉从前的委屈，司汤达与众不同，他直到五十三岁仍耿耿于怀。因为憎恨那个耶稣会教士，他变成了一个极端的反教权主义者，直至走到生命的尽头，他依然无法让自己相信笃信宗教的人是真诚的。由于他的父亲和姨妈是忠实的保皇派，他变成了狂热的共和党人。但十一岁那年的一个晚上，他溜出家门去参加一次革命集会，结果受到了不小的震动。他发现无产者脏兮兮的、臭烘烘的、粗俗不堪、笨嘴拙舌。"简而言之，那时的我和现在一样，"他写道，"我热爱人民，憎恶压迫他们的人，但和人民生活在一起对我而言将是无尽的折磨……我过去有，现在仍保持着最贵族的趣味；我愿意为人民的幸福做任何事，但我相信，我宁愿每个月都坐两个星期牢，也不愿和店主们生活在一起。"

这个孩子很聪明，数学很好，十六岁那年，他说服父亲让他去巴黎综合理工大学读书，为将来的军旅生涯做准备，但这只是他离家的借口。到了入学考试那天，他却溜掉了。父亲把他介绍给一个亲戚——达鲁先生，他的两个儿子在陆军部任职。长子皮埃尔身居要职，过了一段时间，在父亲达鲁先生的要求下，皮埃尔给这个无所事事、必须找点营生干的年轻人安排了一份差事，做自己很多秘书中的一个。拿破仑在意大利发动第二次战役，达鲁兄弟随他出征。不久后，司汤达在米兰跟他们会合。做了几个月办事员后，皮埃尔委派他去龙骑兵团任职，但他正享受着米兰的快乐生活，根本不打算去。趁着他的庇护人不在，他哄骗一位米查德将军任命自己做了副官。皮埃尔·达鲁回来后，命令司汤达加入自己的兵团，可是，他找了一个又一个借口，整整拖了六个月，终于加入后，却发现无聊至极，于是谎称生病，请假回家，并辞去了军职。他根本没见过战斗，但这阻止不了他在以后的岁月里吹嘘自己作战英勇；1804年，他找工作的时候，确实自己写了一份鉴定书(米查德将军签了字)，证明自己在多场战役中勇敢无畏，如今已证明，他根本不可能参加过那些战役。

在家里待了三个月后，他去了巴黎，靠父亲给的一小笔够日常开销的津贴生活。他想实现两个目标，其一是成为当时最伟大的戏剧诗人。为了达到这个目的，他读了一本编剧手册，还经常去剧院看戏。但他似乎并没有多少创作能力，因为我们一次次发现他在日记中寡廉鲜耻地说起如何将刚看过的一部戏改成自己的；此外，他肯定不是诗人。他的另一个目标是成为情圣，但在这一点上，造物主并没有眷顾他：他的个头比较矮小，是个其貌不扬、胖墩墩的年轻人，大身子，小短腿，大脑袋，一头浓密的黑卷毛；他的嘴唇很薄，鼻子厚大且突出；但他褐色的眼睛充满热切的光芒，小手，小脚，皮肤娇嫩得像个女人。他曾自豪地宣称：手握刀剑，手上会起泡。此外，他还有点羞怯笨拙。通过他的表兄马夏尔·达鲁，也就是皮埃尔的弟弟，他得以频繁出入某些太太的沙龙，她们的丈夫在大革命中发了财，可惜，只要有人在，他的舌头就会打结。他能想出俏皮话，但总是鼓不起勇气说出来。他始终不知道手该放哪儿，于是买了一根手杖，摆弄手杖时可以利用一下双手。他很在意自己的外省口音，也许就是为了矫正口音，他进了一所戏剧学校。在那里，他遇到了一个叫梅勒妮·吉尔贝的小演员，她比他大两三岁，犹豫一段时间后，他决定爱上她。他之所以犹豫，部分原因是，他不确定她是否有跟他一样伟大的灵魂，另一部分原因是，他怀疑她有花柳病。在这两方面大体放心后，他随她去了马赛，她在那儿有一份演出合约，那几个月，他在一家杂货批发铺干活。后来，他得出结论，无论是在精神上，还是在智力上，她都不是他认为的那种女人，当合约到期，她因缺钱被迫返回巴黎时，他松了一口气。

司汤达的性意识很强，但性能力不太强。的确，在从他后期的一个情妇那儿发现了一些很露骨的信之前，人们普遍怀疑他阳痿。他的第一部小说《阿尔芒斯》（Armance）的男主人公便是如此。这不是一部好小说，安德烈·纪德却击节叹赏，此中缘由不难猜到：他自己的信念得到了印证，当然，这种信念源于他和妻子的特殊关系，即没有性欲也可以深爱一个人。然而，爱和坠入爱河之间有着天渊之别。没有欲望也许会爱，但没有欲望不可能坠入爱河。显然，司汤达不是阳痿。他在《论爱情》（De L' Amour）中题为《论惨败》（Fiasco）的一章中阐明了这种情况。坦率地讲，有时，他会因为担心达不到要求而无法做到，于是引发了令他感到羞辱的传言。他的情感是理性的，占有一个女人主要是为了满足他的虚荣心，让他确信自己有男子汉气概。尽管他高谈阔论，但没有任何迹象表明他懂得温柔。他坦承，他的大多数恋情是不幸的，不难看出其中的缘由。他生性怯懦。在意大利时，他曾请教过一个同袍，如何博得女人的欢心，还郑重其事地把听到的建议记下来。他循规蹈矩地追求女人，就像他曾试图循规蹈矩地写剧本一样；当她们认为他可笑时，他感觉受到了侮辱；当她们看出他不真诚时，他又觉得惊诧。他这么聪明的一个人，竟然从来没有想过，女人听得懂的语言是心的语言，理智的语言打动不了她们。他以为玩弄阴谋诡计就能获得只能用感情获得的东西。

梅勒妮·吉尔贝离开他几个月后，司汤达重返巴黎，这是1806年的事。此时的皮埃尔已经是达鲁伯爵了，地位更显赫了。司汤达在意大利的表现让皮埃尔对这个表弟印象很差，只是在妻子的劝说下，他才又给了司汤达一次机会。耶拿战役后，皮埃尔的弟弟马夏尔被派往布伦瑞克，司汤达以军事特派员助理的身份随同前往。他尽职尽责，表现出色，马夏尔·达鲁被调往别处后，他接替了他的职位。司汤达放弃了当伟大剧作家的想法，决心在仕途上一展身手。他把自己想象成一个帝国的贵族、荣誉军团的骑士，最后成为一名薪水丰厚的部门长官。尽管他是一个狂热的共和党人，把拿破仑视作剥夺法兰西自由的暴君，他却写信给父亲，要他给自己买一个贵族头衔。他在自己的名字上加了一个小品词"德"，自称亨利·德·贝尔[①]。尽管这个做法很愚蠢，可他确实是一个称职能干、足智多谋的行政官；那年，一个法国军官和一个德国平民发生争吵，军官拔刀杀死了平民，并由此引发了一场起义。他的表现十分勇敢。1810年获得晋升后，他回到巴黎，在荣军院的豪华套房里有了一间办公室，还有一笔不菲的薪金。他得到一辆双马双轮轻便马车、一名车夫和一个男仆。他找了一个歌舞团的女演员同居，但这还不够：他觉得还应当给自己找一个可以用来爱的情妇，同时，她的身份又能提高他的声望。他认定皮埃尔的妻子亚历山德琳·达鲁符合这个要求。她是一个漂亮女人，比她显赫的丈夫年轻很多，还是他四个孩子的母亲。没有任何迹象表明司汤达顾及过达鲁伯爵对他的善意和长期的容忍，此外，他的晋升归功于达鲁，他的官运有赖于他的恩宠，勾引达鲁的妻子既不明智，也不体面。他不知道世上还有感恩这么一种美德。

他拿出一堆策略，展开求爱攻势，但怎么也摆脱不掉的羞怯依然碍手碍脚。他时而活泼，时而悲伤，时而轻佻，时而冷静，时而热情，时而淡漠：怎么着都没用，而且，他搞不清公爵夫人到底喜不喜欢他。他怀疑她会在背后嘲笑他的忸怩，这让他有一种强烈的羞愧感。最后，他去找一个老朋友，袒露自己的困境，问他该采取怎样的策略。他们

[①] "德"即"de"，在法国人名中，作为贵族姓氏的标志。"德"字的含义是某领地的领主。

讨论了这件事。那位朋友问了几个相关的问题,并把司汤达的回答写了下来。下面就是马修·约瑟夫森概括的问题和答案:"勾引德·B夫人的好处是什么(他们用德·B夫人称呼达鲁夫人)?""好处如下:他可以随心所欲;他会获得极大的社会利益;他要进一步探究人类的激情;他将满足自己的荣誉感和自尊心。"这份记录上的脚注是司汤达写的:"最好的建议。进攻!进攻!进攻!"这是一个好建议,但对于一个为无法克服的羞怯所苦的人而言,实行起来并不容易。几个星期后,他受邀去巴切维尔,达鲁家的乡间别墅小住。挨过一个不眠之夜后,第二天一早,他决定孤注一掷。他穿上自己最好的条纹裤。达鲁夫人夸他的裤子好看。他们在花园里散步,她的一个朋友、她的母亲和孩子们跟在后面,相距二十码。他们来回溜达,司汤达打着哆嗦,但决心已定,他的眼睛盯着一个点,他称之为B点,该点和他们走过的A点之间有一点距离,他发誓,如果他们走到那个点,他的话还没说出口,他就自杀。他终于开口了,抓住她的手,试图亲吻她的手。他告诉她,他爱了她十八个月,极力掩饰这种情感,甚至打算不再见她,但他再也无法忍受这种痛苦了。伯爵夫人的回答还算友善,她只能把他当朋友对待,而且,她无意对丈夫不忠,接着,她把其他人喊了过来。司汤达输掉了这场他所谓的巴切维尔战役。可以想见,这与其说是伤了他的心,不如说是伤了他的虚荣心。

两个月后,那场挫败仍令他难过,他申请休假,去了米兰,第一次去意大利,他就爱上了这座城市。十年前,他在那儿迷过一个叫吉娜·皮特拉格鲁阿的女人,他的一位同僚的情妇;但当时他只是一个不名一文的少尉,她没太在意他。但这次回米兰,他立刻找到了她。她的父亲开了一爿店,她年纪轻轻就嫁给了一个政府职员。这时,她已经三十四岁了,还有一个十六岁的儿子。再次见到他,司汤达发现她是一个"高挑、华美的女人。她的眼睛、表情、眉毛和鼻子依然有某种高贵的东西在。我发现她(他补充说)更聪明,也更高贵了,少了那种性感撩人的风姿。"她的丈夫薪水微薄,她却在米兰有一套公寓,在乡下有一栋别墅,有仆人,在斯卡拉剧院有一个包厢,还有一辆四轮马车,她确实挺聪明的。

司汤达很清楚自己相貌平平,为了弥补这一点,他刻意打扮得优雅时髦。他一向胖嘟嘟的,现在生活好了,简直成了个胖子;但他口袋里有钱,身上有华丽的衣服。有了这些优势,他肯定以为,比起当年那个穷困潦倒的龙骑兵,现在的他更有机会取悦这位高贵的夫人,于是他决定在米兰逗留期间好好乐和乐和。可是,她并没有他以为的那么容易上手,反令他大费周章。直到他动身去罗马前夕,她才同意一天清早在她的公寓里接见他。我们以为这个时刻求爱不会顺遂。而那天,他在日记里写道:"9月21日11点半,我取得了梦寐已久的胜利。"他还把这个日期写在背带上。他那天穿的依旧是向达鲁夫人表白时那条条纹裤。

假期结束了,他回到巴黎。令他有些沮丧的是,他发现达鲁伯爵的态度异常冷淡,伯爵目睹过这个年轻的表弟对他太太的关注,对此十分反感。拿破仑开始对俄国那场灾难性的远征时,司汤达好不容易说服达鲁伯爵把他从安逸的荣军院调到了现役的军需部。他紧随大军来到莫斯科,并在撤退时证明自己依然冷静、勇敢、有魄力。在一个最糟糕的早上,他出现在达鲁的总部候命,他仔细地刮了胡子,打扮得干净利落,穿着唯一一套军装。抢渡别列津纳河时,他救了达鲁的命,还救了一个受伤的军官,把他带上自己的马车。他终于到了柯尼斯堡[①],饿得要死,丢失了手稿,除了身上的衣服,一无所有。"我凭意志力救了自己。"他写道,"因为,我看见身边有很多人在放弃希望后死去。"一个月后,他回到巴黎。

---

①柯尼斯堡,Konigsberg,俄罗斯西部港市加里宁格勒的旧称。

3

1814年，皇帝退位，司汤达的仕途终结了。他自称拒绝了几份要职，宁可自我放逐，也不为波旁王朝效力；然而，事实并非完全如此；他曾发誓效忠国王，并试图恢复公职，结果失败了，他才返回米兰。他仍有足够的金钱住在舒适的公寓里，想什么时候听歌剧就去听歌剧；但他已经没有了从前的官衔、声望和现金。吉娜对他的态度很冷淡。她告诉他，她丈夫听说他来了，醋意十足，她的其他爱慕者也起了疑心。他无法向自己隐瞒，他对她已经没有用处了，但她的冷漠点燃了他的激情，终于，他想到只有一个办法能让她回心转意。他筹措到三千法郎给了她。他们一起去了威尼斯，同行的还有吉娜的母亲、儿子和一个中年银行家。为了顾全面子，她坚持要司汤达住到另一个旅馆去，令他大为光火的是，他和吉娜一起用餐时，那个银行家也跟着来了。下面这段话摘自他的日记，他是用英文写的："她装出一副去威尼斯是为我做了多大牺牲的样子。我真是蠢透了，给了她三千法郎做旅资。"十天后，他又写道："我得到了她……但是她跟我谈起了我们的财务安排。昨天上午绝不可能是幻觉。显然，利害关系把所有神经液抽到脑子里去了，完全扼杀了我的淫乐之欲。"

尽管这事令人难堪，1815年6月18日，拿破仑兵败滑铁卢那天，司汤达还是在高贵的吉娜怀中度过的。

这年秋天，他们返回米兰。为了自己的名誉，吉娜坚持要司汤达住在偏僻的郊区。她答应跟他幽会时，他乔装打扮，深夜前往，为了甩掉盯梢，途中换了好几次马车，然后由她的女仆放他进去。但是那个女仆，跟女主人吵了一架，或者被贝尔收买了，突然揭露了令人惊讶的真相：夫人的丈夫根本不吃醋，吉娜搞得这么神秘是担心贝尔先生撞上他的情敌,更准确地说是他的情敌们,他有很多情敌。女仆主动提出向他证实这一点。第二天,她把他藏在吉娜闺房旁的一个小房间里,就在那里,"他透过墙上的一个洞,亲眼看见了她的背叛,那一幕的发生地离他的藏身处只有三英尺远。"多年后向梅里美①讲述这件事时,贝尔说:"你也许以为我会冲出去,用匕首捅死那两个人?完全没有……我悄悄走进那个小黑屋,又悄悄地离开,心里只想到这番冒险荒唐的一面,暗自发笑,满怀对那位夫人的轻蔑,同时,我也很高兴经历了这一切,我又重获了自由。"

然而,他深受其辱。他声称自己足足有十八个月无法写作、思考、讲话。吉娜试图把他夺回来。一天,她在著名的布雷拉画廊拦住他,跪在他面前,乞求他原谅她。"我的自尊心很可笑,"他对梅里美说,"我轻蔑地斥退她。我似乎仍能看到她追逐我的样子,她抓住我的衣襟不撒手,我拖着跪在地上的她爬过长长的画廊。我好傻,当时居然没有原谅她,她肯定从来没像那天么爱过我。"

然而,1818年,司汤达遇到了美丽的丹布罗夫斯基伯爵夫人,并立刻坠入了爱河。那时,他三十六岁,她比他小十岁。这是他头一次将情感投注在一个名门贵妇身上。这位伯爵夫人是意大利人,十几岁时嫁给了一位波兰将军,几年后,她离开他,带着两个孩子去了瑞士。流亡诗人乌戈·福斯科洛②正在此居住,舆论误以为她离开丈夫就是为了跟他生活在一起。她回到米兰时郁郁寡欢,倒不是因为她有个情人,根据当时的风气,这没什么好指摘的,而是因为她离开了丈夫,独自生活在国外。倾慕了她整整五个月后,司汤达终于鼓起勇气向她表白。她立即下了逐客令。他谦卑地写了一封道歉信,她终于发了慈悲,

---

① 梅里美,Prosper Merimee,1803—1870,法国现实主义作家、中短篇小说大师、剧作家、历史学家。他是著名中篇小说《卡门》的作者。

② 乌戈·福斯科洛,Ugo Foscolo,1778—1827,意大利小说家、诗人、文艺评论家及革命家,其主要作品有书信体小说《雅科波·奥尔蒂斯的最后书简》和诗歌《墓地哀思》。

允许他每两个星期看她一次。她明确表示，他的殷勤令她反感，但他仍坚持不懈。司汤达有一点很奇怪，尽管他时刻提防别人愚弄他，自己却仍不停地出丑。有一次，伯爵夫人去沃尔泰拉看她在那儿读书的两个儿子，司汤达也跟过去了，但他知道这么做会惹怒她，于是他戴了一副绿色的眼镜伪装自己。晚上散步时，他摘下眼镜，佯装邂逅伯爵夫人，她装着没看见，第二天，她差人给他送来一张纸条，"痛斥他跟踪她到沃尔泰拉，并在她每天散步的公园闲荡，危害了她的安全"。他回信恳求她原谅，并在一两天后再次登门拜访。她冷冰冰地把他撵走了。他去了佛罗伦萨，用伤心的来信轰炸她。她把那些信原封不动退了回去，并附上如下一段话："先生，我不希望再收到您的信，我也不会给您写信。我十分尊重您……"

司汤达郁郁不乐地回到米兰，却获悉父亲去世了。他立刻动身前往格勒诺布尔。到了那儿，他发现律师行的生意不景气，他非但没有继承预想中的财产，反倒有债务要偿还。他匆匆返回米兰，并以某种方式，到底是何种方式，我们不得而知，反正他说服了伯爵夫人再次允许他定期看望她。但这是他的虚荣心在作祟，他不愿意相信她对他漠不关心，后来，他这样写道："亲密交往三年后，我离开了一个我爱过也爱过我的女人，然而，她从未委身于我。"

1821年，因为和某些意大利爱国者有瓜葛，奥地利警方要求他离开米兰。他在巴黎安顿下来，随后的九年中，他有大部分时间生活在那里。他频繁出入一些崇尚才智的沙龙。他不再张口结舌，变得有趣且刻薄，处于最佳状态时，他会跟八到十个他喜欢的人同时交谈。但和许多健谈者一样，他往往垄断谈话。他喜欢发号施令，对与自己意见不合的人，丝毫不掩饰内心的鄙视。为了语出惊人，他多少有点沉浸于淫秽亵渎之词，吹毛求疵的批评者认为，为了取悦和挑衅，他常常故作幽默。他无法忍受无聊，觉得很难相信他们不是跟他一样的流氓无赖。

这期间,他有了唯一一次付出的爱似乎得到回报的风流韵事。德·吉利亚尔伯爵夫人(闺名:克莱芒蒂娜·布若)和她不忠、嫉妒且暴躁的丈夫分居了。她是个漂亮女人,当时三十六岁,司汤达已年过四十,又矮又胖,大红鼻头,大腹便便,屁股硕大。他戴了一顶红褐色的假发,还把胡子染成了相应的颜色。他用有限的财力尽量营造奢华的感觉。司汤达的机智幽默吸引了克莱芒蒂娜·德·吉利亚尔,经过适当的一段时间,他向她发起了"进攻",她怀着与年龄相符的感激之情,接受了他的求爱。在他们交往的两年时间里,她给他写了两百一十五封信,每封信都如司汤达所希望的那么浪漫。由于担心她丈夫发怒,他只能偷偷见她。在此我引用一段马修·约瑟夫森的话:"他乔装打扮,从巴黎出发,趁着夜色,乘着马车,全速奔向她的城堡,午夜后方能抵达。德·吉利亚尔夫人像司汤达的任何一部小说的女主人公一样大胆。"有一次,来了一个不速之客,可能就是她的丈夫,妨碍了他们的幽会,她急忙把他带到地下室,撤掉梯子,关上活板门。在这个黑暗浪漫的洞穴里,着了迷的司汤达被囚禁,甚至埋葬了整整三天,痴心一片的克莱芒蒂娜则为他准备食物,放下又抬起梯子,偷偷来看他,甚至考虑到他如厕的需求,把马桶拿下来,再倒掉。"后来,司汤达写道,"夜里来地下室时的她很崇高"。然而,没过多久,这对情人就发生了争吵,争吵来得如他们的激情一样猛烈,最终,这位夫人为了另一个情人抛弃了司汤达,也许那是一个没这么累人,但更令人兴奋的情人。

接着发生了1830年的大革命。查理十世流亡国外,路易·菲利浦登上王位。到了这个时候,司汤达已经花光了父亲破产后留下的那点积蓄,他又重拾当一名著名作家的志向,而他在文学创作上的努力,既没有给他带来钱财,也没给他带来名声。《论爱》于1822年出版,十一年中只卖出去十七本。《阿尔芒斯》于1827年出版,在评论界和公众中均未获得成功。我先前提到过,他曾徒劳地试图获得公职,终于,随着政权更迭，他被任命为的里雅斯特领事；但由于同情自由派分子，奥地利当局拒绝接受他，于是他被调往教皇国的奇维塔韦基亚①。

他不太在意工作，却是个不知疲倦的观光客，一有机会就作短途旅行。他在罗马找到了尊重他的朋友。尽管有了这些消遣活动，他依然觉得无聊且孤独透顶。五十一岁那年，他向一位年轻的姑娘求了婚，她是他的洗衣妇和领事馆一个小职员的女儿。令他感到羞辱的是，他的求婚被拒绝了，原因并不是人们以为的年纪大、性格差，而是他的自由主义观念。1836年，他说服部长给他安排了一个小职务，让他可以在巴黎待三年，他的工作暂时由别人代理。此时的他比以前更胖，易患中风，但这并不能阻碍他穿得绝顶时髦，无论谁对他外套的款式和裤子的样式表示轻蔑，都会极大地冒犯他。他继续去爱，但收效甚微；他说服自己他仍爱着克莱芒蒂娜·德·吉利亚尔，并力图跟她恢复某种关系。自从他们分手，已经过去了十年，她非常明智地回复说，死灰无法复燃。她还告诉他，做她的第一个朋友，也是最好的朋友，他一定心满意足。梅里美记述道，司汤达简直无法承受这种打击，"说她的名字时，他的声音都会变……我只见他流过这一次泪。"不过，一两个月后，他似乎完全恢复过来了，又向一个戈蒂尔夫人献殷勤，又没成功。最后，他被迫回到奇维塔韦基亚，两年后，他在那里中了风，刚一康复，他就请假去日内瓦咨询一位著名的医生。他从那里去了巴黎，又过上了从前的生活。他参加聚会，滔滔不绝，兴致不减。1842年3月的一天，他参加了在外交部举办的一次官方宴会，当晚，他沿着林荫道散步时第二次中风。他被抬回住所的第二天就死了。他毕生都在追求幸福，却从没有领悟到，幸福是可遇而不可求的，此外，只有失去时才知道曾经拥有过。我怀疑有人会说"我很幸福"，人们只会说"我幸福过"。因为，幸福不是康乐、满足、心安、愉悦和享受：

---

① 奇维塔韦基亚，Civitavecchia，意大利中部城镇，首都罗马的主要港口。滨第勒尼安海，东南距罗马约70公里。

这一切构成幸福，但它们本身并不是幸福。

4

司汤达是个怪人。他的性格比多数人矛盾，我们惊讶地看到，这么多自相矛盾的特点并存于一个人身上。这些特点并没有和谐共处，这一点无论如何貌似可信。他有大优点，也有大缺点。他敏感、感情用事、羞怯、有才华、工作起来十分勤奋，遇到危险时冷静勇敢，善待朋友，有非凡的创造力。他的偏见很荒唐，他的目标与自身不匹配。他的疑心很重（又很容易上当）、心胸狭窄、不太厚道，一点也不尽责，虚荣自大到近乎愚蠢，耽于酒色，却不体贴，纵情放荡，却没有激情。但我知道，他有这些缺点都是他自己告诉我们的。司汤达不是职业作家，甚至算不上文人，但他笔耕不辍，而且写的几乎全是自己。他写了很多年日记，大部分保留下来了。显然，写的时候，他并没有打算出版。但五十出头的时候，他写了一本五百多页的自传，写到他十七岁那年，这本书虽然到他死的那天都没有修改过，他还是预备给人看的。他在书中偶尔会自我吹嘘一下，声称做了没有做过的事，但大体上是诚实的。他没有偷懒，这些书确实不好读，有的部分很乏味，经常说车轱辘话，我估计，这些书的读者都会扪心自问，倘若他们不明智到如此坦诚地暴露自己，是否会有更好的表现。

司汤达去世时，只有两家巴黎报纸费心报道了此事，而且只有三个人参加了他的葬礼，其中一个是梅里美。看样子他要被世人完全遗忘了，要不是两个忠实的朋友不遗余力地说服一家重要的出版公司发行了他的主要作品，他确实很有可能被遗忘。虽然颇有影响力的批评家圣伯夫专门为此写了两篇文章，公众的反应依然冷淡。这并不奇怪，圣伯夫的第一篇文章谈论的是他的早期作品，他同时代的人忽略了，后人则决定视而不见，在第二篇文章中，他有所保留地称赞了司汤达的《罗马漫步》和《旅人札记》，而且觉得司汤达的小说不合他的口味。他断言人物像木偶，结构精巧，但一举一动都暴露出内在的机理；他批评情节简直不可信。司汤达活着的时候，巴尔扎克写过一篇赞美《帕尔马修道院》的文章；圣伯夫写道："显然，我无法认同巴尔扎克先生对《帕尔马修道院》的喜爱。一个简单的事实：作为小说家，他笔下的贝尔，就是他希望别人描写的他自己。"没过多久，他又相当恶毒地说，司汤达死后，人们在他的遗物中发现了一份文件，表明他曾赠予或借给巴尔扎克三千法郎（对巴尔扎克来说，一笔借款永远等同于一份礼物），所以说，他为那篇颂词付了润笔费。就此，圣伯夫引述道："荣誉之中夹杂着不光彩的纠缠。"他大可不必如何挑剔，他那两篇关于司汤达的文章的稿费是出版商付的，他为司汤达的表兄皮埃尔·达鲁写的那两篇文章（皮埃尔·达鲁作为作家的声望来自他翻译过贺拉斯的作品，还写过一部九卷本的威尼斯史。）也是他的家人为了表孝心委托他写的。

司汤达从未怀疑过他的作品流传不下去，但他要准备等到1880年，甚至1990年，才能获得应有的评价。许多被同时代的人忽略的作家相信后人会认可他们的价值，并借此来安慰自己。这样的事极少发生。后人忙碌、粗心，他们关注过去的文学作品时，也只在当时获得成功的作品中做选择。将一个已故作家从生前的籍籍无名中解救出来的机会微乎其微。就司汤达而言，一位教授（否则也不为人知）在法国高等师范学校讲课时曾热情赞扬过他的作品，偏巧他的学生中有几个聪明的年轻人日后功成名就，他们读了他的作品，发现其中有些东西正符合在当时年轻人中间盛行的思潮，于是成为他狂热的崇拜者。

这些人当中最有才干的要属依波利特·阿道尔夫·丹纳[1]，许多年后，他成了一名影响力很大的著名学者，他写了一篇长文，尤其提请大家注意司汤达的心理洞察力。捎带说一句，文学评论家谈到小说家的心理时，他们使用这个词的意义与心理学家不尽相同。按照我的理解，他们的意思是，小说家更强调人物的动机、思想和情绪，而不是行为。但实际上，这会导致小说家主要展现人性中更险恶的部分，他的妒忌、狠毒、自私和狭隘——也就是人性中更卑鄙一面，而不是更好的一面。这确实给人以真实感，因为除非我们是彻头彻尾的傻瓜，否则，我们都清楚自己身上有多少可恶的东西。"若不是上帝恩典，赴刑场的就是约翰·布拉德福了。"[2] 自从丹纳写了这篇文章，出现了大量关于司汤达的评论，人们普遍认为他是19世纪法国三大小说家之一。

司汤达的情况很特殊。大多数伟大的小说家著述颇丰，尤其是巴尔扎克和狄更斯。可以非常肯定地说，假如他们活到老年，还会一个故事接着一个故事编写下去。人们以为，小说家所需要的所有天赋中，大规模的创造是必不可少的。司汤达几乎完全不具备这种才能。尽管如此，他也许是最富创意的小说家。正如他年轻时想成为著名的剧作家，却从未有过一个想法，并在此基础上构建一部戏；谈到写小说，他似乎也无法凭空构思出一个情节。我说过，他的第一部小说是《阿尔芒斯》。德·杜拉斯伯爵夫人（Duchess de Duras）写过两部小说，并凭借颇为大胆的题材获得了"令人震惊的成功"，当时有一个小有名气的作家叫亨利·德·拉都胥（Henri de Latouche），他写过一部小说，匿名出版，希望人们以为是公爵夫人写的，其中的男主人公阳痿。我没读过这本书，只是道听途说。我推测，《阿尔芒斯》借用

---

[1] 依波利特·阿道尔夫·丹纳，Hippolyte Adolphe Taine，1828—1893，法国评论家和史学家。

[2] 16世纪英国新教徒约翰·布拉德福有一次看见几名押解去刑场的死囚，发了一句感叹，There, but for the grace of God, goes John Bradford. 后来，布拉德福因"崇奉异端"遭火刑处死，以身殉教。

的不只是拉都胥那本书的主题，还有故事情节。他甚至连主人公的名字都没改，这难免有厚颜无耻之嫌，后来他才把奥利维尔改成了奥克塔夫。他用我认为可以被称作"心理现实主义的手法"渲染主题，但这个小说依然很糟糕：情节简直不可思议，反正我不信，一个为那种特殊障碍（这也是本书的主题）所苦的男人居然会疯狂地爱上一个年轻的姑娘。在《红与黑》中，我后面会谈到，司汤达高度关注一个年轻人的故事，此人是一次著名审判的主角。圣伯夫认为，《帕尔马修道院》唯一值得称道之处是对滑铁卢战役的描写，而司汤达的描写取材于一个参加过维多利亚战役的英国士兵的回忆录。至于那本特殊的书的其余部分，他则依靠旧有的意大利年鉴和实录。显然，小说家要从某处获取情节，有时是他们自己的经历，他们看见或听到的真实事件，但一般来自对人物的详尽阐述，由于某种原因，这些人物激发了他的想象力。除了司汤达，我不知道还有哪个一流小说家会直接从他阅读的书籍中找灵感。我这番话并无诋毁之意，只是陈述一个奇怪的事实。司汤达的创造力并不强，何至于此，谁也说不清，上天赋予这个粗俗之人以准确的观察力，以及对人心之复杂、虚妄和怪诞的敏锐洞察力。他对人类评价极低，却对他们抱有强烈的兴趣。《旅人札记》中的一段文字显露了他的心迹，他说在穿越法国的旅途中，为了在闲暇时光欣赏风景，他乘上一辆驿站马车，过了一会儿，他感觉无聊透顶，于是放弃驿站马车，登上一辆公共马车，以便跟乘客们聊天，吃饭时，听他们讲故事。

司汤达的游记活泼生动，读起来也有滋有味，但只是告诉读者作者的独特性格，他的名声则基于两部小说和《论爱情》中一些段落。其中一段并不新颖：早在1817年，当时他在博洛尼亚，一次聚会上，一位盖拉尔迪夫人，"美目之乡布雷西亚造就的最漂亮的女人"，对他说：

有四种不同的爱：

1. 肉体之爱，这是野兽、野蛮人和堕落的欧洲人的爱。

2. 激情之爱，这是爱洛依丝对阿伯拉尔的爱[1]，朱丽对圣普乐的爱[2]。

3. L'Amour goût，18世纪时令法国人愉悦，马里沃[3]、坎比勇（Crebillon）、杜克洛（Duclos）、德毕内夫人（Madame D'Epinay）优雅地描写过的爱。（我保留了法文的L'Amour goût，因为不知如何翻译才好。我认为它指的是那种你迷恋上一个人时所感受到的爱，如果这个词收入《牛津词典》，我宁可叫它肉欲，而不是爱。）

4. 来自名利场的爱，这种爱让德·肖纳公爵夫人（Duchesse de Chaulnes）在即将嫁给德·吉尔先生时说：'在一个平民眼中，一个女公爵永远三十岁'。"

司汤达又补充道："在盖拉尔迪夫人的圈子里，那种将所爱的对象视作十全十美的愚蠢行为被称作结晶。"假如不抓住这个送到眼前的有益的想法，他就不是司汤达了，但直到几个月后，在一个他所谓的"天才的一天"，他才想出了那个自此闻名的比喻。他是这么说的："在萨尔茨堡的盐矿，你把一根没有叶子的树枝丢进废弃的竖井深处：

---

[1] 阿伯拉尔，Pierre Abelard，1079—1142，法国哲学家、神学家。他于1115年在巴黎圣母院的主教学校任神学教师，受到学生热烈拥戴。巴黎圣母院主教菲尔贝尔安排阿伯拉尔担任他才貌双全的侄女爱洛依丝的导师。阿伯拉尔与爱洛依丝相爱，后来一起私奔。爱洛依丝生下儿子后，与阿伯拉尔结婚。然而，他们的关系惹怒了菲尔贝尔，他雇用了一帮恶棍袭击并阉割了阿伯拉尔。1118年，爱洛伊斯被送进圣阿尔让特伊的女修道院做了修女，阿伯拉尔成为巴黎郊区圣丹尼斯修道院的修士。阿伯拉尔和爱洛依丝之间的情书幸存了下来，并成为文学经典。

[2] 卢梭的小说《新爱洛伊丝》的男女主人公。

[3] 马里沃，Pierre Carlet de Marivaux，1688—1763，18世纪法国古典喜剧泰斗。《双重背叛》和《爱情与偶然狂想曲》是马里沃最受欢迎，也是演出纪录最多的作品，直至今日仍是法国大小剧院经年不可或缺的剧目。

两三个月后收回来，树枝上会覆满闪光的结晶体：最小的树枝大不过山雀的脚，上面装饰着无数闪闪发光的钻石，再也认不出树枝原本的样子。"

"我所谓的结晶是思维的运转，从周围的一切中吸取发现，心爱的对象有了新的优点。"

凡是恋爱过又失恋过的人都会承认，这个例证十分贴切。

5

他的两部伟大的小说中，《帕尔马修道院》读起来更惬意。圣伯夫称书中的人物是毫无生气的木偶，我不认为他说得对。确实，男主人公法布利斯和女主人公克劳莉娅·康梯形象模糊，主要在故事中扮演被动角色，但莫斯卡伯爵和桑塞维里诺公爵夫人极为生动。放纵淫乱、肆无忌惮的公爵夫人是人物性格塑造上的典范。但《红与黑》是到目前为止最打动人心、最富创造性，也最有意义的成就。正因如此，左拉称司汤达为自然主义之父，而布尔热[①]和安德烈·纪德宣称（并不准确）他是心理小说的创始人。

和大多数作家不同，司汤达总是心平气和地接受批评，无论被攻击到何种程度，但更值得注意的一点是，他把手稿寄给朋友，希望听取他们的意见，他会毫不犹豫地采纳常常是大幅度的修改意见，梅里美说，他不停地重写，却从不改写。我不确定事实如此。我在他的一份手稿中看到，他在很多不满意的字词上画了叉，他这么做肯定是想

[①] 布尔热，Paul Bourget，1852—1935，法国小说家和评论家。

在润色时做些改动。他讨厌由夏多布里昂①引领风尚、数以百计的小作家刻意模仿的华丽文风。司汤达的目标是尽可能朴素且准确地写下他非说不可的话，没有虚饰，没有华丽的辞藻，也没有别具一格的冗词。他说（很可能并不真实），每次动笔之前，他都会读一页《拿破仑法典》来精练自己的语言。他回避当时流行的景物描写和大量的隐喻。他所采用的冷静、明晰、克制的文风极大地增强了故事的恐怖感，增添了扣人心弦的趣味。

丹纳在那篇著名的评论中关注最多的是《红与黑》，但作为一名史学家和哲学家，他主要感兴趣的是司汤达对人物心理的敏锐观察，对动机犀利的分析，以及新颖独创的观点。他公正地指出，司汤达关心的并非行为本身，只是角色的情感、独特的性格和多变的感情引发了这些行为，这使他避免了用戏剧化的方式描写戏剧化的事件。为此，丹纳举了个例子，他引用了司汤达对男主人公行刑前的描述，他十分真诚地说，大部分作家会将其视为可以详细叙述的事件，司汤达却是这样处理的：

>　　"地牢里的坏空气，朱利安已经忍受不了。幸亏在大家通知他去受刑的那天，美丽的阳光使万物生机勃勃，朱利安也全身充满了勇气。在露天中行走，给了他一种甜美的感觉，好像在海上长期漂泊的航海者登上陆地散步一样。'前进吧，一切都很顺利，'他自言自语道，'我一点不缺乏勇气。'这个头颅，从来没有像在快要落地时那么富有诗意。从前他在韦尔吉树林里享受的那些最温柔时刻的回忆，极其有力地一齐涌上他的心头。一切都进行得简单而又得体，在

---

① 夏多布里昂，François-René de Chateaubriand，1768—1848，法国18至19世纪的作家，政治家，外交家，法兰西学院院士。著有小说《阿达拉》《雷内》《基督教真谛》，长篇自传《墓畔回忆录》等，是法国早期浪漫主义的代表作家。

他这方面，没有任何矫揉造作的表现。"

显然，丹纳对作为艺术品的小说不感兴趣。他写作的目的是唤醒大家对一个被忽视的作家的兴趣，他写的是一篇赞词，不是批评研究。受了丹纳这篇文章的引诱知道《红与黑》的读者可能有点失望。因为作为艺术品，令人遗憾的是，这部小说并不完美。

司汤达对自己比对别人更感兴趣，他永远是自己小说里的主人公，《阿尔芒斯》里的奥克塔夫，《帕尔马修道院》里的法布里斯，还有一部未完成的同名小说里的吕西安·娄凡。《红与黑》的主人公于连·索雷尔是司汤达想要成为的那种人。他让于连在女人眼中魅力十足，能成功赢得她们的芳心，为此，他愿意倾其所有，却很少得手。他让他在她们身上得逞，用的是他为自己炮制的方法，自己却一再失败。他让他和自己一样是个才华横溢的健谈者，不过，他很明智，从不举例说明，只是加以断言，因为他知道，当小说家告诉读者一个人物机智诙谐，再举例说明时，结果往往达不到读者的预期。他把自己惊人的记忆力、勇气、羞怯、野心、敏感、工于算计的头脑、多疑、虚荣心、动不动就会被冒犯，他的肆无忌惮和忘恩负义统统加在主人公身上。他赋予主人公最可爱的特点，也是他在自己身上发现的特点，那就是于连在感受公正和慈爱时会感动到落泪，这表明，倘若生活境遇不同，他不会如此卑鄙可恶。

正如我说过的，司汤达缺少凭空编造故事的天赋。《红与黑》的情节取自对当时引起轰动的一次审判的新闻报道。一个叫安托万·伯塞特的神学院学生先是在一位米休先生家里做家庭教师，后来又在一位德·歌东先生家里当家庭教师，他试图勾引并确实勾引到了第一家的太太，又勾引了第二家的女儿。被辞退后，他想继续学业，将来当一名神父，但他的名声太坏了，哪个神学院都不要他。他突然认定，这一切都是米休夫妇造成的，于是为了报复，他在教堂枪杀了米休太太，随后开枪自杀。他的伤势并不致命，于是受到了审判，他力图以那个不幸的女人为代价挽救自己，结果还是被判处了死刑。

这个丑陋肮脏的故事吸引了司汤达。他将伯塞特的行为看作刚强叛逆的天性对社会秩序的反抗，不受虚伪社会习俗束缚的自然人的情感表达。他蔑视他的法国同胞，因为他们丧失了中世纪时曾拥有的活力，变得守法、可敬、乏味、庸常、缺乏激情。他可能想到了，经历了恐怖统治的恐怖和灾难般的拿破仑战争，人们当然欢迎和平与宁静。司汤达最看重的品质是活力，他钟情意大利，宁可生活在那里，而不是自己的祖国，原因在于，他相信那是一个"有爱有恨的国度"。那里的男人爱得疯狂，可以为爱而死。那里的男人和女人任由激情摆布，完全不顾接踵而至的灾祸。那里的男人，一怒之下，被杀，或者杀人，他们敢于做自己。这是纯粹的浪漫主义，显然，司汤达所谓的活力被大多数人称为暴力，并加以谴责。

"单就平民百姓而言，"他写道，"如今尚有残留的活力。上层阶级中则荡然无存。"所以，着手写《红与黑》时，他把于连写成了工人阶级的子弟，但他赋予了于连更好的头脑、更强的意志和更大的勇气，这都是那个可怜的原型所不具备的。他用高超的技巧塑造的人物具有永恒的魅力；他对出身特权阶层的人充满嫉妒和憎恨，很好地代表了每一代都会出现的一种人，这类人大概会继续这样下去，直到出现一个无阶级的社会。到了那时，人性无疑会改变，不太聪明、不太能干、不太有进取心的人不再怨恨更有进取心、更能干、更聪明的人享受他们曾被拒绝拥有的好处。我们第一眼看到于连时，司汤达是这样描述他的："他是个十八九岁的瘦小青年，看起来羸弱，面部的轮廓也不大周正，但颇清秀，还有一个鹰钩鼻子，一双大而黑的眼睛，静时显露出沉思和热情。此刻却闪烁着最凶恶的憎恨的表情。深褐色的头发长得很低，盖住了大半个额头，发怒的时候凶相毕露……他的身材修长而匀称，更多地显示出轻捷而非力量。"这个人物描写并不迷人，但也不赖，因为没有预先让读者对于连产生好感。我说过，小说的主人公自然会赢得读者的同情，司汤达选择了一个反面人物，从一开始，他就要当心，不能让读者过分同情他，同时还得让读者对于连感兴趣，但又不能把他写得太讨厌，于是他缓和了一开始的描述，反反复复描写他漂亮的眼睛、优雅的身形和细嫩的双手。偶尔，他会把他写得十分俊美，但他没有忘记时不时地唤起你关注于连与人接触时给人造成的不适，以及所有人对他抱有的怀疑的态度，有充分理由提防他的人除外。

德·瑞那太太，也就是于连受雇所教的孩子们的母亲，是最难刻画的一类人，司汤达却做得非常出色。她是一个好女人。大部分小说家试着塑造过这类形象，结果呈现出来的却是个傻瓜。我想原因在于，好只有一种，坏却有许多种，这显然给了小说家更大的创作余地。德·瑞那太太迷人、善良，又真诚，司汤达用精湛的手法描述了她对于连的爱与日俱增，其间伴随着恐惧和迟疑，并最终演变成如火般燃烧的激情。她是小说中最动人的形象之一。于连认为这事非做不可，他决定，倘若他在一天晚上不抓住她的手，他就自我了断，就像司汤达自己，穿上最好的裤子，暗暗发誓，如果走到某一个点，他还不向达鲁夫人表达爱意，就开枪打爆自己的头。最终，于连勾引到了德·瑞那太太，并不是因为他爱她，而是报复她所属的阶级，同时满足自己的自尊心，可是，他真的爱上了她，内心更卑劣的本能暂时休眠了。他有生以来第一次体会到了幸福，你开始同情他。但德·瑞那太太的轻率引发了流言蜚语，于是于连被安排入读神学院。我认为，讲于连和德·瑞那太太以及他在神学院的生活这两个部分写得好到不能再好了，读者不必实行"自愿暂停怀疑"（willing suspension of disbelief），司汤达告诉你的事实显而易见，只是当场景转换到巴黎，我才发现自己产生了怀疑。于连完成神学院的课程后，校长给他争取到了一个职位，做德·拉·莫勒侯爵的秘书，他发现自己已厕身首都最高贵的圈子。司汤达描绘的画面没有说服力。司汤达从未活跃于上流社会，他熟悉的主要是法国大革命和法兰西帝国登上历史舞台后成为显要的资产阶级；而且他不了解有教养之人的行为举止。他从来没见识过与生俱来的骄傲。司汤达骨子里是个现实主义者，但无论一个人费多大气力，都无法摆脱他所处的时代的精神氛围的影响。浪漫主义盛极一时，尽管司汤达欣赏18世纪的理智和文雅的文化，依然深受浪漫主义的影响。正如我所指出的，司汤达迷恋意大利文艺复兴时期的无情之人，他们不为顾忌和悔恨所扰，为了实现自己的野心，满足自己的欲望，或者为荣誉复仇，犯起罪来，毫不迟疑。他珍视他们的活力，他们的不计后果，他们的蔑视习俗和灵魂的自由。正因为他有这种浪漫主义倾向，《红与黑》的后半部分不如人意。他这么写简直是让人接受无法忍受的不大可能的事，还让人对毫无意义的情节感兴趣。

德·拉·莫勒侯爵有个女儿，名叫玛蒂尔德。她容貌美丽，但傲慢任性，她强烈地意识到自己高贵的血统，为冒着生命危险立下赫赫战功的祖先们自豪，其中一个祖先在查理九世时被处死，另一个在路易十三时期被处死。出于天性的巧合，她也和司汤达一样高度重视"活力"，鄙视向她求婚的那些平庸的贵族子弟。埃米尔·法盖[1]在一篇有趣的文章中指出，司汤达在列举爱的种类时漏掉了 l'amour de tete，这是那种在想象中滋生，在想象中茁壮成长，往往又在性爱的高潮中枯萎的爱。德·拉·莫勒小姐不知不觉中渐渐对父亲的秘书产生了这种爱，司汤达以极其精妙的手法描写了恋爱的各个阶段。她既被于连吸引，又反感他。她爱上他是因为，他和围绕她身边的贵族青年不一样，因为他和她都瞧不上他们，因为他出身寒微，因为他们都很骄傲，因为她感觉到了他的野心、他的无情、他的放肆、他的堕落，也因为，她怕他。

最后，玛蒂尔德给于连送了一张纸条，叫他等大家都睡下后搬着

---

[1] 埃米尔·法盖，Auguste Émile Faguet，1847—1916，法国作家、文学批评家。

梯子爬进她的房间。我们后来知道,他本可以悄悄走楼梯,她让他这么做是想考验他的勇气。克莱芒蒂娜·德·吉利亚尔曾顺着梯子下到她藏匿司汤达的地下室,显然,这件事激发了他浪漫的想象,因为他让于连在去巴黎的半道上在维里埃尔,也就是德·瑞那太太生活的小镇停一下,他弄到一把梯子,半夜爬进了她的闺房。在一部小说里两次让男主人公用这种方式进入一位女士的闺房,司汤达或许感到难堪,于是他让于连在收到玛蒂尔德的纸条后,自嘲地说:"这是我命中注定要使用的工具。"这个工具指的是梯子。然而,再怎样自嘲也无法掩盖司汤达创造力欠缺的事实。把她勾到手后发生的故事也描写得极好。这两个以自我为中心、脾气暴躁、喜怒无常的家伙不太清楚他们到底是爱得热烈,还是恨得疯狂。两个人都想控制对方,激怒、伤害、羞辱对方。终于,于连用一个老套的伎俩让这个骄傲的女孩臣服了。很快,她发现自己怀孕了,并告诉父亲,她打算嫁给她的恋人。德·拉·莫勒侯爵被迫同意了。于连凭借掩饰、耍手腕和自我克制,眼看着就要实现他渴望的所有野心了,就在这时,他犯了一个愚蠢的错误。这本书从此支离破碎。

我们被告知,于连头脑聪明,且极其狡猾,但向未来的岳父毛遂自荐时却让他给德·瑞那太太写信以认可他的人品。他知道她真诚地忏悔自己犯下的通奸的罪过,可能会像全世界所有女人习惯做的那样,为了自己的软弱强烈谴责他;他也知道,她热烈地爱着他,他应该能想到,她不会乐意看到他娶另外一个女人。在告解神父的指导下,德·瑞那太太给德·拉·莫勒侯爵写了一封信,告诉他,于连习惯巧妙地融入一个家庭,以破坏其安宁,他最大,也是唯一的目的是假装无私,实则图谋控制那家的主人和他的财富。她没有任何理由发出这样的控诉。她说他是一个伪君子,一个卑鄙的阴谋家:司汤达似乎没有注意到,尽管于连的所思所想、一举一动都暴露在读者眼前,我们知道于连就是这种人,但德·瑞那太太不知道;她只知道于连堪称楷模地履行了家庭教师的职责，并赢得了她的孩子们的喜爱；他也很爱她，她最后见到他那次，他冒着失去事业，甚至生命的危险，跟她共度了几个小时。她是一个有良心的女人。无论告解神父让她承受怎样的压力，我们都很难相信她会同意写连她自己都认为没有理由相信的东西。总之，德·拉·莫勒侯爵收到这封信后，十分震惊，坚决反对这桩婚事。为什么于连不说这封信是一派谎言，只是一个嫉妒到发疯的女人歇斯底里的情绪爆发？他本可以承认他曾是德·瑞那太太的情人，但她三十岁了，他才十九岁：她勾引他的可能性不是更大吗？我们知道，这不是事实，但确实讲得通。德·拉·莫勒侯爵通晓人情世故。这种人倾向于把人往坏处想，适度的犬儒主义会导致他相信无风不起浪，与此同时，很容易宽容人性的脆弱。自己的秘书跟一个没有社会地位的乡绅的太太有过一段风流韵事一定会让德·拉·莫勒侯爵觉得好笑，而不是震惊。

但无论如何，于连掌控了全局。德·拉·莫勒侯爵在一支精锐部队里为他安排了一个职务，还送给他一处可以带来丰厚收入的庄园。玛蒂尔德拒绝流产，她疯狂地爱着他，并表达了无论结婚与否都要和于连生活在一起的决心。于连只要讲出简单的事实，德·拉·莫勒侯爵就不得不让步。从小说一开始，我们就看到，于连的长处恰恰在于他的自控力。激情、妒忌、仇恨、骄傲从未支配过他；而他的情欲，最强烈的激情，和司汤达本人一样，远不如虚荣心这个欲望来得紧迫。在这本书的紧要关头，于连做了对于小说而言致命的事：他的行为完全与他的性格不符。在他最需要自控力的时候，却表现得像个傻瓜。读了德·瑞那太太的信，他拿着手枪，乘车赶往维里埃尔，朝她开了枪，没能杀死她，而是打伤了她。

于连这个莫名其妙的举动令评论家们大为困惑，他们为此寻求解释。一种解释是，当时流行用一个夸张的事件结束小说，最好是惨死；但假如真的时兴这个，司汤达有充分理由逆潮流而动，避开这种惯常的写法。还有人提出，原因或许是，他极端崇拜暴力犯罪，并将其视为活力的至高体现。我觉得这种解释的可能性更小。司汤达确实将伯塞特的恐怖行为视作"美丽的犯罪"，难道他看不出他塑造的于连和那个可悲的敲诈者截然不同吗？维里埃尔距巴黎二百五十英里，即使在每个驿站都换马，即使于连日夜兼程，也要花上几乎两天时间才能赶到，这足以让他消气，变得理智起来。司汤达如此深入刻画的人物会掉转马头，让德·拉·莫勒侯爵面对玛蒂尔德身怀有孕这个残酷的现实，强迫他答应这桩婚事。

大家一致认为这是这本伟大小说的缺陷，那么，到底是什么让司汤达犯下这个奇怪的错误呢？尽管于连实现了他的野心，背后还有玛蒂尔德和德·拉·莫勒侯爵的支持，但显然，司汤达不能允许于连成功，获得地位、权力和财富。那样的话就是另外一本书了，后来巴尔扎克在众多讲述拉斯蒂涅发家史的小说中就是这么写的。于连必须死。创作力旺盛的巴尔扎克或许能为《红与黑》找到一种令读者满意的结尾方式，既看似可信，又不可避免。我不认为司汤达会以除此之外任何别的方式收尾。我相信，他得到的素材在他身上产生了一种催眠效果，使他无法脱身。他密切关注安托万·伯塞特的故事，觉得自己只能继续下去，不去管可信与否，直到写出那个悲惨的结局。然而，上帝、命运、机遇，无论你如何称呼这个主宰人类生活的神秘力量，这个讲故事的人都是蹩脚的；纠正残酷事实的不可能性则是小说家的职责和权利。司汤达没有能力做到这一点。很遗憾。但就像我曾说过的，没有一部小说是十全十美的，部分原因在于这种体裁本身的缺陷，部分则归因于写作者的能力不足。尽管如此，《红与黑》仍是一部非常伟大的作品，阅读此书是一种独特的体验。

巴尔扎克和《高老头》

1

在所有用作品丰富世界精神财富的伟大小说家当中，我认为巴尔扎克是最伟大的一个。他是唯一一个会被我毫不犹豫归类为天才的小说家。如今"天才"这个词用得太随便，那些被冠之以天才之名的人，冷静判断一下，说他们有才华就够了。天才和才华是两码事。很多人有才华，才华并不稀有，稀有的是天才。才华是熟练灵巧，可以培养，天才则是与生俱来的，奇怪的是，还常常与严重的缺陷相随。《牛津词典》告诉我们，天才是"一种所有艺术门类（无论是思考的，还是实践的）里面的高人所具有的天生的高超的智力；（一种）本能且非凡的想象性创造、独创、发明或发现的能力。"本能且非凡的想象性创造力正是巴尔扎克所拥有的。他不是一个现实主义者（司汤达在一定程度上是，《包法利夫人》的作者福楼拜是），而是一个浪漫主义者，他眼中的生活并不是生活本来的面目，而是经过粉饰的，时常用他和同时代人共有的倾向为其涂上浓墨重彩。

有的作家靠一两本书成名；有时是因为，在他们众多的作品中，仅有一小部分被证明有持久的价值，比如，普雷沃神父的《曼侬·莱斯科》；有时是因为，他们的灵感源于一个特殊的经历，或者一种乖僻的脾性，而且仅适用于小部分作品。他们一下子就把话说完了，再写无非是重复自己，或者写些可忽略不计的东西。巴尔扎克的创作力惊人。当然，质量参差不齐。他创作了大量的作品，永远保持巅峰状态是不可能的。文学评论家们往往以怀疑的目光看待高产。我认为他们错了。马修·阿诺德①就认为这是天才的一个特点。他在谈到华兹华斯时说，令他钦羡不已，且在心目中确立其崇高地位的，正是他丰富的杰作，下乘之作被荡涤一清后依然如此。他继续说："如果每个诗人拿出一个作品，或者三四个作品，进行比较的话，我不认为华兹华斯一定比托马斯·格雷②、罗伯特·彭斯③、柯勒律治或济慈高明……我认为他的优势在于创作了数量更大的杰作。"巴尔扎克写过的小说里没有一部有《战争与和平》史诗般的宏伟壮阔，《卡拉马佐夫兄弟》阴郁骇人的力量，《傲慢与偏见》的魅力与独特，他的伟大不在于单个作品，而是令人惊叹的创作量。

他的创作领域是他所处时代的整个生活，他的创作范围就像祖国的边界一般辽阔。他对人的了解是罕见的，无论他通过何种方式得来的这些认识，尽管某些方面比其他方面欠确切，他对社会上的中产阶级、医生、律师、职员、记者、店主、乡村牧师的描写，比对上流社会、城市工人和土地耕种者的描写更可信。同所有小说家一样，他写恶人比写好人更成功。他有惊人的创造才能，他的创作力非比寻常。他犹如一股自然的力量，一条湍急的河流漫过堤岸，席卷眼前的一切，或者一场飓风，狂野地咆哮着，扫过宁静的乡野，穿过人口稠密的城市街道。

---

① 马修·阿诺德，Matthew Arnold，1822—1888，英国诗人、评论家。
② 托马斯·格雷，Thomas Gray，1716—1771，英国18世纪重要抒情诗人。
③ 罗伯特·彭斯，Robert Burns，1759—1796年，苏格兰农民诗人，在英国文学史上占有特别重要的地位。

作为描绘社会的画家，他独特的天赋不仅在于正视人与人之间的关系，除了写纯粹冒险故事的作家，所有小说家都这么做，而且特别注重人与他所生活的世界的关系。大多数小说家选取一组人物，有时不超过两三组，对待他们的方式就像他们生活在玻璃柜下，这经常会产生强烈的效果，可惜的是，也给人一种虚假感。人不单过自己的生活，也生活在其他人的生活里：在自己的生活中，他们扮演主角，在其他人的生活中，有时，他们的角色很重要，但通常是微不足道的。你去发廊理发，这对你来说是小事一桩，但你随口说出的一段话可能成为理发师人生的转折点。充分认识到这一点的含义后，巴尔扎克有能力令人兴奋且活灵活现地描绘出生活的五花八门、混乱无序、志趣相异，以及非直接原因可能造成的重大的影响。我相信，他是第一个详细探讨经济在所有人的生活中至关重要的小说家。他不会认为说一句"金钱是万恶之源"就够了。他认为，对金钱的渴望、对金钱的贪婪是人类行为的主要动机。

　　我们必须牢记，巴尔扎克是一个浪漫主义者。众所周知，浪漫主义源自对古典主义的反对，但如今将它与现实主义相对照更便利。现实主义者是决定论者，他们的叙事力求符合逻辑的逼真性。他们的观察是自然主义的。浪漫主义者觉得日常生活单调乏味，企图逃离现实世界，躲到一个想象的世界中去。他们追求奇特和冒险；他们希望让人惊奇，哪怕为此牺牲真实性也在所不惜。他们塑造的人物激烈、极端、贪求不羁。他们鄙视自我控制，认为这是布尔乔亚乏味的美德。他们全身心赞同帕斯卡[①]那句名言："心灵自有其道理，靠理性不得而知。"他们钦佩他，原因是，为了获得财富和权力，他不惜一切，且毫不迟疑。这种人生态度正符合巴尔扎克充满活力的性情，假如浪漫主义没有存在过，他也会创造出浪漫主义，这么说并不过分。他的观察细微

[①] 布莱士·帕斯卡，Blaise Pascal，1623—1662，法国数学家、物理学家、哲学家、散文家。

精准，而且他将其用作创造奇幻想象的基础。每个人都有主要的志趣，这个概念符合他的天性。这个观念向来吸引小说创作者，因为它能让他们赋予笔下的人物以戏剧力量；这些形象生动地突显出来，读者对他们无所求，只需要知道，他们是守财奴，还是色鬼；悍妇，还是圣人，可以不费吹灰之力就理解他们。有的小说家力图让我们对他们塑造的人物的心理感兴趣，在很大程度上，正是因为读了这些作品，今天的我们不再相信人是表里如一的。我们知道，人是由互相矛盾、貌似不可调和的因素构成的，正是他们内心的不协调引起了我们的兴趣，再者，我们知道自身也存在这种不协调，于是同情心就被激发出来了。巴尔扎克笔下最伟大的形象是仿照老一辈作家的模板塑造的，他们刻画出性情各异的人物。他们的主要志趣使他们全神贯注，心无旁骛。他们是人格化了的癖好，但他们被呈现出来的方式如此奇妙，有力、完整且清晰，即使你不太相信他们，也绝不会忘记。

2

巴尔扎克三十出头便已功成名就。如果你遇到那时的他，你会看到这样一个人：一个矮墩墩的家伙，相当结实，肩膀强健，胸脯厚实，因此不会给人矮小的印象，公牛般的脖子，白皙的肤色和红红的脸型成鲜明的对比。厚厚的嘴唇带着微笑，红得很显眼。他的牙齿很糟糕，而且变了颜色。他的鼻子方，鼻孔宽，大卫·昂热[1]为巴尔扎克塑半身像时，他说："注意我的鼻子！我的鼻子是一个世界！"他的额头高贵，一头浓密的黑发像狮子的鬃毛一样梳到脑后。他那双有金色斑点的褐色眼睛散发着活力、光芒和魅力，相当动人心魄；它们掩盖了

---

[1] 大卫·昂热，David d'Angers, 1788—1856，法国雕塑家。

一个事实，那就是他粗俗、不端正的容貌。他的表情快活、坦率、亲切、温厚。拉马丁[①]这样说过他："他的善良不是那种漠不关心或满不在乎的善良，而是一种充满深情，迷人、聪颖的善良，激发感恩之心，使你不能不喜欢他。"他的生命力极其旺盛，只要有他陪伴，心情就会愉快。假如你瞥一眼他的手，一定会被它们的美丽打动，小小的、白白的、肉肉的，指甲是玫瑰红色的。他很为它们感到自豪，确实，它们完全可以是主教的手。假如你在白天碰到他，你会发现，他穿着一件破旧的外套，裤子上泥迹斑斑，鞋子也没擦过，头上戴的帽子旧得要命。但如果你在晚上，一个聚会上，遇见他，你又会发现他盛装出场，身穿饰有金色纽扣的蓝色外套、黑裤子、白马甲、黑色网眼丝袜和漆皮鞋，戴一副细麻黄手套。他的衣服向来不合身，拉马丁补充说，他就像个中学生，一年内，个头蹿得太快，整个人都要从衣服里冲出来了。"

他同时代的人一致认为，这个时期的他机智、稚气、亲切、友善。乔治·桑写道，他真诚到近乎谦逊，自夸到近乎吹牛，自信、豪爽、非常温厚，且相当疯狂，给点阳光就灿烂，工作起来毫无节制，在其他爱好方面却很清醒，既讲求实际，又浪漫；既轻信，又多疑；既令人费解，又与之相反。他并不健谈，脑子不太机灵，也没有能言巧辩的天赋；他的言谈话语中既无隐喻，也无反语；但独白时，他的热情令人无法抗拒，话未出口，他就哈哈大笑，大家也跟着他一起笑。听他说话，他们大笑，看他的样子，他们也大笑；安德烈·比利[②]说过，"放声大笑"这个词简直就是为巴尔扎克造的。

巴尔扎克最好的传记是安德烈·比利撰写的，我打算透露给读者的信息就是从这部佳作中获取的。巴尔扎克原名巴尔萨，祖上是农业

[①]拉马丁，Alphonse Marie Louis de Lamartine，1790—1869，法国19世纪第一位浪漫派抒情诗人，也是浪漫主义文学的前驱和巨擘。

[②]安德烈·比利，André Billy，1882—1971，法国作家。

工人和纺织工。他父亲起家时是律师手下的办事员，大革命后飞黄腾达，将姓氏改为巴尔扎克。五十一岁那年，老巴尔扎克娶了一个靠政府合同发财致富的布商的女儿。他们生了四个孩子，长子奥诺雷，于1799年生于图尔，老巴尔扎克是当地医院的管理者，他得到这份工作大概是因为他的岳父，那个曾经的布商，不知怎么就当上了巴黎各家医院的总负责人。奥诺雷似乎在学校里吊儿郎当，净惹麻烦。1814年末，他的父亲负责为巴黎一个师的士兵提供伙食，于是他们全家搬到了巴黎。家里决定让奥诺雷做律师，通过必要的考试后，他进了一位居约内先生的事务所。一天早上，首席办事员寄给他一张纸条，至于他在那里表现如何，上面说得清清楚楚："今天下午巴尔扎克先生不必来事务所了，因为这里有很多工作。"1819年，他父亲领了退休金，决定住到乡下去。他在维勒帕里西斯定居下来，这个村子位于通往莫城的路上。奥诺雷则留在了巴黎，因为家里已经跟一个律师朋友说好了，等他从业几年，能独自处理案子的时候，就把朋友的事务所交给他打理。

巴尔扎克反抗，他想当作家，坚持要当作家。家里爆发了激烈的争吵，但最终，尽管母亲继续反对，他从来没喜欢过这个严厉、务实的女人，父亲还是让了步，答应给他一次机会。协商的结果是：给他两年时间，看他能干出什么名堂。他搬到一个阁楼住下，一年租金六十法郎，他用一张桌子、两把椅子、一张床、一个衣柜，还有一个空瓶子充当烛台布置了一下房间。那年，他二十岁。他自由了。

他做的第一件事是写一部悲剧。他妹妹要结婚时，他回到家中，把剧本念给聚在一起的家人和两个朋友听。大家一致认为，这部作品毫无价值。后来，他又把稿子寄给一位教授，他的评语是，这个作者喜欢干什么都可以，只要不写作。愤怒且泄气的巴尔扎克返回巴黎，既然成不了悲剧诗人，他决心做一个小说家。受沃尔特·司各特、安·拉德克利夫[1]和马图林的启发,他写了两三部小说。但他的父母得出结论,这个实验失败了,要求他乘第一班驿站马车返回维勒帕里西斯。不久后,一个巴尔扎克在拉丁区认识的雇佣文人来看他,建议他们合作一部小说,于是一连串粗制滥造的作品源源而出,有时他独自创作,有时与人合写,用了各种各样的假名。没人知道,1821到1825年间,他到底写了多少本书。有些权威人士声称多达五十本。我不知道,除了乔治·森茨伯里,还有谁大量阅读过这些书,他自己也承认需要花费很大力气。这些书大多是历史小说,因为当时沃尔特·司各特风头正劲,他想借这股风潮捞一把。这些书的质量很粗劣,但也起到了一定的作用,它们让巴尔扎克懂得,抓住读者注意力的迅速转换情节的价值,以及处理人们认为至关重要的主题:爱情、财富、荣誉和生命的价值。也许它们还让他懂得,他自己的癖性也会让他想到这一点,想让别人读你的书,必须关心激情。激情或许低劣、琐碎、不自然,但足够强烈的话,也不失庄严感。

忙于此事时,巴尔扎克住在家里。他在那儿结识了一位邻居,德·贝尔尼夫人,一个德国音乐家的女儿,她侍奉过玛丽·安托瓦内特[2]和她的一个女仆。她四十五岁。丈夫多病,且爱发牢骚。她同他生了八个孩子,还跟一个情人生了一个孩子。她成了巴尔扎克的朋友,后来又成了他的情妇,她一直钟爱他,直到十四年后去世。这是一种奇特的关系。他像爱情人一样爱她,此外,他还把对母亲从没有过的爱转移到她身上。她不仅是他的情妇,也是他的知己,她对他简直有求必应,无论他需要的是忠告、鼓励,还是无私的爱。这一韵事导致村子里流言四起,巴尔扎克夫人当然极力反对儿子跟一个老到足以做他母亲的女人纠缠不清。况且,他的书也没带来什么收入,她为他的前途担

---

[1] 安·拉德克利夫,Ann Radcliff,1764—1823,英国女作家,以写浪漫主义的哥特小说见长,被司各特称为"第一位写虚构浪漫主义小说的女诗人"。

[2] 玛丽·安托瓦内特,Marie Antoinette,1755—1793,法王路易十六的王后。

忧。一个朋友建议他经商，他似乎觉得这个主意不错。德·贝尔尼夫人拿出四万五千法郎，他同两个合伙人一起做起了出版商、印刷商和铸字工人。他是个差劲的商人，却挥霍无度。他把该给珠宝商、裁缝、鞋匠，甚至洗衣工的钱全都记在公司账上。三年后，公司破产，他母亲还要掏五万法郎替他还债。

既然金钱在巴尔扎克的生活中占有如此重要的地位，考虑一下这笔钱到底价值多少是值得的。五千法郎是两千英镑，但当时的两千英镑比现在值钱得多。很难说到底值多少。也许最好的办法是讲一下当时用一定数额的法郎能做什么。拉斯蒂涅一家属于乡绅阶层。一家六口住在外省，生活十分节俭，他们的身份还算体面，每年的开销是三千法郎。他们送长子欧仁去巴黎学法律，他在伏盖太太的膳宿公寓租了一个房间，月租费是四十五法郎。有几个年轻人在外面租房子住，但来这里用餐，这里以伙食好著称，他们每个月的伙食费是三十法郎。如今伏盖太太这种等级的公寓每个月的食宿费少说也要三万五千法郎。巴尔扎克的母亲为了挽救他破产拿出的五万法郎，放到今天可是一笔很大的数目。

尽管这次经历是灾难性的，却为他提供了大量特殊的信息以及对生意的了解，这对他日后创作小说很有益处。

公司破产后，巴尔扎克去布列塔尼跟朋友们住在一起，他在那里获得了创作《朱安党人》这部小说的素材，这是他的第一部严肃作品，也是他第一次在书上署上自己的真名。这年，他三十岁。从那时起，他勤奋著书，笔耕不辍，直到二十一年后离开人世。他的创作量惊人，每年出产一两部长篇小说和十几部中短篇小说。此外，他还写了很多剧本，有些从未被接受。被接受的那些，除了一个例外，全都失败了，实在令人惋惜。至少有一次，时间很短，他办了一份报纸，大部分稿件是他自己写的。工作期间，他洁身自好，生活很规律。吃过晚饭后不久便上床睡觉，凌晨一点，仆人把他叫醒。他起床，穿上洁白无瑕的睡袍,因为他声称,写作时必须穿没有任何瑕疵和污渍的衣服,然后靠着一杯又一杯黑咖啡提神,借着烛光,用从渡鸦翅膀上取下的一根羽毛制成的笔写字。早晨七点他才停笔,泡个澡(大体如此),然后躺下休息。八点到九点间,他的出版商送来校样,或者从他那里取走一份手稿,然后他又开始工作,一直到中午,吃几个煮鸡蛋,喝点水,喝更多的咖啡;工作到六点,才吃一顿简单的晚饭,就着一点武弗雷白葡萄酒。有时会有一两个朋友来访,他跟他们聊一会儿就上床睡觉了。尽管独自用餐很节制,有人陪伴时,他却狼吞虎咽。他的一个出版商宣称,他亲眼看见巴尔扎克一顿饭吃了一百个牡蛎、十二块炸肉排、一只鸭子、一对山鹑、一条鳎目鱼、很多甜点,还有十几只梨。难怪他后来他变得那么胖,大腹便便的。加瓦尔尼[1]说他吃起饭来像头猪。他的吃相一定很不雅:他用刀往嘴里送食物,而不是用叉子,这并不会冒犯我,我毫不怀疑路易十四也这么做,但巴尔扎克用餐巾擤鼻涕的习惯,我就不敢恭维了。

  他很善于记笔记。无论去哪儿都随身带着笔记本,每当碰上可能对他有用的东西,忽然有了一个念头,或者从别人那里听到了什么想法,他都会赶紧记下来。可能的话,他会亲临故事现场,甚至长途跋涉去参观他要描写的一条街道或一所房子。他精心挑选人物的名字,因为他有一个概念,名字应当同持有者的性格和外貌相符。舆论普遍认为他写得很差。乔治·森茨伯里认为,这是由于过去十年中,为了糊口,他以极快的速度写下了大量小说造成的。这个说法并不能令我信服。巴尔扎克是个粗俗的人(但粗俗不正是构成他天才必不可少的一部分吗?),他的散文也是粗俗的,啰里啰唆、自命不凡,常常不准确。埃米尔·法盖,他那个年代一个重要的评论家,写过一本关于巴尔扎克的书,他用一整章指出作者犯下的,诸如品位、风格、句法和语言的错误。确实,有些错太明显了,不需要多么深厚的法文知识就能发

---

[1] 加瓦尔尼,Paul Gavarni,1804—1866,法国诗人、画家。

现。巴尔扎克对他的母语的优雅没什么感觉。他从来没想到过，散文也可以别有一种雅致感，同韵文一样令人愉悦。不过，即便如此，当他的口若悬河没有失控时，简明精辟的格言警句还是会散落在小说各处，而且，无论在内容，还是表现手法上，都不会令拉罗什福科[①]蒙羞。

巴尔扎克不是一个从一开始就知道自己要说什么的作家。他先要打个草稿，并在上面大幅度重写删改，最后交给印刷厂的手稿上的字迹几乎无法辨认。校样返还给他后，他只将其视作预期作品的大纲。他不仅增加字词，还增加句子，不仅增加句子，还增加段落，不仅增加段落，还增加章节。这些经他删改校对的样稿再次排印出来，清样送交给他后，他又在上面加工修改。在这以后，他才同意将书稿付印出版，此外，他还有一个条件，将来再版时要允许他作进一步的校订修改。这一切的费用很高，导致他经常跟出版商争吵。

关于巴尔扎克和编辑们的关系的故事冗长、乏味、肮脏。我尽量简短截说，因为这影响了他的生活和创作。他这个人不讲道德。他拿到一笔预付款，并保证在某个日期前交稿，之后受到赚快钱的诱惑，他中断手头的稿子，把匆匆写就的一部小说或一篇故事交给另一个编辑或出版商。由于违反合同，他经常遭到起诉，必须支付诉讼费和赔偿费，这大大增加了他本已沉重的债务负担。因为只要一成功，拿到新的著书合同（有时他根本不动笔），他就马上搬进花重金布置的宽敞的公寓，还购进一辆轻便马车和两匹马。他雇了一个马夫、一个厨师和一个男仆，他为自己购置衣物，给马夫买了一套制服，还买了大量金属盘（plate），装饰上并不属于他的纹章。这个纹章属于一个名叫巴尔扎克·德·昂特拉格的古老家族，巴尔扎克在自己的姓氏前加了个小品词"德"，假装贵族出身。为了这些昂贵的开销，他向他的妹妹、朋友、出版商借钱，不停地签单、续借。他已经债台高筑，但

[①] 拉罗什福科，La Rochefoucauld，1613—1680，法国思想家，著名格言体道德作家，著有《回忆录》与《道德箴言录》两部作品。

还是买个不停——珠宝、瓷器、橱柜、镶嵌家具、绘画、雕像；他用摩洛哥山羊皮把他的书装帧得十分精美，他有很多手杖，其中一根还镶了绿宝石。有一次举办宴会，他把餐厅重新布置了一番，完全变了样。有时，债主逼得太紧，他就把很多物品当掉，时不时有当铺老板闯进来，扣押家具，公开拍卖。他真是不可救药。愚蠢且毫无节制地购物，至死不渝。他借起钱来不知羞耻，但他的天赋人人钦佩不已，因此极少耗尽朋友对他的慷慨。通常，女人不愿借钱给别人，但显然巴尔扎克认为她们很好说话。他一点也不体贴，也没有任何迹象表明，从她们手里拿钱，他会心怀愧疚。

应该记住的是，他母亲自掏腰包才让他免于破产。两个女儿的嫁妆进一步减少了她的财产，最后，她剩下的唯一财产是在巴黎的一所房子。等她发现自己急需用钱时，她给儿子写了封信，安德烈·比利在他撰写的《巴尔扎克传》的第一版中引用过这封信，我把它翻译过来："我收到你的最后一封信是在1834年11月。信中你答应从1835年4月1日起，每个季度给我两百法郎，付房租和女仆的工资。你明白我过不了苦日子。你大名鼎鼎，且奢侈招摇，致使我们境况的差异不能不令人咋舌。你对我做出的承诺，我认为是回报我的恩情。现在是1837年4月，这意味着，你欠了我两年了。当然，这一千六百法郎中，去年十二月，你给了我五百法郎，就像粗暴的施舍。奥诺雷，这两年来，我的生活犹如一场不间断的噩梦。你没有能力帮助我，这我并不怀疑，但我用房子做抵押借来的钱贬值了，现在我再也无法筹款了，我所有值钱的东西都典当出去了。我已经到了这步田地，不得不对你说：'面包，我的儿子。'几个星期来，我吃的东西都是我那个好女婿送来的。可是，奥诺雷，不能这样继续下去了：你似乎有钱作各种昂贵的长途旅行，既耗费金钱，又损害名誉——由于没能履行合同，你回来后，弄得声名狼藉——想到这一切，我的心都要碎了！我的儿子，既然你付得起……情妇、镶嵌宝石的手杖、戒指、银器、家具,你母亲要求你遵守诺言也不算轻率吧。她等到最后一刻才这么做的,但这个时刻真的到来了……"

对于这封信,他的答复是:"我想,您最好来巴黎一趟,我们谈上个把钟头。"

巴尔扎克的传记作者说,既然天才有自己的权利,巴尔扎克的行为不能用普通的标准来评判。关于这一点,见仁见智。我认为最好承认,他这个人自私、寡廉鲜耻、不诚实。人们能为他在经济上的狡诈找出的最好的借口是,由于生性活泼乐观,他坚信自己可以通过写作赚到巨额财富(有段时间,他的确赚了很多钱),而且能从投机生意中大发横财,一次次的投机诱发了他丰富的想象力。然而,每当他真正从事一种投机活动时,负债却总是更多。如果他是一个清醒、务实、俭朴的人,就永远成不了他这样的作家。他喜欢炫耀,酷爱奢侈品,忍不住要花钱。为了还债,他拼命工作,可惜的是,还没付清逼得更紧的旧债,他又欠下了新债。有个怪事值得一提:只有在债务的压力下,他才能下定决心创作。他会一直写到脸色苍白、筋疲力尽,正是在这种处境下,他写出了他最好的几部小说;但如果发生了奇迹,他的境遇不太凄惨狼狈,当铺老板没来打搅他,编辑或出版商也没起诉他,他的创造力反倒会枯竭,拿不起笔来在纸上写字。她临终前声称,是他母亲毁了他,这么说太令人震惊了,明明是他毁了他母亲。

3

巴尔扎克在文学上的成功给他带来了很多新朋友,成功向来如此。他巨大的活力、欢快亲切的性情和魅力,使他成为受欢迎的客人,某些最高级的沙龙除外。一位贵妇被他的名望吸引,这就是德·卡斯特里侯爵夫人,她是马伊埃位公爵的女儿,费茨-詹姆斯公爵的侄女,詹姆士二世的直系后裔。她用假名给他写信,他回了信,再次写信时,她透露了自己的身份。他去拜访她,他讨她喜欢。很快,他就每天去看她。她肤色白皙,金发碧眼,花容月貌。他爱上了她,尽管她允许他亲吻她高贵的手,却拒绝他进一步亲近。他喷上香水,每天戴新的黄手套,但无济于事。他变得急躁易怒,开始怀疑她在玩弄他。事实明摆着呢,她要的是崇拜者,不是情人。毫无疑问,有一个业已成名的、聪明的年轻人拜倒在她的石榴裙下是令人欢喜的,但她无意做他的情妇。她在她的叔父费茨·詹姆士公爵的陪伴下,和巴尔扎克一同前往意大利,途中在日内瓦稍作停留,这时,危机出现了。没有人知道到底发生了什么事。巴尔扎克和侯爵夫人一起旅行,他眼泪汪汪地回来了。可以料想,他对她提出了最后的要求,她拒绝他的方式令他深感屈辱。他的自尊心受到了伤害,他气愤不已,感觉自己被卑鄙地利用了,于是返回了巴黎。不过,他这个小说家可不是白当的:每一次经历,哪怕是最丢脸的经历,都是他磨粉机里的谷物,后来卡斯特里侯爵夫人变成了上层社会冷酷无情的轻佻女人的典范。

巴尔扎克仍在徒劳追求她时,收到了一封从敖德萨寄来的一个仰慕者的信,署名"外国女人"。过了一段时间,第二封有类似署名的信又到了。他在唯一允许进入俄国的法文报纸上登了条广告:"巴尔扎克先生收到了来信,直至今日方能借本报告知,很遗憾,他不知该将回信寄往何处。"信的作者是伊芙琳·夫人,一位拥有高贵出身和巨额财富的波兰女人。她三十二岁,已婚,但她丈夫已经五十多岁了。她给他生了五个孩子,只有一个女儿活了下来。她看到了巴尔扎克的广告,于是约定,如果他写信给她,可以通过敖德萨的一个书商代为转交,她就能收到他的信了。随后,他们便开始了通信往来。

于是,巴尔扎克经常挂在嘴边的他一生中最大的激情开始了。

他们的信越写越亲密。巴尔扎克用当时流行的那种夸张的笔调袒露心迹,引起了这位女士的同情和怜悯。她很浪漫,厌倦了单调的生活,她住在乌克兰一座大城堡里,周围是五万公顷沉闷的乡间土地。她崇拜这位作家,对这个另人感兴趣。通信几年后,汉斯卡夫人同她年老体弱的丈夫、她的女儿、家庭女教师和一大群仆人去了瑞士的纽沙特尔,巴尔扎克也应邀前往。关于他们见面的情景,有一种记述令人愉悦,只是太过梦幻。巴尔扎克正在公园里散步,见一位夫人正坐在长椅上看书。她把手帕丢在地上,他礼貌地替她捡了起来,结果发现那本书是他写的,于是开口说话。这正是他要见的女人。她当时是个美人,魅力十足,她的眼睛很漂亮,只是稍微有点斜视,一头秀发,小嘴令人销魂。第一眼看见这个曾给她写过那么激情洋溢的信的男人竟然又矮又胖,一张红彤彤的脸,看上去像个屠夫,她不免暗自吃了一惊。然而,他带有金色斑点的眼睛炯炯有神,他旺盛的生命力、他的勃勃生气、罕有的好心肠,还是让她忘记了最初的震惊,他在纽沙特尔待了五天,他成了她的情人。他不得不返回巴黎,临行前,他们约好初冬时节在日内瓦再见。他赶过去过圣诞节,在那里待了六个星期,这期间,在与汉斯卡夫人亲热的间隙,他创作了《朗热公爵夫人》,书中他报复了让自己受辱的卡斯特里夫人。他离开日内瓦前,汉斯卡夫人向他保证,只要她健康状况不见改善的配偶让她变成寡妇,她就嫁给他。但回巴黎不久,巴尔扎克就遇到了吉多博尼-维斯康蒂伯爵夫人,一下子就被她迷住了。她是个英国女人,一头浅金色的头发,别看她的国籍是英国,却性感撩人,众所周知,她对她那个随和的意大利丈夫不忠。没过多久,她就成了巴尔扎克的情妇。但当时的浪漫主义者们搞得他们的风流韵事尽人皆知。很快,当时住在维也纳的伊芙琳·汉斯卡也听说了此事。她写信痛斥巴尔扎克,扬言要回乌克兰去。这可是沉重的打击。他一直巴望着,等她患病的丈夫死后就同她结婚,他相信不会耽搁太久,从而获得她巨大的财富。他借了两千法郎,匆匆赶往维也纳跟她讲和。他以德·巴尔扎克侯爵的身份旅行,行李上贴着伪造的纹章,还带了一个贴身男仆,这增加了旅行费用,他毕竟是个有贵族头衔的人,跟旅店老板讨价还价有失身份,给出的小费也必须符合他假冒的身份。到维也纳时,他已身无分文。幸好,汉斯卡夫人很慷慨,但仍对他大加责备,他不得不使劲撒谎来打消她的疑虑。三个星期后,她动身去乌克兰,此后他们有八年没见过面。

巴尔扎克回到巴黎,和吉多博尼伯爵夫人再续前缘。因为她的缘故,他比先前越发奢侈无度。他因欠债被捕,她替他还上欠款,使他免受牢狱之苦。从那时起,每当他的经济状况陷入绝境,她都会出手相救。1836年,他的第一个情妇德·贝尔尼夫人去世了,他伤心欲绝。谈到她时,他说她是他爱过的唯一的女人。其他人却说,她是唯一爱过他的女人。同年,金发碧眼的伯爵夫人告诉他,她怀了他的孩子。孩子出生后,她那个宽容的丈夫说:"哦,我知道夫人想要个黑皮肤的孩子,她终于遂了心愿了。"至于他其他的情事,我只提一件,他还有一个情妇,一个叫伊莲·德·瓦莱特的寡妇,因为这段关系,同他和卡斯特里侯爵夫人及汉斯卡夫人的关系一样,也是从一封仰慕信开始的。奇怪的是,他的五个主要恋爱事件中有三个是以这种方式发生的。也许这就是令人不满意的原因所在。当一个女人被一个男人的名气吸引时,她过于关心从这种关系中获得的荣耀,以至于不能拥有真正的爱情所唤起的那种神圣无私的感情。她是个受挫的好出风头的人,抓住一个机会来满足自己的本能。他同伊莲·德·瓦莱特的关系持续了四五年。说来也怪,巴尔扎克和她断交的原因是,起初她让他以为她有良好的社会关系,其实没有。他向她借过一大笔钱,他死后,她试图向他的遗孀索要,但似乎徒劳无功。

这期间,他继续与伊芙琳·汉斯卡通信。从他早期的信件看,两个人的关系是何种性质毋庸置疑,其中有两封信,伊芙琳一时粗心,夹在书里,被她的丈夫看到了。得知这件尴尬的事后,巴尔扎克给汉斯卡先生写信,告诉他,他们只是在开玩笑:伊芙琳奚落他不会写情书，他就写了两封情书，让她见识一下他写得有多好。这种解释站不住脚，但显然，汉斯卡先生接受了。这之后，巴尔扎克写起信来十分慎重，只能间接表达想法，盼望她能在字里行间读出来，他让伊芙琳放心，他仍一如既往痴情于她，渴望有一天他们能结合在一起，共度余生。似乎可信的是，在他们没有见面的那八年里，除了一些短暂的调情，他有过两段认真的感情，一段是和吉多博尼夫人，一段是和伊莲·德·瓦莱特，他对伊芙琳·汉斯卡的爱没有他自称的那么炽烈。巴尔扎克是个小说家，坐下来给她写信时，他会轻松地融入害了相思病的情郎这个角色当中，这是再自然不过的事，就像他想举例说明吕西安·吕庞泼莱①的文学天赋，他将自身融入一个年轻有才气的记者的角色当中，写出了一篇出色的文章。我毫不怀疑，他给伊芙琳写情书时，那一大篇洋洋洒洒的情话就是他的真实感受。她答应过他，丈夫一死就嫁给他，他将来的平安无忧完全有赖于她的信守诺言。如果他在信中语气强烈一点，谁也不能责怪他。在漫长的八年里，汉斯卡先生的健康状况还算不错，后来，他突然死了。巴尔扎克期盼已久的时刻终于到来了，他的梦想终于要实现了，他终于要变成富翁了，他终于要摆脱他的小资产阶级债务了。

伊芙琳先是写了一封信通知他，她丈夫去世了，紧接着又来了一封信，告诉他，她不打算嫁给他。她无法原谅他的不忠、他的奢侈、他的债务。他陷入绝望之中。在维也纳时，她曾对他说，她并不奢望他在肉体上忠实于她，只要拥有他的心就够了。她一直都是这么说的。她的不公令他愤慨。他得出结论，只有见到她才能把她夺回来，于是，通了许多次信后，尽管她很不情愿，他还是去了圣彼得堡，她正在那里料理丈夫的后世。结果证明，他的算计是正确的。两个人都已中年发福：他四十三岁，她四十二岁。他似乎很有魅力、活力和与生俱来的能力，只要跟他在一起，她就什么都拒绝不了。他们又成了情人，

---

① 巴尔扎克的小说《幻灭》的主人公。

她再次答应嫁给他。七年后,她才履行这个诺言。她为什么犹豫这么久,这令传记作者们困惑不解,其实原因不难找到。她是个贵妇人,为自己高贵的门第自豪,就像《战争与和平》里的安德烈公爵,她可能很清楚,做一个著名作家的情妇和一个粗俗的暴发户的妻子之间区别很大。她的家人极力劝阻她不要缔结如此不般配的婚姻。她还有一个待字闺中的女儿,她有责任按照她的社会地位和境况给她找个门当户对的好人家。巴尔扎克是个臭名昭著的败家子,她很可能担心他会把她的财产挥霍一空。他一直想从她那里得到钱,他不是从她的钱袋里掏钱,而是伸出两只手去抢。她确实富有,她自己也奢侈浪费,但为了让自己开心挥金如土和为了让别人开心挥金如土大不相同。

  让人纳闷的并不是伊芙琳·汉斯卡拖了这么久才嫁给巴尔扎克,而是她终究还是嫁给了他。他们时不时地见面,其中一次见面的结果是,她怀孕了。巴尔扎克满心欢喜,以为终于得到她了,于是恳求她马上嫁给他,但她不愿被他强迫,写信告诉他,等分娩后,她打算回乌克兰,以节省开支,以后再跟他结婚。孩子一生下来就死了。这事发生在1845年,或者1846年。1850年,她嫁给了巴尔扎克。那个冬天,他是在乌克兰度过的,婚礼也是在那里举行的。为什么她最终还是同意嫁给他呢?她并不想嫁给他,从来就没想过要嫁给他。她是一个虔诚的女人,一度认真考虑过进修道院,也许她的告解神父曾敦促她将这种不合习俗的情形合法化。那年冬天,漫长且艰巨的劳动,还有过度饮用浓咖啡,终于毁掉了巴尔扎克健壮的身体,他病倒了。心肺感染。显然,他将不久于人世。也许是因为伊芙琳对一个垂死之人的哀怜,尽管他不忠,毕竟,他爱了她这么久。她的兄弟亚当·泽伍斯基写信恳求她不要嫁给巴尔扎克,皮埃尔·迪斯卡维斯(Pierre Descaves)在《巴尔扎克先生的一百天》(*Les Cent Jours de M · de Balzac*)中引述过她的回复:"不,不,不……我欠这个男人的,他因为我,也为了我,受了那么多苦。我曾是他的灵感、他的快乐。他病了,时日不多了!……

他经常出轨,而我应该继续忠实于他,不管怎样,无论如何,他把我看作他的理想,为了要忠实于这个理想,假如真如医生所言,他肯定很快就要死了,那么,至少让他的手在我的手心里,让我的形象留在他心中,让他的最后一眼凝视着我,凝视他深爱,且真心真意爱过他的女人。"这封信很感人,我认为没有理由怀疑它的诚意。

她不再是一个富有的女人了,她将巨额财产赠给了她的女儿,自己只留了一份年金。巴尔扎克即使失望也没表现出来。夫妇俩去了巴黎,在那里,他用她的钱买下一幢大房子,布置得相当豪华。

说来令人痛惜,急切等待了这么多年,巴尔扎克的愿望终于实现了,这场婚姻却并不成功。他们一度在乌克兰同居了数月,人们会以为,尽管他们性格不合,肯定很了解彼此了,能够轻松地开始亲密的婚姻生活。伊芙琳可能会纵容情人的癖性或花招,但丈夫身上有这些东西就会令她恼火。很多年来,巴尔扎克一直处于恳求者的位置上,但婚姻一旦稳定下来,他就变得专横跋扈,伊芙琳也是一个傲慢自大、难以取悦、脾气急躁的人。为了嫁给他,她做出了巨大的牺牲,见他不怎么感恩,她心生愤恨。过去她常说,直到他还清债务,她才会嫁给他,他向她保证债务都还清了,可是到了巴黎,她发现房子抵押出去了,他还欠着一屁股债。她习惯了做豪宅的女主人,身边有一群仆人听她使唤;她不习惯法国的仆人,而且她厌恶巴尔扎克的家人插手她的家事。她不喜欢他们。她觉得他们不入流,还自命不凡。夫妻间的争吵激烈且公开,他们的朋友全知道。

巴尔扎克到巴黎的时候就病着,病情越来越重,终于,他卧床不起了。一个并发症接着一个并发症,1850年8月17日,他离开了人世。

同凯特·狄更斯和托尔斯泰伯爵夫人一样,伊芙琳·汉斯卡在后人当中也口碑不佳。她比巴尔扎克多活了三十二年。她贱卖了一些东西,还上了巴尔扎克欠下的债,每年还给他母亲三千法郎,直到她去世,这是巴尔扎克允诺过,但从未兑现的。她还安排重新出版了他的作品全集。借由此事，一个叫尚弗勒里的年轻人在她丈夫去世才几个月就来看她，这个喜欢向女人献殷勤的家伙立即向她求爱，她没有抗拒。这段韵事持续了三个月。他的继任者是个叫让·吉古（Jean Gigoux）的画家。这段关系一直持续到她八十二岁去世，从长度上可以推测，他们的关系逐渐变成了柏拉图式的恋情。后人更希望她守身如玉、伤心欲绝地度过余生。

4

乔治·桑说得没错，巴尔扎克的每一本书其实都是一部杰作中的一页，删去这一页就不完美了。1833年，巴尔扎克萌生了一个想法，将所有作品合为一整部，命名为《人间喜剧》。有了这个想法后，他跑去见她妹妹。"向我敬礼吧，"他高喊道，"显然（tout simplemente），我即将成为天才了。"他对自己的想法描述如下："法国的社会生活是属于史学家的，而我只做书记员。通过详细阐述各种善恶，汇集主要情感事实，刻画人物性格，选择社会生活中的重要事件，合并同类特征，塑造出不同的类型，也许我能写出被许多史学家遗忘的历史，也就是风俗史。"这是一个雄心勃勃的计划，他没有活到完全实现那一天。显然，他留下的鸿篇巨制中，某些篇幅，虽然必不可少，但没有其他部分有趣。对于体量如此之大的创作，这是在所难免的。不过，几乎在巴尔扎克的每部小说中，至少有那么两三个人物，由于他们着迷于简单原始的激情，而以非凡的力量凸显出来。他的长项正在于描绘此类人物。被迫处理较为复杂的人物时，他就没那么开心了。几乎他所有的小说中都有震撼人心的场景描写，其中几部也有引人入胜的故事。

如果某个从没读过巴尔扎克的人，让我推荐一部最能代表他，而且能给读者几乎他所能给予的一切的作品,我会毫不犹豫地建议他读一下《高老头》。故事从头至尾都很有趣。在有些小说中,巴尔扎克会中断叙事,详细讨论各种不相干的事,或者长篇累牍地讲述你完全不感兴趣的人,但《高老头》没有这种缺点。他让人物通过言行自然且客观地解释自己的动机。小说结构完善,两条线索巧妙地交织在一起,一条是老人对忘恩负义的女儿们自我牺牲的父爱,另一条是野心勃勃的拉斯蒂涅闯入当时拥挤堕落的巴黎。小说阐明了巴尔扎克在《人间喜剧》中想要揭示的道理:"人,非善,亦非恶,生来便有本能和癖性,社会完全不像卢梭声称的那样使人堕落,反而完善了他,让他变得更好;然而,利己主义极大地增强了他邪恶的倾向。"

据我所知,巴尔扎克在《高老头》中首次有了将同样的人物带入一部接一部小说的想法。这么做的困难在于,你必须塑造出让你非常感兴趣的人物,让你想知道他们身上发生了什么。巴尔扎克在这一点上大获成功。就我个人而言,从有些小说中了解到某些人物的境况,拉斯蒂涅就是一个例子,我对他的将来怀有浓厚的兴趣,所以读起来更有兴致。一个叫于勒·桑多(Jules Sandeau)的作家曾是巴尔扎克的秘书,此人在文学史上的名气主要在于,他是乔治·桑的许多情人中的一个。他的妹妹快死了,他回了家。她死了,他埋葬了她。桑多回来后,巴尔扎克对他表示哀悼,并问候了他的家人,故事是这样的,他说:"好了,这事就到此为止吧,回到正事上来,我们聊聊欧也妮·葛朗台。"巴尔扎克采用的这种技巧(顺便说一句,圣伯夫一时气急曾严厉谴责过)是有用的,因为节约了创造力,但我不相信创造力旺盛的巴尔扎克会因为这个诉诸这种手段。我认为,他觉得这样做会给他的叙事增加真实感,因为正常情况下,我们经常同相当一部分人一再接触,不仅如此,我认为,他的主要目的是把他的全部作品编织成一个无所不包的整体。正如他自己所言,他的目标不是描绘一个群体、一个类型、一个阶层,乃至一个社会,而是一个时代和一种文明。他有一种错觉，这在他的同胞中并非罕见，无论何种灾难降临到法兰西头上，它永远是宇宙的中心。但也许正基于这一点，他才有信心创造一个色彩斑斓、多姿多彩的世界，他才有能力赋予这个世界令人信服的生命的悸动。

巴尔扎克的小说开头进展缓慢。他常用的一种做法是先对故事发生的地点详细描述一番。显然，他在描述时乐在其中，因此，他告诉你的经常比你需要知道的多。他从没学会这门艺术，也就是，只说该说的话，不必说的话不说。接着，他会告诉你各个人物长什么样，他们的性格、出身、习惯、思想和缺点，这之后，他才开始讲故事。我们透过他生气勃勃的性情看见他笔下的人物，他们的情况和现实生活中不尽相同；他们是用原色描绘的，生动形象，但有时过分鲜艳，他们比普通人更令人兴奋；但他们是活生生的人，我想，你相信他们真的存在是因为巴尔扎克本人对他们深信不疑，以至于临死时，他大喊："把皮安训叫来。皮安训能救我。"这位聪明诚实的医生曾出现在多部小说中。他是《人间喜剧》中罕有的公正无私的人物之一。

我相信巴尔扎克是第一个将寄宿公寓用作故事背景的小说家，此后被多次采用，因为这是一种方便的方法，作者可以将身处各种困境的形形色色的人物汇集在一起来介绍，但我不知道是否有人运用得像《高老头》这么成功。我们在这部小说中遇见了可能是巴尔扎克创造过的最令人毛骨悚然的人物之一：伏脱冷。这类人物被复制过千百次，但从未具有如此醒目生动，如此令人信服的真实感。伏脱冷有头脑、有毅力，还有无限的活力。正是这些特点吸引了巴尔扎克，尽管他是一个无情的罪犯，作者依然为之着迷。值得读者注意的是，巴尔扎克非常巧妙地暗示此人身上有某种邪恶的东西，同时又没有透露他想一直保持到小说结尾的秘密。他天性快活、慷慨大方、待人和善；他体魄健壮、聪明、沉着；你禁不住钦佩他，而且同情他，但奇怪的是，他又是那么令人恐惧。他会迷住你，就像迷住野心勃勃、出身名门,来巴黎闯世界的青年拉斯蒂涅一样;然而,在这个罪犯身边,你也会像拉斯蒂涅一样不自在。伏脱冷是一个伟大的形象。

他与欧仁·拉斯蒂涅的关系被描述得极好。伏脱冷看透了这个年轻人的心思,暗中破坏他的道德观念。诚然,当拉斯蒂涅得知,伏脱冷为了把一个女继承人娶到手曾杀死过一个男人时,既惊恐,又反感,但种子已然播下了。

《高老头》以老人的死亡结尾。拉斯蒂涅参加了他的葬礼,之后他独自留在墓地,俯瞰塞纳河两岸的巴黎。他的目光停留在他渴望进入的上流社会居住的那片城区。"现在咱们俩来拼一拼吧!"他高喊道。有的读者不打算阅读包含拉斯蒂涅这个人物的所有小说,又对伏脱冷对他造成了怎样的影响感兴趣。高老头的女儿、富有的银行家纽沁根男爵的太太纽沁根夫人爱上了他,为他买下一间公寓,布置得很豪华,还给他钱,让他过得像个绅士。她丈夫一直让她手头缺钱,巴尔扎克没说清楚她是怎么做到的,或许他认为,当一个恋爱中的女人需要资助情人时总会想办法弄到钱。男爵对此事的态度似乎很宽容,1826年,他在一起金融交易中利用拉斯蒂涅让这个年轻人的很多朋友破了产,但拉斯蒂涅也因此从纽沁根那里拿到了他应得的四千法郎赃款。他用部分钱给两个妹妹置办了嫁妆,好让她们找个好人家,他给自己剩下每年两千法郎的收入。"这是养一个马厩的钱。"他对他的朋友皮安训说。他不再依靠纽沁根男爵夫人了,而且他意识到,交往时间过久,婚姻的一切弊端都会显现出来,却得不到婚姻能带来的任何好处,于是他决定抛弃她,成为德斯帕尔公爵夫人的情人,倒不是因为他爱她,而是因为她很有钱,是个有权有势的贵妇人。"也许有一天,我会娶她为妻。"他又说,"她会让我最终还清债务。"这是在1828年。德斯帕尔公爵夫人是否在他甜言蜜语的诱惑中败下阵来,书中没有明说,如果真是这样的话,这段情事持续的时间也不长,他又继续做纽沁根夫人的情人了。1831年,他考虑过娶一个来自阿尔萨斯的女孩,但发现她并没有他以为的那么有钱后,他就打了退堂鼓。1832年,通过亨利·德玛西的关系,拉斯蒂涅被任命为副国务大臣,亨利·德玛西曾是纽沁根夫人的情人,在路易·菲利普做法国国王时担任部长。任职期间,他大幅增加了自己的财富。显然,他和纽沁根夫人的关系一直持续到1835年,可能是双方一致同意分手的。三年后,他娶了她的女儿奥古斯塔。由于她是大富翁的独生女,拉斯蒂涅下了一招妙棋。1839年,他受封伯爵,并再次进入内阁。1845年,他又被封为法国贵族,年薪三十万法郎(一万两千英镑),这在当时可是一笔巨大的财富。

巴尔扎克明显偏爱拉斯蒂涅,赋予他高贵的出身、英俊的外表、魅力和才智,备受女性青睐。如果说巴尔扎克在拉斯蒂涅身上看到了那个他除了名声甘愿放弃一切想要成为的人,这不算言过其实吧?巴尔扎克崇尚成功。也许拉斯蒂涅是个无赖,但他成功了。没错,他的财富建立在让其他人破产的基础上,但被他欺骗的都是蠢人,而巴尔扎克对蠢人毫无怜悯之心。吕西安·德·吕庞泼莱,巴尔扎克塑造的另一个投机分子失败了,因为他软弱,但拉斯蒂涅有勇气、决心和力量,他成功了。自从那天他在拉雪兹神父公墓向巴黎发下挑战书,他就没让任何东西阻挡过他的去路。他决心征服巴黎,他做到了。我猜想,巴尔扎克无法强迫自己对拉斯蒂涅的道德过失持谴责的态度。毕竟,他是个好人:尽管涉及自身利益时,他冷酷无情、寡廉鲜耻,他始终愿意帮助自己年轻时认识的那些穷困潦倒的老朋友。从一开始,他的目标就是过上奢华的生活,有一栋漂亮的房子,一群仆人、马车和马匹,一长串情妇和一个有钱的妻子。他实现了自己的目标。我认为巴尔扎克从未想过这是一个庸俗的目标。

查尔斯·狄更斯和《大卫·科波菲尔》

1

查尔斯·狄更斯的身量绝对算不上高,但举止文雅、容貌讨喜。如今,他的一幅画像陈列在国家肖像馆里,那是狄更斯二十七岁时麦克利斯为他绘制的。他坐在书桌前一把漂亮的椅子上,一只优雅的小手轻轻搭在手稿上。他一身盛装,戴着宽大的缎子领饰,棕色的头发卷曲着,垂在脸庞两侧、耳朵下面。他的眼睛很好看,那副沉思的神情正符合崇拜者对一个非常成功的青年作家的期待。画像中没有显示的是他勃勃的生气、耀眼的光芒,以及活跃的内心和头脑,凡是与他接触过的人都在他的面部表情中看到了这些。他向来爱打扮,年轻时喜欢穿天鹅绒外套、艳丽的马甲、彩色的领饰和白色的礼帽,但从未达到预期效果。见到他的装束,人们会感到惊讶,甚至震惊,将其形容为邋遢艳俗。

他的祖父威廉·狄更斯早先在切斯特下院议员约翰·克鲁府上做仆人,娶了一个女仆为妻,最后成了管家。威廉·狄更斯有两个儿子,威廉和约翰。不过,我们只关心约翰,首先因为他是英国最伟大的小说家的父亲,其次是因为,他是他儿子塑造的最伟大的形象密考伯先生的原型。威廉·狄更斯去世后,他的遗孀留在克鲁府上做女管家。三十五年后,她拿着养老金退休了,也许是想离两个儿子近些,她搬到伦敦生活。克鲁家让她失去父亲的两个儿子受了教育,并承担了他们的生活费用。他们给约翰在海军出纳室安排了一个差事。他在那儿和一个同事交上了朋友,很快,他就和那个人的妹妹伊丽莎白·巴萝结了婚。结婚伊始,他手头似乎就很拮据,随时准备向任何蠢到肯借钱的人借钱。但他心地善良、为人慷慨,不是傻瓜,也很勤劳,不过是一阵一阵的;显然,他喜欢酒,因为第二次他因欠债被捕就是有一个酒商告他。约翰·狄更斯晚年时被人说成老公子哥,他穿着讲究,总用手摩挲连在怀表上的一大串印章。

约翰和伊丽莎白·狄更斯的长子查尔斯于1812年生于波特西。两年后,他父亲被调往伦敦,三年后,又调到查塔姆。就在那里,查尔斯进了学校,开始读书识字。他父亲收藏了几本书,诸如《汤姆·琼斯》《威克菲尔德牧师传》《吉尔·布拉斯》《堂吉诃德》《蓝登传》和《佩雷格林·皮克尔传》。这些书,查尔斯一读再读。他的小说显示了这些书对他的影响有多么巨大且持久。

1822年,约翰·狄更斯已经有了五个孩子,这一年,他又被调回伦敦。查尔斯被留在查塔姆继续读书。几个月后,他才与家人团聚。他发现全家人定居在伦敦郊外的康登镇,他们住的那幢房子后来被狄更斯描写成密考柏的家。尽管约翰·狄更斯一年能赚到三百英镑多一点,放到今天,价值至少翻四倍,他却陷入了前所未有的困境,似乎没有足够的钱再送查尔斯上学了。令查尔斯反感的是,他被要求照顾孩子、擦靴子、刷衣服,帮狄更斯太太从查塔姆带来的女仆做家务。空闲的时候,他便在康登镇东游西荡,"一个荒凉的地方,四周是田野和沟渠",他还去邻近的苏默斯镇和肯迪什镇,有时跑得更远,看一眼苏荷和莱姆豪斯。

情况越来越糟,狄更斯太太决定为驻印英国人的子女开办一所学校。她借了钱，大概是从她婆婆那儿借来的，还印了广告，让自己的孩子们分发出去，塞进附近的信箱。当然，一个学生也没招来，债务却越逼越紧，父母让查尔斯当掉所有能换成现钱的东西。书，对他来说无比重要的书，也卖掉了。后来，詹姆斯·拉莫特，狄更斯太太的一个远房亲戚给查尔斯在鞋油厂提供了一份工作，每周的薪水是六先令，拉莫特是这家工厂的合伙人。父母满怀感激地接受了这一安排，却深深地伤害了查尔斯，显然，能摆脱掉他，他们松了一口气。当时，他十二岁。此后不久，约翰·狄更斯又因为欠债被关进马夏尔西监狱，他的妻子当掉所剩无几的东西，带着孩子们跟了过去。这所监狱的环境肮脏且拥挤不堪，因为这里不光住着犯人，还有犯人家属，只要犯人愿意，就可以携家带口住在里面。不过，允许犯人这么做，究竟是为了减轻他们的铁窗之苦，还是因为那些可怜人无处可去，我不清楚。假如债务人有钱，那么失去自由是他不得不忍受的最大的不便，这种损失有时会得到缓解：个别犯人在遵守某些条件的前提下会获准监外居住。过去看守们习惯蛮横地敲诈勒索，经常粗暴残忍地对待犯人，不过，到了约翰·狄更斯蹲监狱的时候，最恶劣的陋习已经被废除了，他可以过得比较舒服。忠实的小女仆住在监狱外面，每天进来帮忙照看孩子，准备饭菜。每周六英镑的薪水，他照领不误，但他并不打算还债，可以料想，他很高兴债主们够不着他，对是否会被释放，他不是很在乎。他很快恢复了元气。其他欠债者"推举他为调节监内经济委员会主席"。没过多久，他就跟所有人，从狱吏到最卑鄙的狱友，打成了一片。在此期间约翰·狄更斯继续领工资这事令传记作者们困惑，唯一的解释可能是，政府职员都是靠关系任命的，欠债入狱这种意外事件并没有严重到非得对他们采取停发工资这种激烈的措施。

父亲刚入狱时，查尔斯寄宿在康登镇，但由于那儿离鞋油厂很远，鞋油厂位于查令十字街的亨格福德桥附近，约翰·狄更斯就在萨瑟克的兰特街给他找了间屋子，靠近马夏尔西监狱，这样他就可以和家人一起吃早饭和晚饭了。他的工作并不辛苦,就是洗洗瓶子,贴上标签后捆好。1824年4月,克鲁家的老管家威廉·狄更斯去世了,把积蓄留给了两个儿子。约翰·狄更斯的债务还清了,他兄弟替他还的,他重获了自由。他再次把家安在康登镇,并回到海军出纳室工作。查尔斯继续在工厂里洗了一阵瓶子,可是后来,约翰·狄更斯和詹姆斯·拉莫特吵了一架。"通过书信的方式争吵,"查尔斯后来写道,"我把父亲的信拿给他看,于是爆发了争吵。"詹姆斯·拉莫特告诉他,他父亲侮辱了他,他必须走人。"于是我就回家了,怀着一种奇怪的轻松感,仿佛受过压迫。"他母亲试图把事态平息下去,因此,查尔斯必须保住那份工作和已经涨到七先令的周薪,她仍迫切需要那点钱,他因此永远没有原谅她。"此后我从未忘记,永远也不会忘记,永远也忘不了我母亲对把我送回去干活多么热心。"他补充道。但约翰·狄更斯不听这套,他把儿子送进了一所学校,校名挺气派的,"惠灵顿议会学院(Wellington House Academy)",位于亨普斯特德路上。他在那儿待了两年半。

这个孩子究竟在那家鞋油厂待了多久很难搞清楚:他是2月初去的,6月就回家了,所以,他在工厂的时间顶多不超过四个月。然而,这段经历给他留下了深刻的印象,他将其视为奇耻大辱,连提起来都受不了,他的知交兼首位传记作者约翰·福斯特偶然发现其中的端倪时,狄更斯告诉他,他触碰到了一件"即使此时此刻"仍令他痛苦的事,二十五年后,"他回忆往事时仍无法释怀"。

我们时常听卓越的政治家和工业巨子们吹嘘自己早年刷过盘子、卖过报纸,所以很难理解,为什么狄更斯会认定父母送他去鞋油厂做工是对他巨大的伤害,是一个必须隐藏起来的可耻的秘密。他是个活泼、淘气、机灵的孩子,已经熟悉人生的阴暗面。他从小就注意到,父亲的浪费让全家陷入了怎样的困境。他们是穷人,过的是穷人的日子。在康登镇,他要干清扫擦洗的活儿,还要受大人支使,去当掉一件外套，或一个不值钱的玩意，换回钱来填饱肚子。而且，跟其他男孩一样，他肯定在街上和同类男孩玩耍。他这个阶层的孩子在他那个年龄出去做工很常见，挣的钱也不算少。一个星期六先令，没过多久就涨到七先令，至少相当于现在的二十五到三十先令。有很短的一段时间，他要靠这些钱养活自己，但是后来，他住到马夏尔西监狱附近就可以跟家人一起吃早饭和晚饭了，自己只需要买午餐。一起做工的孩子对他也很友善，所以很难理解，为什么他会认为跟他们厮混在一起是丢脸的事。他不时会被带去看望住在牛津街的奶奶，难免知道她一辈子都在"伺候"人。约翰·狄更斯或许有点势利，毫无根据地自吹自擂，但一个十二岁的孩子肯定对社会差异没什么概念。此外，如果查尔斯真的那么老成，认为自己比工厂里的其他男孩高一等，那么，他也会足够聪明，明白他赚到的钱对家里来说是必不可少的，给家里挣钱理应给他带来自豪感。

　　可以料想，福斯特那个发现的结果是，狄更斯撰写了部分自传，并交给福斯特，我由此知道了他那段经历的细节。我怀疑，他在撰写回忆录时注入了想象力，他对那个小男孩，那个曾经的自己，充满了同情；他赋予了那个小男孩痛苦、厌恶和羞辱，这是他，出了名、发了财，且受人爱戴的他以为年少的他会有的感受。当他写到那个可怜的孩子被自己信任的人背叛有多么孤独凄惨时，那个情景鲜活地出现在眼前，他宽宏的心在滴血，泪眼模糊。我不认为他是有意夸大，他是情不自禁：他的才能，或者说天赋，就基于夸大。正是通过强调并突出密考伯先生性格中的喜剧元素才逗得读者哈哈大笑，也正是通过强化小妮尔缓慢衰弱的悲怆效果才引得读者潸然泪下。假如他没能把他在鞋油厂度过的那四个月描写得如此感人，而只有他自己知道如何才能办到，他就不是现在这个小说家了。而且，众所周知，他在《大卫·科波菲尔》中又使用了一次，并达到了令人痛苦的效果。就我个人而言，我不相信这段经历给他造成的痛苦像多年后他成为可尊可敬的公众人物和社交名人后他深信的那样；我更不认同传记作者和评论家们的想法，说什么这段经历对他的人生和作品具有决定性的影响。

还关在马夏尔西监狱时，约翰·狄更斯担心自己因无力偿还债务丢掉海军出纳室的工作，于是他恳求部门长官以健康不佳为由为他争取一份退休金。最终，鉴于他已经工作了二十年，还有六个孩子，"出于同情"每年发给他一百四十镑退休金，这点钱根本不够约翰·狄更斯这种男人养家，他必须想点别的赚钱的法子。不知怎么地，他学会了速记，后来他在那个跟新闻界有关系的姐夫的帮助下谋得了一份议会记者的工作。查尔斯十五岁退学，然后去了一家法律事务所听差。他似乎并不觉得这个工作有损尊严。几个星期后，他父亲又想法子把他送进另一家法律事务所当小职员，周薪十先令，后来逐步涨到十五先令。他觉得这样的生活很乏味，希望提高薪金的他学习了速记，十八个月后，他就能胜任伦敦民事律师公会主教常设法庭记者的工作了。他二十岁时，已经有资格报道下议院的辩论了，很快，他便被誉为"旁听席上最快、最准确的记录员"。

这期间，他爱上了漂亮的玛丽亚·比德内尔，一个银行职员的女儿。他们初次见面时，查尔斯十七岁。玛丽亚是个轻浮的姑娘，她似乎给了他不少鼓励。他们甚至可能私订了终身。有一个情人，她很得意、很高兴，但查尔斯身无分文，她根本没打算嫁给他。两年后，这段关系结束时，他们以真正浪漫的方式退还了彼此的礼物和信件，查尔斯感觉自己的心都要碎了。过了许多年，他们才再次相逢。玛丽亚·比德内尔早已嫁作人妇，和大名鼎鼎的狄更斯夫妇共进晚餐，此时的她肥胖、平庸、蠢笨。后来，她成为《小杜丽》中弗洛拉·芬琴的原型，此前《大卫·科波菲尔》中朵拉的原型也是她。

为了离供职的报社近些，他住进斯特兰德附近一条很脏的街道，觉得不满意，很快，他又在弗尼沃尔旅馆租下几个不带家具的房间。还没来得及布置，父亲再次因欠债被捕，他必须为父亲提供在债务人拘留所生活的费用。"我们只能假设约翰·狄更斯一时无法与家人团聚。"于是查尔斯为家人安排了便宜的住处,他自己则带着弟弟弗雷德里克暂住在弗尼沃尔旅馆的"四楼后屋"。已故的乌娜·波普-亨尼西[1]在她那本很好读的查尔斯·狄更斯传记中写道:"正因为他为人坦率,且慷慨大方,似乎能轻松解决这类难题,所以,他的家人,后来还有他妻子的家人,养成了一个习惯,指望他去找钱,找差事做,负担家计的人总会有这么一帮没骨气的累赘。"

2

狄更斯在下议院的旁听席工作了一年左右后开始动笔写一系列关于伦敦生活的随笔,最早的作品发表在《月刊》杂志上,后来的登在《晨报》上。他没有拿到一分钱,但吸引了一个出版商的注意,此人叫马克隆。他二十四岁生日那天,这些文章以两卷本的形式出版,由克鲁克香克绘制插图,书名叫《博兹札记》[2]。马克隆为第一版支付了一百五十英镑的稿费。这本书受到了好评,短时间内就有更多人向他约稿。当时,奇闻逸事小说大行其道,有一个幽默的角色,配上滑稽的插画,发表在月刊上,每期一先令。这就是如今的连环漫画的远祖,当时同样备受欢迎。一天,查普曼与霍尔出版公司的一位合伙人来拜访狄更斯,请他写一个关于业余运动员俱乐部的故事,为一个著名艺术家的插画配上文字。计划出二十期,每月付给他十四英镑,这笔费用,我

---

[1] 乌娜·波普-亨尼西,Dame Una Constance Pope-Hennessy,1876—1949,英国作家、历史学家和传记作家。
[2] 《博兹札记》,Sketches by Boz,狄更斯的第一部散文集。这段时间他以"博兹"为笔名。

们今天称为连载版权，等以后出了书还会另付酬金。狄更斯明确表示自己对体育一无所知，无法命题作文，但"那笔报酬太诱人了，让人无法抗拒"。无须我多言，这些故事后来变成了《匹克威克外传》。前五期并不怎么成功，但自从山姆·韦勒登场后，发行量猛增。所有故事结集出版后，查尔斯·狄更斯就成名了。尽管评论家们持保留态度，他的名气还是打响了。值得一提的是，《评论季刊》在谈到他时说："想预言他的命运，无须未卜先知的能力——他如火箭一般蹿升，也会像棍子一样栽下来。"不过的确如此，纵观他的创作生涯，大众贪婪地阅读他的作品时，评论家们一直在吹毛求疵。

　　1836年，《匹克威克外传》第一期面世前几天，他和凯特结了婚。凯特是他在《晨报》的同事乔治·贺加斯的长女。乔治·贺加斯有六个儿子和八个女儿。他的女儿们个头都很小、体态丰满、气色鲜润、眼睛蓝蓝的。只有凯特到了结婚年龄，这似乎就是他娶了她，而不是其他姑娘的原因。短暂的蜜月过后，他们在弗尼伏尔旅馆定居下来，并邀请凯特十六岁的妹妹、漂亮的玛丽·贺加斯与他们同住。狄更斯签下了另一本小说《雾都孤儿》的合同，开始写这本书时，他还在写《匹克威克外传》。这部小说也要在月刊上连载。他用两周时间专心写这部小说，又用两周时间专心写另一部小说。大部分小说家专心于当前塑造的人物，无需运用意志力便能将其他文学创作的念头压到潜意识里去，狄更斯显然可以在不同故事间轻松切换，这种本领实在令人惊叹。

　　狄更斯喜欢上了玛丽·贺加斯，当凯特发现自己怀孕了，无法陪伴他左右后，玛丽便成了他形影不离的伴侣。凯特的孩子生下来了，他们可能还想再要几个孩子，于是搬出弗尼伏尔旅馆，住进道提街的一栋房子。玛丽出落得又漂亮，又可爱。5月的一个晚上，狄更斯带着凯特和玛丽去看戏，他们玩得很开心，兴高采烈地回到家中。玛丽随即病倒。医生请来了，可是过了几个小时，她就死了。狄更斯把戒指从她手上摘下来,戴到自己手上,一直戴到死。他悲痛不已。不久后,他在日记中这样写道:"她是一个如此迷人、快乐、可亲的伙伴,我从未遇到过,也不会再遇到这样一个可与我同思想、共情感之人,假如她还和我们在一起,我想我别无他求,只愿这种幸福能延续下去。可是,她走了,我恳求上帝发发慈悲,让我有一天可以与她团聚。"这席话意味深长,向我们传递了很多信息。他计划死后葬在玛丽身边。我想毫无疑问,他深深地爱上了玛丽。至于他是否意识到这一点,我们永远无从得知。

玛丽去世时,凯特有孕在身,这一打击导致她流产了。等她康复后,查尔斯带她去国外作了一次短途旅行,以恢复精神。总之,到了夏天,他真的恢复过来了,甚至跟一个叫埃莉诺·P的女人热闹喧天地调起情来了。

3

凭借《雾都孤儿》《尼古拉斯·尼克贝》和《老古玩店》,狄更斯稳健地踏上了成功的康庄大道。他工作勤奋,有一些年,旧书还没写完,他就早早动笔写起了新书。他写作是为了取悦大众,他的大部分小说先登在月刊上,所以他很关注月刊读者的反馈,有趣的是,他本无意将《马丁·翟述伟》送到美国出版,直到月刊销量下降表明,他的连载小说不像往常那么吸引人了。他不是那种视受大众欢迎为可耻的作家。他的成功是巨大的。然而,一个成功的文人的生活通常并不跌宕起伏,而是遵循一种统一的模式。职业要求他每天拿出几个小时专心工作,他还会找到一种适合自己的生活模式。他要跟当时文学界、艺术界和上流社会的名人打交道,还要与贵妇们周旋。他既参加聚会,也举办聚会。他出门旅行，也在公开场合露面。大致来讲，这就是狄更斯的生活模式。他所享受到的成功确实没几个作家有福分体验。他精力充沛、不知疲倦，不仅接二连三地创作出长篇小说，还创办并编辑杂志，有那么一段时间，他甚至主编过日报；他写一些文章，发表演讲，在宴会上致辞，后来还朗诵自己的作品。他骑马，他认为一天步行二十英里没什么了不起；他跳舞，饶有兴趣地扮演滑稽角色，变着法子逗自己的孩子们开心，他还在业余剧团演戏。他一直对戏剧着迷，一度认真考虑过登台演出。那段时间，他向一位演员学习朗诵法，他背诵台词，对着镜子练习如何进门、落座、鞠躬。我们肯定会认为这些技能对初入上流社会的他有益处。尽管如此，挑剔的人依然认为他有点粗俗、衣着花哨。在英格兰，口音向来决定一个人的"地位"，狄更斯几乎在伦敦生活了一辈子，说起话来很可能带着那么一点伦敦东区的口音。但他英俊的外表、明亮的眼睛、充沛的情感、旺盛的活力和欢笑声还是很有魅力的。作为奉承恭维的对象，他可能会眼花缭乱，但并没有被冲昏头脑，他保持了迷人的谦虚。他是一个和善、讨喜、温柔亲切的人，属于那种进门时浑身散发着喜悦的人。

奇怪的是，尽管他有极强的观察力，而且逐渐熟悉了上层人士，但他在小说中却从未成功地让这类人物像他塑造的其他阶层的人物那样令人信服。他生前受到的最常见的指责之一是不会刻画上流人士。他在律师事务所上班时就了解律师和事务所职员，所以，他笔下的这些人物形象鲜明，牧师和医生则缺乏特色；他最擅长描写群氓贱民，他的童年就是跟这群人一起度过的。小说家似乎只能深入了解自己早年接触的人，并把他们作为人物原型。儿童和少年的一年比成年人的一年要长得多，因此，他似乎有充裕的时间了解构成他所生活的环境的人具有哪些特性。亨利·菲尔丁写道："很多英国作家描写上层社会生活方式完全失败，原因之一可能是，他们对此一无所知……现在的情况是，这些高级人不会像其他人那样，在街上、商店和咖啡馆里白白被人看见；也不会像高级动物那样被单个展览。简言之，倘若不具备这个或那个先决条件，也就是头衔或财富，或者相当于这两样的可敬的赌徒的职业，谁也无权看到他们。对于这个世界来说，很不幸的是，够格的人极少愿意从事写作这个糟糕的职业；进入这一领域的往往是地位较低、较穷的人，因为很多人认为从事这个职业无须任何类型的储备。"

经济条件刚一允许，狄更斯就搬进一个更高级的街区的新宅，还从著名商行定购了客厅和卧室的全套家具。地板上铺了厚厚的地毯，带花边的帘子装饰窗户。他们雇了一个很棒的厨子、三个女仆和一个男仆，还买了一辆马车。他们举办晚宴，贵族和名流应邀前来，其奢侈程度令简·卡莱尔[①]吃惊，杰弗里勋爵（Lord Jeffrey）给他的朋友科伯恩勋爵（Lord Cockburn）写信，说他去狄更斯的新家赴了宴，"对于一个有家室，且刚刚富裕起来的男人而言，这场晚宴太奢华了"。狄更斯生性慷慨大方，喜欢身边有人围绕，加上出身寒微，为了让自己高兴，大手大脚再正常不过。但这需要钱。他父亲、他父亲一家、他太太一家都在不停消耗他的钱财。他创办他的第一份杂志《韩夫利少爷之钟》，部分动因就是为了满足巨大的开销，为了打开销路，他在上面发表了《老古玩店》。

1842年，狄更斯把四个孩子托付给凯特的妹妹乔治娜·贺加斯照管，自己带着凯特去了美国。之前或此后，没有哪位作家受到过他这样的追捧。不过，这次出行并不完全成功。一百年前的美国人，很乐于诋毁欧洲的东西，却对任何针对自己的批评极其敏感。一百年前的美国媒体，对任何倒霉的"新闻人物"都会无情侵犯人家的隐私。一百年前具有宣传意识的美国人，把著名的外国人视为出头风的天赐良机，但只要这个人流露出不愿被人当作动物园的猴子耍，他们就会说

[①] 简·卡莱尔，Jane Carlyle, 1801—1866，苏格兰哲学家、评论家、讽刺作家和历史学家托马斯·卡莱尔的夫人，著名书信作家。

他自以为是、目空一切。一百年前，美国是个言论自由的地方，只要不伤害他人的情感，不影响他人的利益。在美国，人人有权表达自己的观点，只要观点与所有人一致。查尔斯·狄更斯对这一切一无所知，于是他犯了大错。没有国际版权公约，不仅剥夺了英国作家在美国销售书籍应得的利润，同时伤害了美国作家，因为书商当然更愿意免费出版英国作家的作品，而不是掏钱出美国作家的书。查尔斯·狄更斯在欢迎他的宴会上发表演讲时引入这个话题是不明智的，当时的反应很强烈，报纸认为他"不是绅士，是个唯利是图的无赖"。虽然他被崇拜者们簇拥，在费城，他花了两个小时跟想见他的人握手，他的戒指、钻石别针和花哨的马甲引发了大量的批评，还有人认为他缺乏教养。但他自然、不做作、不拿腔作势，到最后，很少有人能抗拒他的年轻、英俊和快乐。他交了几个好朋友，至死都与他们保持着良好的关系。

经过多事且疲惫的四个月，狄更斯夫妇返回英国。孩子们对乔治娜姨妈产生了感情。两个疲倦的旅人让乔治娜跟他们一起生活。那时，她十六岁，刚巧玛丽与新婚的狄更斯夫妇住在弗尼伏尔客栈时也是这个年龄，而且，她和玛丽长得很像，从远处看会被人错当成玛丽。二人如此相像，以至于"当她、凯特和我坐在一起时，我似乎认为已经发生的事是一场忧郁的梦，而我刚从梦中醒来"。乔治娜漂亮、迷人、不装腔作势。她有模仿的天赋，会把狄更斯逗得哈哈大笑。随着时间的推移，他越来越依赖她了。他们一起长时间散步，他和她讨论他的文学计划。他发现她是一个有益且可靠的秘书。狄更斯的生活方式很奢侈，很快，他就发现自己欠了债。他决定把房子租出去，带着一家人，当然也包括乔治娜去意大利，那儿的生活更便宜，可以节省开支。他在那儿住了一年，主要是在热那亚。虽然他上上下下饱览了半岛风光，但他的思想太狭隘了，文化底子又薄，这段经历没给他带来什么精神上的影响。他依旧是个典型的英国游客。不过，发现在国外生活有多么愉快（且省钱）后，狄更斯开始长期待在欧洲大陆。作为家庭的一员，乔治娜也和他们同去。有一回，他们打算在巴黎生活很长一段时间，她和狄更斯先去找房子，凯特则留在英国，直到他们安排好一切。

凯特的性情温和忧郁。她的适应能力不强，不喜欢和丈夫出门旅行，不喜欢陪他参加宴会，也不喜欢自己担任女主人的宴会。她笨拙、无趣，脑子很糊涂。那些渴望与这位著名作家交往的名流们很可能觉得不得不忍受这位乏味的夫人是件讨厌的事。令她烦恼的是，有些人总是不把她当回事。做名人的妻子实非易事，除非她圆滑老练，有很强的幽默感，才能胜任这个角色。缺乏这些特点的她一定很爱自己的丈夫，对他足够崇拜，才会认为别人对他的兴趣比对她的大是正常的。她一定很聪明，在他对她的爱中找到了慰藉，无论他在精神上多么不忠，最后都会回到她身边寻求安慰和信心。凯特似乎从未爱过狄更斯。他们订婚期间，狄更斯曾写信责备她冷漠。她嫁给他或许是因为，那个年代，嫁人是女人唯一的出路，还有可能是因为，她是八个女儿中的老大，父母给她施加了一些压力，让她接受可以保障她未来生活的求婚者。她是个和善温柔的小女人，只是达不到丈夫显赫的地位对她的要求。十五年中，她生了十个孩子，还流了四次产。凯特怀孕期间，乔治娜陪狄更斯作他喜欢的短途旅行，一同参加宴会，代替凯特招待客人的次数日益增多。人们难免认为凯特会对此不满，是否如此，我们并不知晓。

4

岁月流逝。1857年，查尔斯·狄更斯四十五岁。活下来的九个子女中，大的已经成人，最小的五岁。他享誉全球，在英国是最受欢迎的作家，颇有影响力。在公众眼中，他的生活非常符合他做作的本性。几年前，他认识了威尔基·柯林斯[①]，他们的关系很快从相识发展成亲密的友谊。柯林斯比狄更斯小十二岁。埃德加·约翰逊（Edgar Johnsons）先生这样写他："他喜爱美食、香槟酒和音乐厅；他常常同时与几个女人纠缠不清；他有趣、愤世嫉俗、脾气好，无拘无束到有些粗俗。"对狄更斯而言，柯林斯代表着（再次引用约翰逊先生的话）"乐趣和自由"。他们结伴游遍英国，还去巴黎玩了一趟。狄更斯很可能抓住这个机会和手边轻浮的姑娘们调调情，换作很多男人都会这么做。凯特没有给他所期望的一切，长时间以来，他对妻子越来越不满。"她温柔顺从，"他写道，"但无论如何，她就是不懂我。"刚结婚那会儿，她就爱吃醋。我估计是这样，后来，她绝对有理由吃醋，但知道她没有理由吃醋时，容忍她的吵闹反倒更容易。于是，他说服自己，她从来就不适合他。他进步了，她却还在原地踏步。狄更斯深信自己无可指摘。他确信自己是个好父亲，为了孩子竭尽所能。事实上，尽管他很不乐意供养这么多孩子，他似乎认为这一切全都是凯特的错，但孩子们小的时候，他还是很喜欢他们的；可是，等孩子们长大成人后，他就对他们失去了兴趣。到了合适的年龄，他就把男孩们打发到遥远的异国他乡去了。这群孩子也确实没什么出息。

不过，要不是出了件意外的事，狄更斯夫妇的关系可能不会有太

[①] 威尔基·柯林斯，Wilkie Collins, 1824—1889，英国侦探小说作家，主要作品有《月亮宝石》和《白衣女人》等。

大的变化。如同很多志趣不相投的夫妻,他们可能会渐渐疏远,在世人面前却依旧保持一体的假象。狄更斯恋爱了。我说过,他热爱舞台,出于慈善目的,他不止一次参与这部戏或那部戏的演出。我要说的这次是,他应邀到曼彻斯特参演一部戏,名字叫《冰渊》(The Frozen Deep),这是威尔基·柯林斯在他的帮助下写的,曾在德文郡公爵府为英国女王夫妇和比利时国王演出过,并大获成功。当他同意在曼彻斯特重演这部戏时,他决定把由他的女儿们担任的角色换成职业演员,因为他认为在大剧院演出,观众可能听不到她们的声音。一个叫艾伦·特南的年轻姑娘扮演其中一个角色。艾伦·特南芳龄十八,娇小、漂亮,眼睛是蓝色的。排练是在狄更斯家里进行的,他是这部戏的导演。艾伦对他的崇拜之情和想要讨好他的楚楚可怜的模样满足了狄更斯的虚荣心。排练还没结束,他就爱上了她。他送给她一只手镯,却误送到妻子手上,当然,她跟他大闹了一通。但狄更斯似乎采取了一种委屈无辜的态度,遇到这种尴尬的情况,丈夫们认为这是最实用的选择。戏上演了,他饰演男主角,一个富有牺牲精神的北极探险者,剧情哀婉感人,观众无不动容落泪。为了演这个角色,他还蓄了胡子。

狄更斯和太太之间的关系越来越紧张。向来和蔼可亲、好脾气、好相处的他变得喜怒无常、焦躁不安,对所有人发脾气,除了乔治娜。最后,他决定不能再跟凯特一起生活了,可是,他的公众地位让他担心公开决裂可能导致流言蜚语。他的忧虑很好理解。通过他那些利润惊人的圣诞图书,他比任何人都更努力地将圣诞节打造成歌颂家庭美德与幸福和睦家庭之美的象征。很多年来,他以动人的言辞让读者们相信,没有比家更温暖的地方。情况很微妙。人们给出各种建议。一种建议是让凯特跟他分开过,有自己的套房,但仍在家宴上担任女主人,陪他出席公共活动。另一种建议是让她留在伦敦,他住到盖德山庄(狄更斯新近在肯特郡购置的房产)去,他在伦敦时,她就去盖德山庄住。第三个建议是,她定居国外。所有这些提议,她都拒绝了。

最后，他们决定彻底分居。凯特被安顿在康登镇边上的一幢小房子里，每年的生活费是六百英镑。后来，狄更斯的长子查尔斯过去跟母亲住了一段时间。

这样的安排令人惊讶。人们难免会好奇：性情温和，或许还有点笨的凯特怎么会任凭自己被逐出家门，她怎么会同意撇下孩子们？她明明知道查尔斯迷上了艾伦·特南，有这张王牌在手，她本可以随意提条件。狄更斯在一封信中提到了凯特的一个"弱点"，在另一封信中（不幸在当时出版了）暗示可能是一种精神疾病"导致他的妻子认为最好离开家"。现在可以肯定地说，这些都是在暗指凯特酗酒。她的妒忌心、不胜任感和不被需要的羞辱感导致她借酒浇愁，这也没什么好奇怪的。如果她真成了酒鬼，就可以解释为什么是乔治娜管理家务、照料孩子了；为什么母亲离去后，孩子们依然留在家里；为什么乔治娜会这样写："可怜的凯特无力照管孩子，这对任何人来说都不再是秘密。"或许长子与她同住就是为了监督她不要过量饮酒。

狄更斯的名气太大了，他的私事不可能不招致闲言碎语。谣言满天飞。他听说，贺加斯一家，凯特和乔治娜的母亲和妹妹们，说艾伦·特南是他的情妇。狄更斯大怒，威胁让凯特净身出户，并强迫她们签下一份声明，说她们不相信他和那个小演员的关系有任何可指责之处。贺加斯一家考虑了两个星期才接受了这样的要挟。她们肯定知道，假如狄更斯将他的威胁付诸实施，凯特可以诉诸法律，她掌握了无可辩驳的证据；如果她们不想把事情闹到这种地步，只能有一个原因，那就是凯特这边有错，她们不愿泄露出去。人们也对乔治娜议论纷纷。整个事件中，她确实是个谜一样的人物。我纳闷怎么没有人想过以她为中心人物写部戏。我在本章谈论过玛丽死后狄更斯所写的日记的意义。在我看来，这清楚地表明，他不仅爱上了她，而且已经对凯特不满。当乔治娜过来跟他们同住时，他被她迷住了，因为她和玛丽的相貌惊人地相似。他也爱上她了吗？她也爱他吗？没人清楚。乔治娜非常嫉妒凯特，狄更斯死后，她为他编辑书信选集时，把他对凯特的赞美之词统统删掉了；然而，教会和政府对娶亡妻姐妹的态度给这种关系蒙上了一层乱伦的色彩，她在狄更斯家生活了十五年，也许她从未想过自己和这个男人之间会有什么超出正常兄妹之情的关系。或许，对她而言，能取得这样一个大名人的信任，并完全支配他，已经足够了。最奇怪的是，查尔斯疯狂爱着艾伦·特南时，乔治娜跟她交上了朋友，欢迎她来盖德山庄作客。无论她心里是怎么想的，她都没有告诉任何人。

知情者审慎处理查尔斯·狄更斯和艾伦·特南的关系，其中的细节无法确定。她似乎一度抗拒他的求爱，但面对他的执着，最终，她还是屈服了。据信，他以查尔斯·特林汉姆的名字在佩卡姆给她买了幢房子，她在那里一直住到他去世。据他的女儿凯蒂说，她还给他生了一个儿子；此外，再无他的消息，大概是夭折了。然而，据说，艾伦的屈从并没有给狄更斯带来他所期盼的喜悦和幸福。他比她大二十五岁，他不可能不知道她不爱他。没有什么痛苦比没有回报的热爱更令人难以承受。他在遗嘱里给她留了一千英镑，她嫁给了一个牧师。她曾对一个牧师朋友，一个贝纳姆教士说，一想起狄更斯强加给她的"亲密关系就心生厌恶"。同许多女性一样，她很乐意接受自身所处地位的先决条件，但不明白为什么要被要求给予回报。

大约就在与妻子分居那段时间，狄更斯开始为公众朗诵自己的作品，为此他走遍了不列颠群岛，并再次去了美国。他的表演天赋得到了充分发挥，并大获成功。然而，舟车劳顿、四处奔忙搞得他筋疲力尽，人们开始注意到，尽管他才四十多岁，看上去俨然是个老头子。这些朗诵会并非他唯一的活动。从与妻子分居到他去世的十二年间，他写了三部长篇小说，还办了一份颇受欢迎的杂志《一年四季》。难怪他的健康状况越来越糟糕。他开始得一些烦人的小病，显然，演讲耗尽了他的体力。人们劝他放弃，但他不愿意；他很喜欢引人注目，喜欢伴随他出场的兴奋和面对面的掌声,还有以自己的意志左右观众时那种拥有权力的快感。会不会有这样一种可能,就是他觉得艾伦看到这么多崇拜者蜂拥而至听他的演讲,她会更喜欢他?他决定做最后一次巡回朗诵,但途中,他突然病倒,被迫放弃了。他回到盖德山庄,开始写《艾德温·德鲁德之谜》。此前他被迫中断行程,为了补偿那个经理,他又在伦敦安排了十二场朗诵会。这是1870年1月的事。"圣詹姆士会堂里人山人海,有时候,当他入场和退场时,听众会全体起立、齐声欢呼。"回到盖德山庄后,他继续写小说。6月的一天,他单独与乔治娜吃晚饭时,突然发病。她派人去叫医生和他在伦敦的两个女儿。第二天,更小的那个女儿凯蒂被她机智能干的姨妈派走,将狄更斯快死了的消息告诉她母亲。凯蒂和艾伦·特南一起回到盖德山庄。第二天,也就是1870年6月9日,他离开了人世,葬于威斯敏斯特教堂。

5

马修·阿诺德在一篇著名的文章中强调,诗歌想要真正优秀必须具有高度的严肃性,由于发现乔叟①的作品缺乏这一特点,尽管对他大加赞赏,仍拒绝将其列为最伟大的诗人之一。阿诺德太苛刻了,不可能在看待幽默时没有一丝疑虑。我认为他绝不会承认拉伯雷②的笑

---

① 乔叟,Geoffrey Chaucer,1340—1400,英国小说家、诗人。主要作品有小说集《坎特伯雷故事集》。
② 拉伯雷,Francois Rabelais,约1493—1553,文艺复兴时期法国人文主义作家之一。拉伯雷的主要著作是长篇小说《巨人传》。

声和弥尔顿①向人类解释上帝作品的心愿具有同等高的严肃性。不过，我明白他的想法，这不仅适用于诗歌。狄更斯的小说尽管有各种各样的优点，或许正是因为缺少这种高度的严肃性，才让我们稍有不满。现在，当我们的脑子里装着伟大的法国和俄国小说，不光是他们的小说，哪怕是乔治·艾略特②的小说，再读狄更斯的小说，会惊讶于它们的天真。相比之下，狄更斯的作品简直是小儿科。当然，不要忘了，现在我们不读他写的小说了。我们变了，书也跟着我们一起变了。我们体会不到狄更斯同时代的人阅读这些小说时的情绪。关于这一点，我要引用乌娜·波普-亨尼西夫人书中的一段话："杰弗里勋爵的友邻亨利·希登斯夫人朝他的书房内窥视，发现他趴在桌子上。他抬起头，满眼是泪。她恳求他原谅：'我不知道您听到了什么坏消息，或者为什么事伤心，不然，我就不来了。是什么人死了吗？''是的，确实有人死了。'杰弗里勋爵回答道，'泄露出来，我就是个大傻瓜，可是我忍不住。您听到了也会难过的，小妮尔，博兹的小妮尔，死了。'"杰弗里是一名苏格兰法官，《爱丁堡评论》的创办人，也是一个严厉刻薄的评论家。

就我个人而言，狄更斯的幽默相当有趣，但他的悲伤没能打动我。我想说的是，他有强烈的情感，但没有心。我得赶快解释一下。他有一颗宽容的心，无比同情穷人和受压迫者，而且我们都知道，他对社会改革有着坚持不懈且实实在在的兴趣。但这是演员的心，我的意思是，他能感受到他所希望描述的情感，这和一个扮演悲剧角色的演员能感受到他所表现的情感是一样的。"赫卡柏对他有什么相干，他对赫卡柏又有什么相干？"③说到这个，我回想起很多年前，一个曾在

---

① 弥尔顿，John Milton，1608—1674，英国诗人、政论家，民主斗士，英国文学史上伟大的六大诗人之一。代表作品有长诗《失乐园》《复乐园》和《力士参孙》。
② 乔治·艾略特，George Eliot，1819—1880，19世纪英语文学最有影响力的小说家之一，代表作品有《亚当·比德》《弗洛斯河上的磨坊》《米德尔马契》等。
③ 莎士比亚悲剧《哈姆雷特》中哈姆雷特的一句台词。

莎拉·伯恩哈特[①]的剧团里工作过的女演员给我讲的故事。这位伟大的艺术家正在表演《费德尔》[②]，说到一段非常动人的台词时，表面上看，她悲痛欲绝，这时，她忽然发现有人站在台侧大声说话，于是她朝他们走去，背对着观众，仿佛痛苦地扭过脸去，实则说了一句话，相当于法语的"别他妈嚷嚷了，你们这些讨厌的杂种！"说完，她转过身，做了一个优美且哀伤的动作，继续发表长篇大论，直到那个令人难忘的结局。观众什么也没觉察到。除非真的感同身受，否则很难相信她能把她讲的台词用那么高贵悲痛的方式表达出来；然而，她的情感是一种职业情感，流于浮表，发自神经，而不是内心，对她的镇定自若没有任何影响。我毫不怀疑狄更斯的真诚，但那是一种演员的真诚。这也许就是，无论他如何堆积痛苦，我们都会觉得他的悲伤不真实，也不再为之感动的原因所在。

然而，我们无权要求一个作者给出他给不了的东西，如果说狄更斯欠缺马修·阿诺德要求伟大的诗人具备的高度的严肃性，他仍有很多别的优点。他是一个非常伟大的小说家，他有极高的天赋。他认为《大卫·科波菲尔》是他最好的小说。作家通常不善于判断自己的作品，但在这个问题上，狄更斯的判断似乎是正确的。我想，大家都知道，《大卫·科波菲尔》在很大程度上是一本自传，但狄更斯写的是小说，不是自传。他的确从自己的生活中选取了大量的素材，但只选择了合适的部分来用，其余部分则借助于他丰富的想象力。他一向不怎么喜欢读书，文学对话令他厌烦，后来他对文学的了解对他的影响很小，不至于减轻儿时他在查塔姆最先读到的那些作品带给他的深刻印象。这些作品当中，我认为，从长远来看，主要影响他的是斯摩莱特的小说。斯摩莱特呈献给读者的各个形象，与其说非同凡响，不如说鲜明生动。他们是"性情"，不是人物。

[①] 莎拉·伯恩哈特，Sarah Bernhardt，1844—1923，19世纪和20世纪初最著名的女演员。
[②] 法国剧作家拉辛的代表作。

善于观察人物符合狄更斯的性格特质。密考伯先生的原型是他父亲。约翰·狄更斯夸夸其谈，在金钱方面诡计多端，但他不是傻瓜，也绝非没有能力；他勤奋、和善、慈爱。我们知道狄更斯把他塑造成了怎样一个人。如果说福斯塔夫[①]是文学史上最伟大的喜剧人物，密考伯先生就是第二大喜剧人物。狄更斯让他最终成了澳大利亚受人尊重的地方官，有些批评家认为他应该自始至终鲁莽草率、目光短浅。依我看，这种指责不公道。澳大利亚是个人烟稀少的国家，密考伯先生相貌堂堂、受过教育，又舌灿莲花，我就不明白，有这些优点的人，在那种环境里，怎么就不能谋得一官半职？狄更斯不仅塑造喜剧人物的技巧精湛，斯提福兹那个圆滑的仆人也刻画得极妙：他身上有一种神秘、阴险的特质，足以令人脊背发凉。尤赖亚·希普身上颇有些通俗情节剧的味道，即便如此，他仍是一个强大可怖的人物，他被狄更斯十分娴熟地呈现出来了。的确，《大卫·科波菲尔》中充满了各种各样令人震惊、生动新颖的人物。密考伯、辟果堤、巴基斯、特拉德尔、贝西·特洛伍德、狄克先生、尤赖亚·希普和他母亲这类人，生活中从来就没有过：他们是狄更斯运用丰富的想象力天马行空创造出来的，可是，他们是那么的有活力，那么的前后一致，表现得那么逼真，那么令人信服，阅读的时候，你不能不相信他们的存在，他们也许不是真的，但给人感觉活生生的。

狄更斯塑造人物时通常会夸大原型身上的特点、怪癖和瑕疵，让每个人说出一句话，或者一连串的话，让人物的精髓印刻在读者脑海中。他从未展现过个性的发展，总的来说，人物一开始什么样，结尾也保持那个样子。（狄更斯的作品中有一两个例外，但他所表现的性情变化非常不可信，这么做目的只是促成大团圆的结局。）以这种方式刻画人物的危险是，故事的可信度可能会被超越，结果塑造出一个漫画式的人物。当作者呈现出一个令人捧腹的人物时，比如，密考伯

[①] 莎士比亚历史剧《亨利四世》中的人物。

先生这种，倒也没什么不好，但期望你表示同情的时候就不行了。狄更斯描写女性人物总是不太成功，除了那个说"我永远不会抛弃密考伯先生"的密考伯太太和贝西·特洛伍德，其余都是漫画式的人物。照着他的初恋情人玛丽亚·比德内尔塑造的朵拉太愚蠢、太幼稚；照着玛丽和乔治娜·贺加斯塑造的艾格尼丝太善良、太懂事：她们俩都极无聊。小艾米莉在我看来写失败了。显然，狄更斯希望我们同情她，她只得到了她要的。她的抱负是成为一名"贵妇"，大概希望斯提福兹娶她，她跟他私奔了。她似乎成了一个极不称心的情妇，郁郁寡欢、哭哭啼啼、垂头丧气，难怪他渐渐厌倦了她。《大卫·科波菲尔》中，最莫名其妙的女性人物是罗莎·达特尔。我怀疑，狄更斯原本想充分利用一下这个角色，如果他没有做到，那是因为担心冒犯公众。我只能推测，斯提福兹曾是她的情人，她恨他，因为他抛弃了他，尽管如此，她依然爱着他，那是一种掺杂了嫉妒、饥渴和复仇的爱。狄更斯创造的这个人物会被巴尔扎克充分利用。《大卫·科波菲尔》的主要人物中，只有斯提福兹被刻画得很"平实"，这是演员在谈到一个"平实的角色"时使用的词语。狄更斯让斯提福兹在读者心中留下了绝妙的印象：他的魅力、他的优美典雅、他的友善、他的亲切、他能与形形色色的人物愉快相处的随和的天性，他的欢乐、他的勇敢、他的自私、他的寡廉鲜耻、他的鲁莽、他的无情。狄更斯刻画的是我们大多数人都熟悉的那类人，他无论走到哪儿都会给人带去欢乐，走的时候却留下一个烂摊子。狄更斯给他安排了一个坏结局。我想，换作菲尔丁会更宽宏些，因为，正如奥诺太太在谈到汤姆·琼斯时所说："要是女人都那样往男的那面凑，那就不能净怪那些年轻的男人；我不说瞎话，他们干的，也不过是自然而然的事儿。"如今的小说家，不仅要考虑故事的可能性，还要尽量考虑到必然性。狄更斯就没有这种限制。斯提福兹离开英格兰数年后，从葡萄牙乘船归国，结果，在能看见雅茅斯的地方溺死了，这时，大卫·科波菲尔恰好去那儿短暂拜会老朋友，这种巧合实在令读者难以相信。如果斯提福兹必须死是为了满足维多利亚时代恶有恶报的要求，狄更斯肯定能想出某种更可信的方式让他死。

6

济慈死得太早，华兹华斯死得太晚，实乃英国文学之不幸。不幸程度几乎同样严重的是，正当我国最伟大的小说家们处于创作巅峰期时，当时盛行的出版方法却鼓励散漫芜杂、冗长啰唆、生拉闲扯的作风，大部分英国小说家天生就有这种倾向，而这对他们的作品是有害的。维多利亚时代的小说家是靠笔头谋生的工人。他们必须按合同要求，为十八、二十或二十四期杂志，写下一定数量的文字，每期故事的结尾还要引诱读者买下一期杂志。毫无疑问，他们已经想好了要写的故事的主线，可是我们知道，如果在出版前就写好两三期，他们会心满意足。需要的时候再写其余的部分，相信自己的创造力能提供足够的材料填满必需的页数。可是，他们自己也承认，有的时候创造力不足，即便没什么可写的，也要勉为其难。有的时候，故事已经讲完了，碰巧还有两三期要写，他们只好利用能够想到的一切手段推迟结局。他们的小说自然会走样，变得又臭又长；他们被迫偏离主题，啰啰唆唆。

狄更斯是用第一人称写的《大卫·科波菲尔》。这种直截了当的方法很适合他，因为狄更斯小说的情节往往错综复杂，读者的兴趣有时会被转移到与故事进程不相干的人和事上去。《大卫·科波菲尔》中，这种明显的离题只有一处，那就是对斯特朗博士和他的太太、母亲、太太的表妹之间关系的描写。这与大卫毫不相干，本身也很乏味。我猜，他是用这部分内容填补两个场景之间的时间空隙：一是大卫在坎特伯雷上学那些年,二是大卫对朵拉失望到她去世那段时间。否则,他不知道怎么处理才好。

半自传体小说中,作者本身就是主人公,这类小说的作者要面临的危险,狄更斯也同样逃不掉。大卫·科波菲尔十岁时被他严厉的继父送去做工,查尔斯·狄更斯也被父亲送去做工,他被迫与同龄男孩厮混,而他认为他们的社会地位比他低,自己有被"降格"处理的痛苦,狄更斯在给福斯特的自传片段中也深信自己曾有同样的痛苦。狄更斯尽其所能激发读者对主人公的同情心。大卫·科波菲尔在为了寻求他的姨婆贝西·特洛伍德——一个可爱有趣的人物——的保护逃往多佛那段著名的旅途中,确实孤注一掷、不择手段。无数读者认为这段逃亡故事精彩且悲惨。我的性格更严厉些。我很奇怪,这个孩子居然笨到,无论遇到谁,都会被抢被骗。毕竟,他在工厂待过几个月,还从早到晚在伦敦街头闲逛;我们会以为,工厂里的其他男孩,即使达不到他的社会标准,也能教给他不少东西;他和密考伯一家生活过,替他们典卖过零碎东西,还去过马夏尔西监狱。如果真像书中描写的那样,大卫是个灵光的孩子,那么,即使年幼,他也应该对这个社会有所了解,机敏到可以照顾好自己。但大卫·科波菲尔不光在儿时表现出无能,他简直没有能力应付难题。他对朵拉所表现出来的软弱,他在处理日常生活中的普通问题时常识的欠缺,几乎到了令人无法容忍的地步。他的脑子很迟钝,竟然猜不出艾格尼丝爱上了他。作者告诉我们,最后他成了一名成功的小说家,我无论如何也相信不了。如果让他来写小说,我估计更像亨利·伍德夫人[①]的小说,而不是查尔斯·狄更斯的。奇怪的是,大卫的创造者竟然没有把自身的干劲、活力和激情赋予他。大卫纤细、漂亮、有魅力,否则就不会人见人爱了。他诚实、和善、认真,当然,有点傻。他是整本书中最无趣的人。最能体现他差劲、不中用,无力应对尴尬局面的,当属发生在苏荷的阁楼上

[①] 亨利·伍德夫人,Mrs. Henry Wood,1814—1887,英国小说家,代表作《东林怨》。

小艾米莉和罗莎·达特尔之间那可怕的场景，大卫目睹了这一幕，然而，出于十分站不住脚的原因，他没有试图阻止。这提供了一个很好的例子，表明第一人称写法会迫使讲述者非常虚假，配不上小说的主人公，读者生他的气也理所应当；如果采用第三人称，从全知的视角描述，这个场景依然夸张讨厌，但至少是可信的，只是做到这一点也有一定难度。当然，阅读《大卫·科波菲尔》的乐趣并非源自相信生活就像，或者曾经像，狄更斯所描写的那样。这么说并没有贬低他的意思。小说就像天国，有很多大厦，作家邀请你参观他选好的那座。任何一座大厦都有同等存在的权利，但你一旦被领入一个环境，就必须学会适应它。你在阅读《金碗》[①] 和《蒙帕纳斯的蒲蒲》(法国小说家查理-路易·菲利普的代表作。) 时必须戴上不同的眼镜。《大卫·科波菲尔》是一部讲述生活的荒诞之作，时而快活，时而悲惨，作者有生动的想象力和炽热的情感，用他的往事和愿望满足创作而成。你必须本着读《皆大欢喜》[②] 的精神读它，而且它提供了一种近乎同样令人愉快的乐趣。

---

① 亨利·詹姆斯的小说。
② 莎士比亚"四大喜剧"之一。

福楼拜和《包法利夫人》

1

如果，正如我所认为的那样，一个作家写出怎样的作品取决于他是怎样一个人，那么最好了解一下他的个人历史中与之相关的部分，就福楼拜而言，这一点至关重要，而且我们很快就会看到。他是一个极不寻常之人。我们知道的作家里，没有谁如此狂热、勤奋，且不屈不挠地献身于文学艺术。文学对于大多数作家而言是一项至关重要的活动，对福楼拜则不然，对他来说，文学这项活动将其他放松精神、消除疲劳、丰富阅历的活动统统囊括其中。他不认为人生的目的就是活着，对他来说，人生的目的是写作。他牺牲生活的丰富多样，以实现创造艺术品的抱负，没有哪个修士在自己的小屋里像他这么坚决地牺牲掉尘世的欢乐来爱上帝。他既是浪漫主义者，又是现实主义者。我在谈论巴尔扎克时讲过，浪漫主义的根源是对现实的憎恨，是一种想要逃离现实的强烈的愿望。福楼拜在非凡与奇幻、东方和古风中寻求庇护，然而，尽管他憎恶现实，尽管他厌恶资产阶级的自私、陈腐和愚蠢，却为之着迷，因为他的天性中有某种东西，可怕的是，它会引诱他关注他最嫌恶的东西。人类的愚蠢对他有一种令人恶心的魅力，展现它的各种丑恶面时,他会从中得到一种病态的快感。它有种魔力,令他不安,就像身上有个痛处,一摸就疼,但就是忍不住去摸。他身上那个现实主义者凝视人性,仿佛它是一堆垃圾,他并不是想从中找到他珍视的东西,而是想让所有人看到人类,无论外在如何,内心有多么卑劣。

2

居斯塔夫·福楼拜1821年生于鲁昂。他的父亲是一名医生,也是一家医院的院长,他与妻儿住在那里。这是一个很幸福,且非常受人尊敬的富裕家庭。福楼拜像同一阶层的法国孩子一样长大,上学,和其他男孩交朋友;活儿干得很少,书读得很多。他感情用事,有丰富的想象力,而且和许多孩子一样,内心的孤独困扰着他,对于生性敏感的人,这种孤独感会伴随终生。"我十岁就上学了,"他写道,"很快就对人类产生了深深的厌恶。"这不是随口一说的俏皮话,他说的是真话。他从年轻时起就是个悲观主义者。确实,当时浪漫主义思潮正处于全盛时期,悲观主义也很流行:福楼拜的一个同学开枪把自己的脑袋打开了花,另一个同学用自己的领带上吊自杀了,但我们还是不明白,福楼拜怎么会觉得人生那么令人难以忍受,认为人类可恨,他有一个舒适的家,有慈爱且宽容的双亲,有一个溺爱他的姐姐,还有他挚爱的朋友。他长得很高,貌似也很健康。

十五岁那年,他恋爱了。那年夏天,他们全家去了特鲁维尔,当时那里还是一个朴素的海边村庄,只有一家旅馆。那年,他们在那儿遇见了莫里斯·施莱辛格,还有他的妻子伊莉莎·施莱辛格和孩子,施莱辛格是一个音乐出版商,某种程度上,也是个投机商。在此值得抄录一下福楼拜日后对伊莉莎的描述："她高个子，肤色浅黑，一头黑色的秀发披在肩上；她的鼻子是希腊式的，目光如炬，她的眉毛高高的，弯成美妙的弓形，肌肤有光泽，仿佛蒙了一层金色的薄雾；身材纤细优美，她棕紫色的喉咙处青筋蜿蜒。此外，一层细细的汗毛遮暗了她的上唇，给她的面部增添了一种阳刚有力的表情，令白肤金发美女们黯然失色。她语速缓慢，声音抑扬顿挫、轻柔悦耳。"把 pourpré 译成"紫色"时，我犹豫了一下，这听起来不太诱人。但他怎么写，我就怎么译，我只能猜想，福楼拜是把这个词当"色彩鲜亮"的同义词来用的。

伊莉莎·施莱辛格那时二十六岁，正在哺育一个婴儿。福楼拜很害羞，倘若她丈夫不是一个热情快活的人，很容易交朋友，他也许永远鼓不起勇气跟她说话。莫里斯·施莱辛格带着这个男孩一起骑马，有一回，他们三个人乘船游玩。福楼拜和伊莉莎并排而坐，肩膀挨着肩膀，她的裙角贴着他的手；她用低低的、甜美的声音说话，可是，他内心骚动，她究竟说了什么，他一个字也不记得了。夏天结束了，施莱辛格夫妇离开了，福楼拜一家回到鲁昂，居斯塔夫回到学校。他开始了一生中一段真正的激情。两年后，他重返特鲁维尔，听说她来过，又走了。这时，他十七岁。他似乎觉得从前的自己太激动，不能真正去爱她；现在，他爱她的方式不同了，他怀着男人的情欲，她不在眼前让这份激情来得越发猛烈。回到家，他再次拾起那本已经开了头却中途搁笔的书——《狂人回忆录》，讲述那个夏天他爱上伊莉莎·施莱辛格的故事。

他十九岁那年，为了奖励他通过大学入学考试，父亲让他和一位克劳盖医生一起去比利牛斯山区和科西嘉岛旅行。那时他已发育成熟，肩膀宽阔。他的同时代人说他是巨人，他也这么自称，其实，他的身高不足六英尺，如今算不上什么大高个；不过，那时的法国人比现在矮很多，显然，他在同辈中鹤立鸡群。他身形瘦削，体态优雅；长长的黑睫毛垂下时遮住海绿色的眼睛,长发披肩。四十年后,一个他年轻时认识的女人说,他当年漂亮得如同一尊希腊神像。从科西嘉岛回来的路上,两个旅人在马赛逗留。一天早上,福楼拜游泳回来,见旅馆的院子里坐着一个年轻女人。他上前跟她打招呼,二人攀谈起来。她叫尤拉莉亚·傅科,正在等船把她送回丈夫身边,她的丈夫是法属圭亚那的一名官员。福楼拜和尤拉莉亚共度了那个夜晚,根据他自己的描述,那是激情燃烧的一夜,美得好似雪地上的日落。他离开马赛后,再也没有见过她。这次经历给他留下了很深的印象。

这之后不久,他去巴黎学习法律,倒不是因为他想当律师,而是必须选择一种职业。他在那儿待得很厌烦,厌烦法律书,厌烦大学生活;他鄙视同学们的平庸、装模作样和资产阶级趣味。在巴黎时,他写了一个中篇小说,名叫《十一月》,讲述他与尤拉莉亚·傅科的邂逅。但他赋予了她伊莉莎·施莱辛格高高的弓形眉、有淡蓝色绒毛的上唇和可爱的脖颈。他又跟施莱辛格夫妇联系上了,他去办公室拜访了这个出版商,并受邀与他们夫妇共进晚餐。伊莉莎还像从前那么漂亮。福楼拜上次见到她时是个毛头小子,现在他是个男子汉了,热切、英俊、充满热情。他很快就与这对夫妻亲近起来,定期一同就餐,还一起作短途旅行。但他依旧那么胆怯,很长时间没敢对她表白。当他终于表白时,她并没有像他担心的那么生气,而是明确表示不打算超越朋友的关系。她的经历很奇特。1836年,福楼拜初次与她见面时,像所有人一样,他以为她是莫里斯·施莱辛格的妻子,其实不是,她嫁给了一个叫埃米尔·朱迪亚的人,他因为欺诈捅了大娄子,这时,施莱辛格挺身而出,主动提出花钱替他消灾,条件是,他必须离开法国,放弃他的妻子。他照办了,于是施莱辛格和伊莉莎生活在了一起。那时候,法国还不能离婚,直到朱迪亚1840年去世,他们才结婚。据说,尽管朱迪亚不在身边,后来又死了,伊莉莎爱的仍是那个可怜的家伙;或许是因为这个,再加上她对这个男人的忠诚,毕竟他给了她一个家,又是孩子的父亲,她才犹豫了,不肯依从福楼拜。但他爱得狂热,施莱辛格又明目张胆地不忠,也许她被福楼拜孩子气的爱慕感动了,终于他说服她某一天来公寓找他。他焦急、兴奋地等待,可是,她没有来。这是福楼拜的传记作者们根据他写的《情感教育》推理的故事,由于似乎可信,很可能如实记录了事实。有一点可以肯定,伊莉莎从未成为他的情妇。

1844年发生的一件事改变了福楼拜的生活,并影响了他的文学创作,我希望在后面给大家展示。一个漆黑的夜晚,他和哥哥从母亲的一处宅邸乘车返回鲁昂。哥哥比他大九岁,选择了父亲的职业。突然,毫无征兆,福楼拜"发现自己被一团连续迸发的火焰吞没,像块石头滚落到马车的地板上"。恢复知觉后,他浑身是血,哥哥把他抬到附近一所房子里,给他放血。他被送到鲁昂后,父亲再次给他放血。他服用缬草和木蓝,他被禁止抽烟、喝酒、吃肉。一段时间里,他的病一阵阵剧烈发作。以后的几天,他受损的神经系统陷入一种狂暴的紧张状态。围绕这一病症有许多谜团,医生们从不同角度加以讨论。有人直言这是癫痫病,他的朋友们也这么认为;他的侄女在回忆录中对此事保持沉默;雷内·杜麦斯尼尔(Rene Dumesnil)先生本身就是医生,还是一本关于福楼拜的重要著作的作者,他断言这不是癫痫,而是一种被他称作"癔病式癫痫"的病。不管这是什么病,治疗方法大同小异:有一些年,福楼拜服用大量硫酸奎宁,此后几乎一直在服用溴化钾。

对于福楼拜的家人而言,他这次犯病可能并非完全出乎他们的意料。据说,他对莫泊桑讲过,他十二岁那年第一次有了幻视和幻听。十九岁时,福楼拜被送去旅行,一位医生陪同前往;后来他父亲制订的治疗方案中,有一条就是改换环境,他以前就犯过类似的病不是没有可能。福楼拜夫妇虽然有钱,但土气、乏味、节俭:很难相信他们仅仅因为儿子通过了所有受教育的法国孩子都要经历的考试就想到让他跟一个医生出门旅行。少年时,福楼拜就感觉自己和身边的人不太一样,他青少年时忧郁的悲观情绪很可能就是这种神秘的疾病引起的,即使在那时,也肯定影响了他的神经系统。不管怎样,他现在面对着这样的事实,那就是,他受到一种可怕的疾病的折磨,何时犯病,无法预测,他必须改变生活方式。他决定放弃法律,想必是心甘情愿,并打定主意一辈子不结婚。

1845年,他父亲去世了,两三个月后,他唯一的姐姐,他深爱的卡罗琳,在生下一个女儿后也死了。儿时的他们曾形影不离,直到结婚前,她一直是他最亲密的伙伴。

去世前一段时间,福楼拜医生买下一处房产,名叫克鲁瓦塞,位于塞纳河畔,是一幢有两百年历史的漂亮的石头房子,前面有一个露台,还有一个可以俯瞰塞纳河的小亭子。福楼拜医生的遗孀带着他的儿子古斯塔夫和卡罗琳的女婴在此安顿下来。她的长子阿希尔已经成家,在鲁昂医院接了父亲的班。福楼拜在克鲁瓦塞度过了余生。从很小的时候起,他就写写停停,现在,由于疾病,无法过上正常的生活,他决心投身文学。他在一楼有一间大工作室,窗户面向塞纳河和花园。他养成了井然有序的生活习惯。他十点左右起床,读信、看报,十一点钟简单吃点午饭,然后在露台上散步,或者坐在亭子里读书到下午一点。下午一点开始工作,一直到七点吃晚饭,然后再去花园里走走,再接着工作到深夜。除了几个朋友,他不见任何人,他不时邀请他们来家里住上几天,好跟他们讨论自己的作品。这三个朋友是:阿尔弗雷德·勒·普瓦特万,他比福楼拜年长,是他们家的朋友;马克西姆·杜坎,他在巴黎读法律时认识的;还有路易·波耶,此人在鲁昂靠教授拉丁文和法文获得一点微薄的收入。他们都对文学感兴趣,波耶是个诗人。福楼拜是个慈爱的人,对朋友也很忠诚,只是占有欲强,对人苛求。对他影响很大的勒·普瓦特万娶了一位德·莫泊桑小姐,福楼拜气愤至极,他后来说:"这对我来说就像教徒知道教皇闹出了大丑闻。"关于马克西姆·杜坎和路易·波耶,过一会儿我也有话要说。

卡罗琳去世后，福楼拜为她的脸和手翻了模，几个月后，他去巴黎，委托当时一个著名的雕塑家普拉迪耶给她塑了一尊半身像。在普拉迪耶的工作室，他遇到了一个叫路易莎·古内（Louise Colet）的女诗人。她是那种认为拉拉扯扯（push and pull）足以替代才华的作家，这号人在文学圈里一点不稀奇；凭借自身的姿色，她在文坛算是混出了一席之地。她有一个名流们频繁出入的沙龙，名曰"缪斯女神"。她的丈夫希波利特·古内是个音乐教授，她的情人维克多·库辛是个哲学家兼政治家，她给他生了个孩子。金发小卷衬托出她的脸庞，她的声音热情又温柔。她自称三十岁，其实还要大几岁。福楼拜二十五岁。四十八小时后，他就成了她的情人，中间有一次小小的意外，他太紧张、太激动了，当然，他并没有取代那个哲学家的位置，此人对她的爱情很正式，尽管按照她自己的说法，当时还是柏拉图式的。三天后，他含泪告别路易莎，回到克鲁瓦塞。当晚，福楼拜就给她写了一长串情书中的第一封，从没有哪个男人给情妇写过这么奇怪的信。多年后，他告诉埃德蒙·德·龚古尔[①]，他曾"狂烈"地爱过路易莎·古内。不过，他往往夸大其词，而且他们的通信并没有证实这个说法。我想，我们可以推测，有一个受到公众瞩目的情妇，他很骄傲；但他生活在丰富的想象中，和许多做白日梦的人一样，他发现，他和她分开时比在她身边时更爱她。他这么告诉她了，有点多余。她催促他住到巴黎来，他告诉她，他离不开承受丧夫丧女之痛的母亲。于是她恳求他至少常来巴黎，他告诉她，有合理的借口，他才能脱身，对此，她愤怒地回应："这么说，你像个姑娘一样被人看管着？"其实，他可能就是这个意思。他一犯癫痫病，就会连着几个星期身体虚弱、精神低落，母亲自然会为他担心。母亲不让他下河游泳，而这是他的喜好，也不允许他在没人照看的情况下在塞纳河上泛舟。只要他按铃叫仆人送东西，他母亲

[①] 埃德蒙·德·龚古尔，Edmond de Goncourt，1822—1896，法国作家。根据埃德蒙的遗嘱成立的龚古尔学院，每年颁发龚古尔文学奖，在法国有重要影响。

就会冲上楼，看他好不好。他告诉路易莎，如果他说离开她几天，母亲不会反对，但他自己无法忍受此事带给她的忧虑。路易莎不会不明白，如果他真像她爱他那么疯狂地爱着她，这并不会妨碍他和她见面。即使在这个时候，也很容易想出貌似可信的理由非去巴黎不可。他还很年轻，如果他同意很少与她见面，那么很有可能，在强力镇静剂的作用下，他的性欲并不迫切。

"你的爱不是爱，"她写道，"反正,爱在你的生活中不重要。"对此，福楼拜回答说："你想知道我是否爱你。哦，是的，我尽我所能在爱，也就是说，对我而言，爱情不是人生第一等事，而是第二等。"福楼拜为自己的坦率感到自豪，其实这么做很残忍，他的不圆滑令人惊愕。有一次，他让路易莎·古内通过她的一个住在卡宴的朋友打听尤拉莉亚·傅科的下落，此人是他在马赛的艳遇对象，甚至让她把一封信转交给那个女人。当她气愤地接受这个委托时，他毫不掩饰自己的震惊。他甚至跟她讲自己召妓的事，据他自己说，他喜欢她们，而且经常满足这种嗜好。不过，性生活方面的谎，男人撒得最欢，他很可能是在吹嘘自己并不具备的能力。当然，他待她还是很有骑士风度的。一次，拗不过她的软磨硬泡，他建议他们在芒特的一家旅馆见面，如果她一大早从巴黎出发，他从鲁昂出发，他们可以共度一个下午，他还可以在天黑前赶回家。令他震惊的是，这个提议居然惹怒了她。这段关系维持了两年，他们总共见了六次面，显然提出分手的是她。

这期间，福楼拜一直忙着写《圣安东尼的诱惑》，这是一本他酝酿了很久的书。他已经安排好了，一写完这本书就和马克西姆·杜坎去近东旅行。福楼拜夫人应允了，因为她的儿子阿希尔和早年曾陪福楼拜去科西嘉岛的克劳盖医生一致认为，在温暖的国家小住对他的健康有利。书稿完成后，福楼拜把杜坎和波耶叫到克鲁瓦塞，好把这本书念给他们听。他念了四天，下午四个小时，晚上四个小时。他们事先商量好，在听完整部小说之前不发表任何意见。第四天午夜，把书从头到尾读完的福楼拜攥紧拳头猛砸了一下桌子，问："怎么样？"其中一位回答："我们觉得你应该把它丢进火堆里，再也不要提起。"这是个毁灭性的打击。他们争论了好几个小时，最后，福楼拜接受了他们的定论。随后，波耶建议他效法巴尔扎克，写一部现实主义小说。这时已经是早上八点了，于是，他们上床睡觉。那天晚些时候，他们继续聚在一块儿讨论，根据马克西姆·杜坎在《文学回忆录》中的说法，这时波耶提议的故事最终变成了《包法利夫人》，不久后，福楼拜和杜坎开始旅行，他在家信中提到了他正在考虑的好几个主题，其中并没有《包法利夫人》，因此可以相当肯定地说，杜坎搞错了。这两个朋友游历了埃及、巴勒斯坦、叙利亚和希腊。1851年，他们回到法国。福楼拜还是没有想好写什么，很可能就在那时，波耶给他讲了欧仁·德拉马尔的故事。德拉马尔曾是鲁昂医院的一名实习医生，住院外科医师，或者住院内科医师，他还在附近的小镇上开了一个诊所。他的第一任太太，一个比他大很多岁的寡妇死后，他娶了附近一个农夫年轻漂亮的女儿。这个女人自命不凡、生活奢侈。很快，她就厌烦了这个乏味的丈夫，找了好几个情人。她在买衣服上胡乱花钱，自己却负担不起，于是债台高筑。最后，她服毒自杀了，德拉马尔也自杀了。众所周知，福楼拜十分关注这个微不足道的小故事。

　　回到法国后不久，他又见到了路易莎·古内。他不在的那段时间，她的境况很糟糕，丈夫死了，维克多·库辛不再资助她，也找不到人接受她的剧本。她给福楼拜写信，说她从英国回来的路上要经过鲁昂，他们见了面，并恢复了通信。不久，他去了巴黎，又成了她的情人。人们难免会纳闷，为什么会这样。这时，她已经四十多岁了，金发碧眼的女人不禁老，而且当时自命高雅的女人不化妆。也许他被她对他的感情打动了。她是唯一爱过他的女人。他似乎在性方面没有把握，或许在他们仅有的那几次交媾过程中，他感觉很自在。她的信销毁了，他的留了下来。从这些信可以推断，她毫无长进：她还是像最初那样霸道、苛求、讨厌。她在信中的语气越发尖刻,继续向福楼拜施压,要他去巴黎,或者允许她来克鲁瓦塞,他则继续找借口不去,也不让她来。他主要谈论文学,结尾处敷衍了事地表达一下感情。他们的主要兴趣在他谈论《包法利夫人》的艰难进展,当时他把全部精力都投注在这本书上。路易莎偶尔给他寄一首她写的诗。他的批评很严厉。这段感情早晚会结束。这是路易莎的草率造成的。似乎为了他们的女儿,维克多·库辛提出要娶她,她似乎告诉福楼拜,由于他的缘故,她才拒绝了库辛。实际上,她决心要嫁给福楼拜,而且非常轻率地告诉朋友们她有这个打算。这事传到他耳朵里,他惊呆了。经过一连串令他恐惧且羞辱的激烈争吵,他告诉她,他再也不想见到她了。然而,她并没有因此气馁,一天,她来到克鲁瓦塞,又大闹了一场。他把她赶了回去,粗暴程度连他母亲都为之气愤。尽管女性固执坚决,只相信自己愿意相信的东西,"缪斯女神"最终被迫面对福楼拜和她永远断绝关系的事实,为了报复,她写了本小说,据说写得很差,她在书中把福楼拜描绘成一个恶毒的家伙。

3

现在我必须回到主题上来。两个朋友从东方回来后,马克西姆·杜坎定居巴黎,并买下《巴黎评论》的部分股权。他来到克鲁瓦塞,敦促福楼拜和波耶给他写稿。福楼拜去世后,杜坎出版了两大本纪念文集,他称之为《文学回忆录》。所有写过福楼拜的人都免费用过这两本书,却无礼地对待作者,这似乎有点忘恩负义。杜坎在书中写道:"作家分为两类:对一类人而言,文学是手段;对另一类而言,文学是目的。我属于,也一直属于,前一类;我向文学要求的权利无非是爱它,并尽我所能促进它的发展。"马克西姆·杜坎很高兴属于的那个文人类别向来是一大类。这些人有文学倾向，喜爱文学，往往有才华、品位、文化和能力，但没有创作天赋。他们年轻时常会写些熟练的韵文或平庸的小说，不久后，他们就安下心来做自己得心应手的事了。他们评论书籍，或成为文学杂志的编辑；为作家的选集作序，撰写名人传记，写关于文学主题的散文；最后，像杜坎这样，给小说家出回忆录。他们在文学界有他们的功用，由于他们文笔优雅，他们的作品通常读起来令人愉悦。我们没有理由用福楼拜藐视杜坎的态度看待他们。

人们说，杜坎妒忌福楼拜，我认为这么说不公平。杜坎在回忆录中写道："我从未有过把自己拔高到与福楼拜相提并论的念头，也从不允许自己质疑他的优越。"谁也说不出比这更公正的话。福楼拜读法律时，作为拉丁区的孩子，他们的关系就很亲密：他们一起下便宜的馆子，在咖啡馆里不绝不休地讨论文学。后来，在近东旅行时，他们在地中海一起晕船，在开罗一起喝醉，逮着机会就一起嫖妓。福楼拜这个人不好相处，因为他对反对意见不耐烦，易怒，且专横。即便如此，杜坎对他的感情依然真挚，对他的作品评价很高，但是他太了解这个人了，不可能意识不到他的弱点，他不会像狂热的崇拜者那样看待他青年时代的好友，这不符合人性。为此，这个可怜的家伙遭到了无情的辱骂。

杜坎认为老朋友不该把自己埋没在克鲁瓦塞。他拜访过他很多次，一次，他催促他定居巴黎，这样可以多见见人，通过融入首都的知识圈，和同行们交流想法，开阔眼界。乍看起来，这个理念有很多话要说。小说家必须生活在他的素材中间。他不能等着经验来找他，必须自己去寻找。福楼拜的生活圈子很窄。他对这个世界知之甚少。他熟悉的女人就那么几个：他母亲、伊莉莎·施莱辛格和"缪斯女神"。但他性情急躁、专横，憎恶他人干涉。然而，杜坎偏不就此罢休，他从巴黎写来一封信，竟然告诉福楼拜，如果他继续过这种狭隘的生活，很快他的脑子就会软化。这番话着实激怒了福楼拜,以至于他一辈子都没忘。杜坎这话说得确实不太合适,福楼拜一直担心癫痫病发作会导致类似的结果。事实上,他在写给路易莎的一封信中曾经说过,四年后,他可能会变成白痴。福楼拜气冲冲地回了一封信,告诉杜坎,他过的正是适合自己的生活,他对组成巴黎文学圈的那些可怜的廉价文人只有鄙视。二人随后开始疏远,尽管两个老朋友后来恢复了关系,但再也不似从前那般亲密了。杜坎是个积极肯干的人,想在当时的文学界功成名就,且丝毫不加以掩饰,他的愿望似乎令福楼拜厌恶至极。"他失去我们了。"他写道。接下来的三四年,每次提到杜坎的名字,他都会充满鄙视。他认为杜坎的作品可鄙,他的风格可恶,他对其他作家的仿效可耻。不过,福楼拜还是很高兴杜坎在他的杂志上刊登波耶写的一首关于古罗马的三千行的长诗,《包法利夫人》完稿后,杜坎提议在《巴黎评论》上连载,他也同意了。

路易·波耶是他唯一的密友。福楼拜认为他是一个伟大的诗人,相信他的判断超过任何人,现在看来,这是个错误。他十分感激波耶,要是没有波耶,《包法利夫人》很可能永远也写不出来,至少肯定不是现在这样。无休止的争论后,是他说服福楼拜写个大纲,弗朗西斯·斯蒂格马勒(Francis Steegmuller)在他的杰作《福楼拜与〈包法利夫人〉》中提过此事。波耶认为这本书成功的可能性很大,终于,1851年,三十岁的福楼拜开始动笔了。除了《圣安东尼的诱惑》,他最重要的早期作品确实都很个人化,事实上,他是把他的爱情经历写成了小说。现在,他的目标是做到尽量客观。他决定道出真相,不带任何倾向或偏见;在讲述事实和揭示人物性格时不作评论,既不谴责,也不褒扬;同情某个人也不会表现出来;另一个人的愚蠢激怒了他,第三个人的恶毒令他愤慨,他也不允许自己用言语表露出来;总体来说,他做到了这一点,也许这就是为什么很多读者觉得他的小说有一种冷感。这种刻意且倔强的超然中没有一丝温暖人心的东西。这可能是我们的弱点,但我还是觉得,作为读者,知道作者跟我们有同样的感受会很欣慰。

然而,和所有小说家一样,福楼拜在尝试完全客观时失败了,因为做到完全客观是不可能的。作家让人物解释自己的意图,尽可能让他们的行为是秉性的产物,这样很好。当他要把你的注意力引向女主人公的魅力或反面人物的恶行时,当他进行道德说教,或扯些不相干的东西时,简而言之,当他自己就是他所讲的故事中的一个角色时,他很容易惹人厌。但这只是一个方法的问题,某些非常出色的作家使用过;如果这个方法碰巧过时了,也不能说这就是一种坏方法。回避这种做法的作家只是让他的个性不流于小说表面,然而,无论他是否愿意,他对主题的选择、对人物的选择、他描写人物的视角,都暴露了他的个性。福楼拜怀着悲观的义愤审视这个世界。他不容异说,对愚蠢没有耐心。资产阶级和庸常之物令他恼火。他没有怜悯心。他也没有慈爱心。大部分成年岁月里,他是个病人,疾病带来的羞辱压迫着他。他的神经处于持续烦恼不安的状态。他就像我说过的那样,他既是一个浪漫主义者,也是一个现实主义者。生活没有满足他热爱理想的需求,于是他通过花天酒地的生活自暴自弃,怀着一腔愤怒投入到包法利夫人这个肮脏的故事当中。在这个五百页的小说中,他给我们介绍了很多人物,除了拉里维埃尔医生这个小人物,其他人都没什么可取之处,他们卑鄙、刻薄、愚蠢、浅薄,而且很粗俗。确实很多人这样,但并非全部。在一个镇子里,不管这个镇子有多小,别说三两个,竟然连一个通情达理、和蔼可亲、乐于助人的人都找不出来,这是难以想象的。福楼拜没能将他的个性置于小说之外。

他故意选择一组普通得不能再普通的人物,设计一系列必然会从他们的本性和环境中生发的事件,但是,他很清楚,可能没有谁会对如此乏味的人感兴趣,他必须讲的故事也会冗长沉闷。他打算如何处理这个问题,我稍后再谈。在此之前,我想思考一下,他在实现这个意图的路上到底走了多远。他刻画人物的技巧可谓炉火纯青。他们的真实性令人信服。我们一接触到他们就承认他们是活生生的人，在我们熟悉的这个世界上自食其力。我们认为他们的存在理所当然，就像身边的水管工、杂货商和医生。我们从未想过，他们是小说里的人物。举个例子来说，郝麦是和密考伯先生一样幽默的形象。法国人熟悉他，就像英国人熟悉密考伯先生；我们信任他，就像我们从不太信任密考伯先生一样，因为他和密考伯先生不同，他自始至终做自己。然而，爱玛·包法利绝不是一个普通农夫的女儿。确实，她身上有某种每个男人和女人都会有的东西。我们都热衷怪诞荒唐的遐思，幻想自己是富有的、俊美的、成功的、浪漫传奇故事中的男主角或女主角；然而，大部分人又太理智、太胆怯，或者说，太不喜欢冒险了，不会让白日梦严重左右我们的行为。包法利夫人很罕见，她试图把幻想过成生活。她的美貌也是罕见的。众所周知，小说出版后，作者和印刷商因作品有伤风化遭到起诉。我读过公诉人和辩护律师的陈诉。公诉人当众朗读了很多他宣称是色情的段落：今天看来只会引人发笑，和现代小说家们让我们习以为常的性爱描写相比，这些段落十分克制。不过，人们无法相信，即使是在当时（1875年），它们会令公诉人震惊。辩护律师向法庭陈述道，这些段落必不可少，而且小说的寓意是好的，爱玛·包法利为她的品行不端吃了苦头。法官们接受了这个观点，被告们被宣告无罪。然而，显而易见的是，包法利夫人没有好结果，并不是因为她与人通奸违背了当时的道德标准，而是因为她债台高筑，无力偿还，倘若她具有诺曼底农民出了名的节俭天性，她就没有理由不顺顺当当、毫发无伤地周旋于情人们中间。

　　福楼拜这部伟大的小说刚一出版就受到读者的热烈欢迎，但评论界，要么怀有敌意，要么漠不关心。奇怪的是，他们更重视一部大约在同一时间面世的小说《范妮》，作者是个叫欧内斯特·菲多的人。只不过由于《包法利夫人》给公众留下的印象太深，对后辈小说家的影响太大，才最终迫使他们严肃对待这部作品。

《包法利夫人》是个不幸的故事，但不是悲剧。我想，二者的区别是，在不幸的故事中，事件的发生出于偶然，而在悲剧中，事件是参与人物的性格导致的必然结果。爱玛·包法利的运气不好，她那么漂亮迷人，却嫁给了查尔斯·包法利这个无趣的傻子。她怀孕时想要个儿子来弥补婚姻理想的破灭，却生了个女儿，这是她的运气不好。爱玛的第一个情人鲁道夫·布朗热是个自私残忍的家伙，他让她失望了，这是她的运气不好。她的第二个情人卑鄙、软弱、怯懦，这是她的运气不好。她绝望时，向村子里的神父寻求帮助和指导，结果这个神父是个无情昏庸的笨蛋，这是她的运气不好。当她债务缠身，面临被起诉，忍辱向鲁道夫要钱时，他却给不了她，其实，他愿意帮这个忙，只是正好赶上手头没钱，这是她的运气不好。他从来就没想到过自己有良好的信誉，他的律师会立刻送上他需要的那笔款子，这是她的运气不好。福楼拜的故事必然要以爱玛之死结尾，然而，必须承认，他带来这种结果的方式已经到了读者愿意相信的极限。

尽管爱玛是主角，小说却从包法利的早年生活和他的第一次婚姻写起，并以他的崩溃和死亡结束，有人认为这是本书的一个缺陷。我推测，福楼拜是想把爱玛的故事装进她丈夫的故事里，就像把一幅画装进画框里。我推测，他也许觉得这样故事就讲圆满了，并给予它一部艺术作品的完整性。假如这就是他的意图，要是结尾不这么仓促武断的话，这个意图会更明显。查尔斯·包法利的软弱和容易受人摆布贯穿全书。福楼拜告诉我们，爱玛死后他彻底变了。这未免太笼统了。虽说他是个笨人，毕竟认真负责，为此置病人于不顾，实在有点奇怪。他非常需要他们的钱。他要还爱玛欠下的债，还要养活女儿。对于包法利为何性情大变，福楼拜应该多解释几句。最后，他死了。他是个健壮的男人，正值盛年，至于他的死，我们只能给出一个理由，那就是福楼拜殚精竭虑地写了五十五个月，想赶紧写完了事。既然书中写明，随着时间的推移，包法利对爱玛的记忆渐渐模糊，印象不那么深刻了，那么，我不禁要问，福楼拜为什么不让包法利的母亲为他安排第三次婚姻，第一次就是她安排的，这会给爱玛·包法利增添一分徒劳的意味，十分符合福楼拜强烈的讽刺感。

小说就是对一系列事件的编排，并通过事件展现行动着的人物，同时引起读者的兴趣，而不是复制现实生活。正如小说不能照搬现实生活中的对话，而必须对其加以概括，只给出要点，做到清晰扼要，因此，事实必然要经受变形，以符合作者的计划，并吸引读者的注意力。必须删去不相干的事件，避免重复，可是天知道，生活中充满了重复。现实生活中会被一段时间隔开的大事小情必然经常被拉近。没有一部小说能完全排除不大可能的事，对于那些比较平常的事，读者早就习以为常了。小说家不可能原样复制生活，他只能为你描绘一幅图画，如果他是现实主义者，会尽量画得逼真。你要是相信他，他就成功了。

总的来说，《包法利夫人》给人一种强烈的现实感，我想，这不仅仅是因为福楼拜笔下的人物栩栩如生，还因为他对细节的描述极其精准。爱玛婚姻生活的头四年是在一个叫托斯特的村子里度过的，她对那个地方厌烦透顶，但为了保持整本书的平衡，对于这个时期的描写，作者不得不保持和其余部分同样的步调和详细程度。描述一段令人厌烦的时间而不使读者厌烦很难。可是，我们读起那长长的段落却津津有味。福楼拜讲述了一长串非常琐碎的事，你没有厌烦是因为，你始终在读新鲜的东西。然而，由于每件小事，无论是爱玛所做、所感，还是所见，都是那么普通、那么细碎，你确实能从中真切体会到爱玛的无聊。有一段对永镇的描写比较刻板，包法利一家离开托斯特后在这个小镇定居下来，但仅此一处。其余关于乡村市镇的描写都很美，与叙事交织在一起，增强了趣味。福楼拜通过情节介绍人物，我们在一个连续不断的进程中了解了他们的外貌、生活方式和背景，事实上，这和我们在现实生活中了解一个人是一样的。

4

在前面几页我曾说过,福楼拜意识到,着手写一部关于庸人的小说,可能会把小说写得沉闷乏味。他渴望创作一件艺术品,他觉得只能借助文体美来克服肮脏的主题和粗俗的人物造成的难题。我不知道是否真的存在所谓天生的文体家,福楼拜肯定不是。据说,他生前没有出版的早期作品啰唆、晦涩,且辞藻华丽;而且人们都说,从他的书信中看不出他的母语有多么优雅卓越。我并不这么认为。他的大部分信是在深夜写的,辛苦工作了一整天,未经修改就寄给了收信人。单词会拼错,经常有语法错误,俚语很多,有时还很粗俗,但其中有简短的风景描写,那么真实、那么有韵律,即使放在《包法利夫人》里也不会显得不恰当;有些段落是他在盛怒之下写成的,语言极其尖刻直接,你会觉得没有任何修改和提高的余地。你会在那些干脆简短的句子中听到他的声音。但这并不是福楼拜想要写书的方式。他对口语风格有偏见,并对它的优点视而不见。他以拉布吕耶尔[1]和孟德斯鸠[2]为榜样,力求写出一种条理分明、精确、敏捷,且富于变化的散文,又像诗一样有韵律感、铿锵有力、和谐悦耳,同时保留散文的特性。他认为,说一件事没有两种方式,只有一种,措辞必须符合想法,就像手套戴在手上必须合适。"当我在我的句子里发现半谐音(《牛津词典》给出的半谐音的例子是:man 和 hat,nation 和 traitor,penitent 和 reticent)或重复的时候,"他说,"我就知道又犯了某种错误。"福

---

[1] 拉布吕耶尔,La Bruyere,1645—1696,法国作家、哲学家和道德家,主要作品是《品格论》。

[2] 孟德斯鸠,Charles de Secondat, Baron de Montesquieu,1689—1755,法国启蒙时期思想家、律师,也是西方国家学说和法学理论的奠基人。他与伏尔泰、卢梭合称"法兰西启蒙运动三剑侠"。

楼拜声称必须避免半谐音，哪怕花一个礼拜的时间才能做到。他不允许自己在同一页两次使用同一个词。这似乎不太合理：如果这个词在每个位置上都合适，那就应该用这个词，换个同义词或委婉语，绝不会像这个词这么恰如其分。他留心不让韵律感困扰自己，这对每个作家来说都是天生的，（乔治·莫尔[①]后期的作品就有这个问题。）尽量使节奏多样化。他发挥自己全部的聪明才智，将词和音结合在一起，给人以或迅疾，或倦怠，或疲乏，或激烈的感觉，简而言之，任何他想要表达的状态。

写作时，福楼拜先打个草稿，再对写下的文字进行加工，详细阐述、删削、重写，直到达到想要的效果。这之后，他来到露台上，把写下的文字大声朗读出来，如果听着不顺耳，他就认定是哪里出了毛病。遇到这种情况，他就把稿子拿回去，重新修改，改到满意了为止。泰奥菲尔·戈蒂耶[②]认为，福楼拜力图美化文字，因而过于在意抑扬顿挫、和谐悦耳；在戈蒂耶看来，只有当福楼拜用洪亮的声音朗读时，这个问题才会显现出来。他又说，可是，句子写下来是读给自己听的，不是喊给别人听的。戈蒂耶嘲笑福楼拜对行文的苛求，他说："你知道，那个可怜的家伙懊悔不迭，简直毒害了他的性命。你不知道他懊悔什么，就是他在《包法利夫人》里把两个所有格放在一起了，一个在另一个上面：une couronne de fleurs d'oranger。这让他很痛苦，但无论他怎么尝试，就是避免不了。"英文的所有格用法让我们幸运地避开了这个难题。我们可以说："Where is the bag of the doctor's wife？"换成法语只能说："Where is the bag of the wife of the doctor？"我们必须承认，这么说确实不美。

一个礼拜天，路易·波耶来克鲁瓦塞看他，福楼拜把一周来写下

[①] 乔治·莫尔，George Moore，1852—1933，爱尔兰小说家、诗人、戏剧家和批评家。
[②] 泰奥菲尔·戈蒂耶，Théophile Gautier，1811—1872，法国唯美主义诗人、散文家和小说家。

的文字念给他听，波耶批评了他。福楼拜大发雷霆，与之争辩，但波耶坚持自己的立场，最后，福楼拜接受了朋友的修改意见，删去多余的情节和不相干的隐喻，并改正了不恰当之处。怪不得小说龟速向前推进。他在一封信中这样写道："整个星期一和星期二，我只写了两行字。"这并不是说，他两天只写了两行字，他可能写了十几页；这句话的意思是，他辛辛苦苦只写出两行满意的。福楼拜发现写作的压力令他精疲力竭。阿尔丰斯·都德[①]认为这是他有病，不得不经常服用镇静剂造成的。如果他说得确实有道理，那么，福楼拜把脑子里的一堆想法条理清晰地写在纸上显然要花费一番气力。我们知道他为了写《包法利夫人》里那个著名的农业展览会的场景付出了多少心血。爱玛和鲁道夫坐在当地一家旅馆窗前。省长派一个代表来发表讲话。在写给路易莎·古内的一封信中，福楼拜说了自己打算怎么写。"我必须把五六个人（说话的），和其他几个人（听人说话的），以及事件发生的地点，这个地方的感觉，放在同一个对话中，同时还要描述人和物的外观，以便表现人群中的一男一女（通过共同的情趣爱好）互生好感。"这似乎没多难，事实上，福楼拜也做得极出色，但尽管这个部分只有二十七页，却足足花费了他两个月的时间。巴尔扎克用他自己的方式，一个星期就能写完，而且毫不逊色。伟大的小说家们，比如巴尔扎克、狄更斯、托尔斯泰，有我们常说的灵感。至于福楼拜，你只能在分散各处的某个场景中感觉到他的灵感，此外，他似乎完全依赖纯粹的苦功夫、波耶的忠告和建议，以及他自己敏锐的观察。这并不是贬低《包法利夫人》，我只是奇怪，创作如此伟大的作品，不是像《高老头》和《大卫·科波菲尔》那样让丰富的幻想自由流淌，而是几乎纯粹靠推理。

福楼拜追求完美的文体，正如我所描述的那样，他为此费尽了心

[①] 阿尔丰斯·都德，Alphonse Daudet，1840—1897，法国作家。代表作有：《小东西》《达拉斯贡城的达达兰》《柏林之围》《最后一课》等。

思，那么他最终离这个目标到底有多近呢，我们这样问自己合情合理。一个外国人，即使他精通一门语言，就文体而言，他的判断也是靠不住的：其中的细碎处、音乐性、微妙处、贴切感、节奏感，都是他体会不到的。他必须接受本地人的意见。福楼拜去世后那代法国人高度推崇他的文体，如今赞美声则少了一些。今天的法国作家觉得它缺少自发性。我前面提到过，他对"我笔写我口的新准则"心怀恐惧。当然，人们既不必讲话像写文章，也不必写文章像讲话；但只有根植于当前的口语，书面语言才有生命和活力。福楼拜是个外省人，经常使用方言土语，这冒犯了有语言纯正癖的人。我认为一个外国人，除非给他指出来，否则他意识不到这些问题，同样，他也注意不到福楼拜犯的语法错误，几乎每个写过东西的作家都难免犯错。极少英国人能指出下面这句话有什么语法错误，即使他能轻松愉快地阅读法文："Ni moi! reprit vivement M·Homais, quoiqu'il lui faudra suivre les autres au risque de passer pour un Jesuite."，能说出如何改正的人就更少了。

  法语注重修辞，英文则注重意象（由此表明两个民族间的巨大差异），福楼拜的文体的基础便是修辞。他大量，甚至过量使用三元句式（triad），这种句子由三个部分组成，通常以重要性的递增或递减的顺序排列。这种达到平衡的方式既轻松，又令人满意，演说家们充分利用了它的优点。下面是一个来自伯克的例子："他们的愿望，他应当高度重视；他们的意见，他应当无比尊重；他们的事情，他应当持续关注。"福楼拜始终没有摆脱这种句式，而它的危险在于，频繁使用会感觉很单调。福楼拜在一封信中写道："我被明喻吞噬了，就像浑身爬满了虱子，我把时间全花在碾碎它们上面，我的词句中充斥着明喻。"评论家们发现，信中他的明喻是自发的，《包法利夫人》中的明喻则太刻意，过于工整平衡，因而不自然。这里有一个很好的例子：查尔斯·包法利的母亲来看望爱玛和她丈夫："Elle observait le bonheur de son fils, avec un silence triste, comme quelqu'un de ruine qui regarde, a travers les carreaux, des gens attables dans son ancienne maison."① 这句写得极好,只是其中的明喻太惹眼,把你的注意力从本该阐明的情绪上转移开了。

据我发现,当代最优秀的法国作家刻意回避修辞。他们力图把要说的话说得简单自然。他们避开有效的三元句式。他们避免明喻,仿佛它们真是福楼拜比作的害人虫似的。我认为,这就是为什么他们不青睐福楼拜的文体,至少是《包法利夫人》的文体,因为他写《布法与白居谢》时就放弃了一切形式的装饰和点缀。这就是为什么他们更喜欢他的书信风格,轻松、流畅、活泼、自然,而不是他更伟大的小说的矫揉造作。当然,这只关乎风格,我们没理由据此判断福楼拜文体的优劣。风格可以如斯威夫特②般质朴,如杰里米·泰勒③般华丽,如伯克般浮夸:每一种风格都是好的,更喜欢这个,还是那个,取决于你的个人喜好。

5

《包法利夫人》出版后,福楼拜又写了《萨朗波》,这本书被普遍认为是失败之作。之后,他又写了一版《情感教育》,再次描述了他对伊莉莎·施莱辛格的爱。很多法国学者将其视为他的代表作。这本书混乱难读,主人公雷德里克·莫罗,一部分是对福楼拜的描写,他

---

① 她心里有苦说不出,只好冷眼旁观儿子的幸福,仿佛一个破了产的人,隔着玻璃窗,看别人在自己的老家大吃大喝一般。
② 斯威夫特,Jonathan Swift,1667—1745,18世纪英国著名文学家、讽刺作家、政治家,其代表作品是寓言小说《格列佛游记》。
③ 杰里米·泰勒,Jeremy Taylor,1613—1667,英国圣公会教士,英国最伟大的散文作家之一。

眼中的自己；一部分是对马克西姆·杜坎的描写，他眼中的他；但二人迥然不同，合二为一并不可信，总之，这个人物牵强寡味。不过，开头写得很妙，接近尾声时，有一个阿尔努太太（伊莉莎·施莱辛格）和雷德里克（福楼拜）分别的场景，写出了罕见的美感。接下来，他第三次写《圣安东尼的诱惑》。尽管福楼拜说他有的是想法，足够他写到生命尽头，但这些想法始终是模糊的计划。奇怪的是，除了《包法利夫人》这个故事是现成的，他仅有的几部小说都是根据早年的想法写成的。他过早地衰老了，三十岁就秃顶了，大腹便便。如马克西姆·杜坎所言，很可能他的神经爆发症，以及他所服用的对抗这些症状却令人情绪低落的镇静剂，损害了他的想象力和创造力。

时光流逝，他的侄女卡罗琳嫁人了，只剩下福楼拜和他的母亲。他母亲后来也去世了。有那么几年，他住在巴黎的一间公寓里，几乎跟住在克鲁瓦塞时一样孤单。他的朋友很少，每个月，他只跟几个作家在马尼餐厅见上一两面。他是个外省人，埃德蒙·德·龚古尔说，他在巴黎住的时间越久，身上那股外省人的气息就越浓。在饭馆就餐时，他坚持要包间，因为他受不了噪音，受不了有人靠近他，而且如果不脱掉外套和靴子，吃起饭来就不自在。1870 年，法国战败后，卡罗琳的丈夫陷入经济困境，最后，为了让他免于破产，福楼拜把自己的全部财产移交给了他，除了老宅，几乎没给自己剩什么。由此带来的忧虑导致他多年后旧病复发。他出去吃饭时，居伊·德·莫泊桑会去接他，并把他平安送到家。龚古尔形容这个时期的他急躁、易怒、爱挖苦人，有点事就生气，甚至无缘无故发脾气。不过，他在日记中又补充了一条："只要你让他做主角，让自己感冒，因为他一直开着窗，那么，他是一个令人愉快的伙伴。他有一种沉重的快乐，孩子般的笑声很有感染力，日常交往中，他有一种真心实意的柔情，不无迷人之处。"龚古尔对他的评价是恰当公允的。杜坎这样谈论他："这个急躁霸道的巨人，与人稍有摩擦便勃然大怒，但与此同时，他却是一个母亲们梦寐以求的最恭敬、最温和、最体贴的儿子。"只要读一下他给侄女写的那些迷人的信，就知道他有多温柔了。

福楼拜最后的年月是孤独的，大部分时间在克鲁瓦塞度过。他抽太多烟，吃太多，喝太多，不运动。他手头拮据，最后，朋友们给他找了份闲差，一年有三千法郎入账，尽管这令他羞辱，他还是答应了。他没有活得久到从中获利。

他发表的最后一个作品由三个短篇小说组成，其中一篇是《一颗淳朴的心》，这是不可多得的佳作。他忙着写一个名叫《布法与白居谢》的小说，决心再嘲笑一下人类的愚蠢。他本着一贯周密的精神，读了一千五百本书，以获取自认为必要的素材。他计划写两卷，第一卷差不多写完了。1880年5月8日上午11点，女仆把午餐端进他的书房，发现他躺在长沙发上，嘴里咕哝着听不懂的话。她赶忙去找医生，把医生领回家，医生已经无能为力了。不到一个小时后，居斯塔夫·福楼拜便死去了。

他这一生只真挚、忠诚、无私地爱过一个女人，那就是伊莉莎·施莱辛格。一天晚上，他在马尼餐馆用餐，泰奥菲尔·戈蒂耶、泰纳和埃德蒙·德·龚古尔也在场，福楼拜讲了一番奇怪的话：他说，他从未真正占有过一个女人，他还是处男，他交往过的所有女人都不过是另一个女人，他的梦中情人的"床垫"。莫里斯·施莱辛格的投机生意以惨败告终，带着妻儿住到巴登。1871年，他去世了。福楼拜在爱了伊莉莎三十五年后给她写了第一封情书。这封信并没有像通常那样以"亲爱的夫人"开头，而是"我的旧爱，我唯一爱过的人"。她来到克鲁瓦塞。自从上次见面，两个人的变化都很大。福楼拜又胖又壮，红红的脸上满是斑点，留着大胡子，黑帽子盖住秃顶。伊莉莎瘦了，皮肤失去了娇嫩的光洁，头发也白了。《情感教育》中，阿尔努太太和雷德里克最后相见的可爱描写，很可能就是忠实再现了福楼拜与伊莉莎的久别重逢。此后，他们又见过一两次，后来，据说，就再也没见过面了。

　　福楼拜去世一年后，马克西姆·杜坎在巴登过夏天。一天，他出去打猎，发现自己来到伊丽瑙（Illenau）疯人院附近。大门敞开着，女病人们在看护的陪同下每日例行散步。她们两两走出，其中一人向他鞠躬，原来是伊莉莎·施莱辛格，福楼拜爱了那么久、又爱得那么徒劳的女人。

赫尔曼·麦尔维尔和《白鲸》

1

到目前为止,我所谈论的小说,虽各不相同,终归是从遥远的过去一脉相承下来的。我从《不列颠百科全书》中获知:"小说本为讽刺、教导、政治或宗教劝诫、技术信息之载体;但这些只是枝节问题。小说简单且直接的目的是,通过一系列源于自然的场景和一连串情感故事愉悦读者。"这段话简要地定义了小说。我进一步得知,小说时兴起来是在亚历山大大帝统治时期,当时的生活足够舒适,人们从现实或幻想的故事,从奇特经历和虚构人物的激情中找乐子,但流传至今的第一部严格意义上的小说是一个叫朗格斯的希腊人写的,书名叫《达佛涅斯和克洛伊》。从此,历经无数代,许多浮沉,衍生出我一直在简略考虑的小说,借用《百科全书》的话,小说的直接目的是通过一系列源于自然的场景和一连串情感故事来愉悦读者。

不过,我要谈论的这几部小说,对读者的影响大不相同,它们的写作意图似乎太新异,必须被单独归类。这些小说是《白鲸》《呼啸山庄》和《卡拉马佐夫兄弟》,还有詹姆斯·乔伊斯和卡夫卡的小说。小说家的突变当然与主教、酒保、警察和政客之流不同,他属于反复突变。但生物学家告诉我们，大部分突变有害，很多甚至致命。既然一个作家写哪类书取决于他是哪类人，而这部分取决于不同父母的基因染色体的组合，部分取决于环境，那么，小说家往往不育确实值得注意。历史上只有两个小说家，托尔斯泰和狄更斯生育能力强。突变显然是致命的。不过，或许这也无妨，因为，牡蛎生牡蛎，小说家通常生的是傻瓜。我现在关注的这位特定的突变人士，据我所知，没留下什么文学后人。

首先我要讲一下那本奇异且强大的书《白鲸》的作者。我读过雷蒙德·韦弗的《赫尔曼·麦尔维尔，水手和神秘主义者》、刘易斯·芒福德的《赫尔曼·麦尔维尔》、查尔斯·罗伯茨·安德森的《麦尔维尔在南海》、威廉·埃勒里·塞奇威克的《赫尔曼·麦尔维尔：思想的悲剧》以及牛顿·阿尔文的《麦尔维尔》。这些书，我读得津津有味，并从大部分书中获益，了解了很多事实，用于我并不高的目标，但我无法说服自己，较之从前，我对麦尔维尔，对这个男人，有了更深的了解。

据雷蒙德·韦弗说，一位"考虑欠周的评论家于1919年麦尔维尔诞辰一百周年纪念日时"写道："由于某种古怪的、从未明确解释过的心理体验，他的写作风格、他的人生观，经历了一次彻底的改变。"我不知道他为什么认为这位未具名的评论家考虑欠周。此人恰恰说中了对麦尔维尔感兴趣的人一直困惑不解的问题。由于这个缘故，人们仔细阅读关于他生平的已知的每一个细节，阅读他的信件和书籍，其中有些书必须意志坚定才能读完，从而发现某些有助于解释疑点的线索。

但首先让我们看看传记作家们提供的事实。从表面上看，但仅从表面上看，这些事实简单得很。

赫尔曼·麦尔维尔生于1819年。他的父亲艾伦·麦尔维尔和母亲玛丽亚·甘斯沃尔特均出身名门。艾伦很有教养，足迹遍及各地。

玛丽亚是一个优雅、教养好、虔诚的女人。婚后头五年，他们住在奥尔巴尼，后来迁居纽约。艾伦是一个法国纺织品进口商，生意一度很兴隆，赫尔曼就出生在这里。他在八个孩子中排行老三。可是，1830年，艾伦·麦尔维尔倒了大霉，搬回了奥尔巴尼。两年后，他死的时候，破产了，而且精神错乱。他分文没给家人留下。赫尔曼进了奥尔巴尼男子人文学院，十五岁离开学校后受雇于纽约州立银行，做一名职员。1835年，他去他哥哥甘斯沃尔特的皮货店上班。第二年，他到他叔叔在皮茨菲尔德的农场干活。他还在赛科斯区的公立小学教过一个学期的书。十七岁那年，他当了水手。许多文章解释了其中的缘由，但我不明白，除了他自己给出的缘由，还有什么必要进一步寻找原因。他说："我为未来生活勾勒的几个计划全都落空，有必要做点什么的想法，加上喜欢流浪的天性，协力促成我出海做了水手。"他干过不少行当，皆一事无成，以我们对他母亲的了解，可以猜想到，她会毫不迟疑地表达不满。他出海了，像此前和之后的许许多多小伙子一样，因为他在家里不快乐。麦尔维尔是个很奇怪的人，但我们没有必要在一个完全正常的举动中寻找奇怪之处。

他来到纽约，浑身湿透，裤子上打着补丁，穿了件猎装，口袋里一个子儿都没有，只带了一杆鸟枪，这是他哥哥甘斯沃尔特给他换钱用的。他步行穿过市区，来到哥哥的一个朋友家，在那里住了一宿。第二天，他跟这位朋友去了码头区。找了一通后，他们遇到一艘即将开往利物浦的船，麦尔维尔签约受雇为"见习水手"，月薪三美元。十二年后，他在《雷德伯恩》中讲述了这次往返航行，以及他在利物浦逗留期间的生活。他认为这是一部粗劣之作，我倒觉得生动有趣，是用简单、直率、流畅、真挚的英文写成的，是他可读性最强的作品之一。

此后那三年，他是如何度过的，我们所知甚少。根据公认的记述，他在几个地方教过书，其中有纽约州的格林布什，每个学期六块钱工资,外加伙食补贴;他还给当地报纸写了大量文章。其中有一两篇已被发现,趣味索然,但从中可以看出,他漫无目的地读了很多书,而且文中有一种他至死没有摆脱的癖好,那就是毫无来由地提到神话里的神、历史人物、传奇人物,以及各类作家。雷蒙德·韦弗说得巧妙:"他叫来伯顿、莎士比亚、拜伦、弥尔顿、柯勒律治和切斯特菲尔德,还有普罗米修斯和灰姑娘、穆罕默德和克利欧佩特拉、圣母玛利亚和伊斯兰教的天国美女、美第奇和穆斯林,将他们漫不经心地点缀于整本书中。"

然而,他富有冒险精神,大概最后实在无法忍受似乎是环境强加给他的平淡生活。虽然他并不喜欢过普通水手的生活,还是决定再次出海。1841年,他乘"阿库斯奈特号"捕鲸船从新贝德福德出发,驶往太平洋。水手舱里的男人个个粗鲁、野蛮、没文化,只有一个例外,一个十七岁的小伙子,名叫理查德·托比亚斯·格林。麦尔维尔是这样描写他的:"托比天生一副讨喜的模样,身穿蓝色羊毛紧身衣和帆布裤,他是有史以来踏上甲板的最帅气的水手。他异常矮小,身材单薄,四肢灵活极了。在热带阳光的照耀下,他原本就黑的肤色更深了,乌黑发亮的头发丛聚于两鬓,在他黑色的眼中投下更深的黑影。"

航行十五个月后,"阿库斯奈特号"在马克萨斯群岛的努库希瓦岛靠岸。两个小伙子厌恶捕鲸船上的艰苦生活和船长的粗暴,决定弃船逃走。他们偷偷在水手服里塞满了烟草、压缩饼干和印花棉布(给土著人的),朝小岛腹地匆匆逃去。几天后,历经种种磨难,他们来到泰比人居住的山谷,并受到了热情接待。在路上时,麦尔维尔的腿受了重伤,只能忍痛走路,不久,托比被送走了,借口寻求医疗救助,实际筹划逃走。泰比人号称食人族,从审慎的角度看,指望泰比人友善太久是不明智的。托比一去不返,过了很久才知道,他刚到港口就被绑架到一艘捕鲸船上去了。据麦尔维尔自己说,他在那个山谷住了四个月,他们待他很好,他还和一个叫法亚薇的姑娘交上了朋友,他们一起游泳、划船，除了担心被吃掉，他还是挺开心的。后来，一艘停靠在努库希瓦岛的捕鲸船的船长碰巧听说有个水手在泰比人手里。他手下有很多船员逃走了，于是他派出一船土著人去解救麦尔维尔。还是据麦尔维尔自己说，他劝土著人允许去海边，一场小冲突中，他用钩头篙杀死了一个人，成功逃走。

他现在登上的这艘"朱莉娅号"的生活比"阿库斯奈特号"更糟。航行了几个星期，寻找鲸鱼无果，船长把船开到了塔希提岛。船员们暴动，在帕皮提受审后，很快便被移交给当地监狱。"朱莉娅号"招募了一批新船员就扬帆启航了。不久，这些囚犯也被释放了。老船员里有一位落魄的医生，麦尔维尔叫他长鬼医生。他们俩结伴划船来到附近的莫雷阿岛，受雇于两个种植园主，帮他们挖土豆。当初在马萨诸塞州给他叔叔干活时，麦尔维尔就不喜欢种地，现在顶着波利尼西亚的大日头就更不喜欢了。他和长鬼医生一起四处游荡，靠土著人为生。最后，他撇下医生，说服一艘被他称作"利维坦"的捕鲸船的船长雇用了他。他随船来到檀香山。他在那儿做过什么不得而知，估计谋到了一份职员的差事。后来，他在一艘美国的护卫舰"合众国号"上做了二等水手，一年后，船到家，他就被解雇了。

我们来到了1844年。麦尔维尔二十五岁。没有他年轻时的照片，但从他中年时拍的照片可以想象得出，他二十几岁时是个身材高大匀称、健壮活泼的小伙子，眼睛很小，鼻管挺直，一头漂亮的波浪发。

回到家，他发现妈妈和姐姐定居在奥尔巴尼郊区的兰辛伯格。他的哥哥甘斯沃尔特关掉皮货店，成了一名律师和政客；他的二哥艾伦也是律师，定居纽约；小弟弟汤姆才十几岁，很快也会像赫尔曼一样出海。赫尔曼发现自己成了众人关注的焦点，因为他"曾生活在食人族中间"。他给热切的听众讲了自己的冒险故事，他们敦促他写成书，于是他立刻写了起来。

他尝试过写作，虽然没成功，但他得赚钱，就像很多此前和之后误入歧途的作家一样，他觉得写作很容易。描述他在努库希瓦岛逗留生活的《泰比》写成后，已去伦敦担任美国公使秘书的甘斯沃尔特·麦尔维尔把书稿交给约翰·莫里。莫里收下书，不久后，威利与普特南出版公司就在美国出版了这本书。此书大受欢迎，麦尔维尔备受鼓舞，继续书写他在南太平洋的历险记，书名叫《奥穆》。

《奥穆》于1847年面世。当年，他与伊丽莎白结为伉俪。伊丽莎白是首席法官肖的独生女。他们两家是世交。这对小夫妻迁居纽约，住在第四大道103号艾伦·麦尔维尔的房子里，与他们同住的还有赫尔曼和艾伦的妹妹们：奥古斯塔、范妮和海伦。这三位姑娘为什么要离开母亲、离开兰辛伯格，我们不得而知。赫尔曼开始专心写作。1849年，婚后两年，他的长子马尔科姆出生几个月后，他再次横渡大西洋，这次他是以游客的身份去见出版商，并安排《白外套》的出版事宜，这本书描述了他在"合众国号"护卫舰上的经历。他从伦敦，去了巴黎、布鲁塞尔、沿莱茵河溯流而上。他的妻子在其枯燥无味的回忆录中这样写道："1849年夏天，我们留在纽约。他写了《雷德伯恩》和《白外套》。同年秋天，我们去了英国，出版了上述两本书。从中未获得多少满足感，仅因为思乡，匆匆回家，放弃了显赫人物诱人的邀请——其中一个邀请来自拉特兰公爵，他曾邀请我们去贝尔沃城堡小住一周——看他的日记。我们去了皮茨菲尔德，1850年上船。秋天搬到了箭头——1850年10月。"

箭头是麦尔维尔给皮茨菲尔德的一个农场取的名字，首席法官垫款为他买下的，他同妻儿、妹妹们在此住了下来。麦尔维尔太太在她的日记中以就事论事的口吻写道："他在不利的环境中写下了《白鲸》，或者《莫比·迪克》——他一整天坐在书桌前，一直坐到四五点钟，什么也不写。天黑后，他骑马去村子里。他起得很早，早饭前出去散步，有时劈劈柴，权当锻炼身体。1853年春，我们都为他的健康状况担忧。"

麦尔维尔在箭头安顿下来后，发现霍桑就住在附近。他像个女学生一样迷恋这位年长的作家，这种迷恋令拘谨、自我、含蓄的霍桑有点不知所措。他写给霍桑的信热情洋溢："我感觉，由于认识了您，我会怀着更大的满足感离开这个世界。"他在一封信中这样说："认识您胜过不朽的《圣经》对我的教诲。"晚上，他会骑马去位于雷诺克斯的红房子谈论——似乎有点令霍桑厌倦——"上帝、来世，以及其他一切超越人类知识范畴的东西。"两位作家交谈时，霍桑夫人在一旁的台子上做针线。在写给母亲的一封信中，她这样描述麦尔维尔："我不认为他是一个非常了不起的人，这一点我不太确定……这个男人有一颗真诚、温暖的心，有灵魂、有智慧——他对生活了如指掌；诚挚、坦率、恭敬；十分温柔谦逊……他有极其敏锐的感知力；然而，令我惊讶的是，他的眼睛既不大，也不深邃。他似乎把一切都看得很精准；仅凭这么小的眼睛，他怎么能做到这一点，我可说不好。他的目光也不犀利，怎么看都很平凡。他的鼻子笔挺，相当英俊，嘴巴善于表达感受和激情。他高大、挺拔，浑身散发出一股自由、勇敢的阳刚之气。交谈时，他充满力量，手势丰富，完全沉醉在话题中。说不上优雅，也谈不上风度。偶尔，他的生气勃勃会被一种异常安静的表情替代，从我不喜欢的那双眼中流露出来：一种内向、暗淡的神色，但与此同时，你又觉得他在那一刻把眼前的一切尽收眼底。那是奇异的、懒洋洋的一瞥，却蕴含着异乎寻常的力量。它似乎并没有穿透你，而是把你吸进去了。"

霍桑夫妇离开了雷诺克斯，他们的友谊终止了，麦尔维尔这边热心、深沉，霍桑那边稳重，或许还有点尴尬。麦尔维尔把《白鲸》这本书献给了霍桑。霍桑读完此书后写的信没留下来，但从麦尔维尔的回信来看，他似乎猜到霍桑不喜欢。公众不喜欢，评论家们也不喜欢。接下来那本《皮埃尔》的境遇更惨，遭到了轻蔑的辱骂。他靠写作几乎挣不到什么钱。他不仅要养活妻子、两个儿子和两个女儿，大概还要养活他的三个妹妹。从他的信件判断，麦尔维尔觉得耕种土地不合他的口味，就像在皮茨菲尔德为他叔叔割草，在莫雷阿岛挖土豆一样。事实上，他从来就不喜欢体力劳动："看我这双手——手上长了四个水疱，全是这几天用锄头和锤子磨的。今天上午下雨，我待在家里，一切工作暂停，我很高兴……"双手如此娇嫩的农夫不可能有好收成。

他的岳父，那个首席法官，似乎定期接济他一家。他的岳父除了非常善良，还是一个理智的人，可能是他建议麦尔维尔另寻生路，托各种关系，想给他谋个领事的职位，但没有成功；麦尔维尔只好继续写作。他生病的时候，首席法官再次解囊相助；1856 年，他再次出国，这次去了君士坦丁堡、巴勒斯坦、希腊和意大利，回国后，他靠教书挣了点钱。1860 年，他做了人生最后一次旅行。他的小弟弟汤姆指挥一艘名为"流星号"的快速帆船，经营对华贸易。麦尔维尔搭乘这艘船，绕过合恩角，前往旧金山。人们以为他仍有足够的冒险精神，抓住这个机会去远东，但由于某种未知的原因，不是他厌烦弟弟，就是弟弟无法忍受他。总之，他在旧金山弃船回家了。随后数年，麦尔维尔一家的生活极其贫困，但 1861 年，首席法官故去后给女儿留了一笔丰厚的遗产，他们决定离开箭头，并从赫尔曼富裕的哥哥艾伦手中买下纽约的一幢房子，将箭头作为部分购房款转让给了艾伦。麦尔维尔在东二十六街 104 号这幢房子里度过了余生。

根据雷蒙德·韦弗的说法，这一时期，如果赚到一百美元版税，对他来说就是好年景。1866 年，他得到了海关检查员的工作，每天可收入四美元。第二年，他的长子马尔科姆在自己的房间中弹身亡，不清楚是自杀，还是意外；次子斯坦威克斯离家出走，此后杳无音讯。麦尔维尔在海关身居微职，一干就是二十年。后来他妻子从兄长塞缪尔那儿继承了一笔钱，他就辞职了。1878 年，甘斯沃尔特舅舅出钱，他出了一本两万行的长诗：《克拉瑞尔》。去世前不久，他写了，或者说重写了一部叫《比利·巴德》的中篇小说。他于 1891 年逝世，随后便被遗忘了，终年 72 岁。

2

这就是传记作者们简要记述的麦尔维尔的生平,但显然他们还有很多东西没说。他们略去了马尔科姆的死和斯坦威克斯的出走,好像这两件事微不足道似的。长子不幸身故一定会令父母悲伤,次子的失踪一定会令他们心绪不宁。马尔科姆十八岁时开枪自戕,麦尔维尔太太肯定和她的兄弟们有信件往来。我们只能假设,他们禁止发表这些信。确实,到了1867年,麦尔维尔的名气不如从前了,但这件事一定会提醒报界麦尔维尔的存在,报纸上应该会提及此事。这可是新闻,美国报纸在追根究底方面从不迟疑。难道没有调查他死时的情形吗?如果他是自杀,到底是什么原因造成的?斯坦威克斯为什么离家出走?他在家中的处境如何,怎么会闹到这步田地?又怎么会从此音信全无?就我们所知,麦尔维尔太太是个善良深情的母亲。奇怪的是,还是据我们所知,她似乎没有采取任何措施与儿子取得联系。只有她和两个女儿出席了麦尔维尔的葬礼,据说,他的直系亲属里只有她们还活着,那么,通过这个事实,我们只能推断,斯坦威克斯已经去世。资料表明,麦尔维尔晚年喜欢他的孙辈,但对子女的感情令人捉摸不透。刘易斯·芒福德的麦尔维尔传记合乎情理,显然比较可信,他把麦尔维尔和子女们的关系描述得非常可怕:他似乎是个严厉苛刻,且没有什么耐心的父亲,"他的一个女儿只要回想起父亲的样子,就会感觉到某种痛苦的反感……家里的面包都不够吃了,他却花十块钱买一件艺术品、一张版画,或一尊雕像,他们有黑色的记忆又有什么好奇怪的呢?"反感这个词很重,"急躁"或"恼怒"更适合表达女儿们对父亲这种不顾及他人的做法的感受。肯定还有别的原因导致他们心怀不满。麦尔维尔的幽默似乎不合他们的口味。如果你体会得到其中的言外之意，肯定会怀疑，有时他喝醉了回家，情况会更糟。我得赶快补充一句，这纯粹是我的猜测。斯托尔教授在《思想史学报》上发表的一篇文章中提出麦尔维尔是一个"坚定的禁酒主义者"。我不信。他是个喜欢交际的人，很可能做普通水手时和其他人一起喝酒。我们知道，他在作为乘客第一次去欧洲旅行时，曾和一位叫阿德勒的青年学者边喝威士忌潘趣（whiskey punch）边聊形而上学到深夜，后来在箭头，朋友们从城里来看他，在去附近的名胜古迹的路上"听到很多关于香槟酒、金酒和雪茄的故事"。麦尔维尔的部分职责是检查进港船只，除非从那时到现在，美国船长变化很大，我们可以相当肯定地说，他到船上没多久就会被带到下面去喝一杯。人生失意，在酒精中寻求慰藉也是再自然不过的事。我要补充一句，和他的很多海关同事不同，他尽职尽责、公正廉洁。

麦尔维尔是个很独特的人，几乎没有任何确凿证据让你了解他的性格，但从他最早的两本书可以清晰地获知他年轻时的样子。在我看来，《奥穆》的可读性胜过《泰比》。这本书坦率地讲述了他在莫雷阿岛上的经历，总的来说可以当真。《泰比》则像是一个事实与幻想的大杂烩。据查尔斯·罗伯茨·安德森说，麦尔维尔在努库希瓦岛上只待了一个月，而不是他谎称的四个月，他在前往泰比人的山谷途中的冒险经历没他自己说的那么惊心动魄，逃脱他们所谓吃人肉的嗜好的危险也没那么大；而且，他讲述的逃跑故事可能性极小，"整个脱险的场景过于浪漫，令人难以置信，显然是仓促写就的，只想把自己塑造成一个英雄人物，没有顾及逻辑和戏剧技巧"。麦尔维尔不该因此受到责难。我们知道，他反复向热心听众讲述自己的冒险经历，所有人都知道，每次讲这个故事，抗拒把故事讲得再好一点、再刺激一点的诱惑有多难。以往无数次讲述中，他随心所欲地添枝加叶，到了要写下来时，不言过其实地讲述并不那么扣人心弦的事实倒叫他为难了。事实上，《泰比》就像是麦尔维尔把当时的旅行书中看到的东西汇编在一起,再加上高度粉饰过的亲身经历。勤奋的安德逊先生指出:有时,麦尔维尔不仅重复旅行书中的错误,还在不同的地方使用了作者们的原话。我想,读者觉得这本书有些沉闷的原因也许正在于此。不过,《泰比》和《奥穆》都是以当时的习语写成的好作品。麦尔维尔已经倾向于使用文学词语,而不是普通的词汇。譬如,他喜欢把建筑称作"大厦";一间茅屋不是靠近另一间,甚至不是在附近,而是"比邻";他不像多数人那样说"累了",而更愿说"疲乏";他宁愿说"表明"情感,而不是"流露"情感。

然而,这两本书的作者的形象清晰地浮现在眼前,你无须冥思苦想就能知道,他是一个坚强、勇敢、果断的年轻人;热情洋溢、爱开玩笑;害怕工作,但并不懒惰;欢乐、亲切、友好、无忧无虑。他和同龄的小伙子们一样,为漂亮的波利尼西亚姑娘着迷。姑娘们愿意委身于他,他不接受才怪呢。如果说他身上有什么不同寻常之处,那就是他对美由衷地喜爱,年轻人往往不在乎这个。他对大海、天空和青山的描写中蕴含着强烈的欣赏之情。也许他胜过其他二十三名水手的唯一表现是,他有"爱思考的天性",而且他很清楚这一点。"我喜欢沉思,"很久以后,他写道:"海上,夜里,我经常爬到高处,坐在一根帆桁上,裹紧外套,坐在那儿,遐想万千。"

这个貌似正常的年轻人怎么就变成写《皮埃尔》那个极端的悲观主义者了呢,对此该如何解释?又是什么将《泰比》这个平凡的作者变成了富有阴郁的想象力、力量、灵感和语言说服力的《白鲸》的作者?有些人认为这是精神错乱导致的。他的崇拜者们极力否认这一观点,仿佛这是可耻的事。当然,精神错乱并不比患黄疸病更可耻。我不必非要在本文中谈论《皮埃尔》。这是一本荒谬的书,书中有些意味深长的话:麦尔维尔是在痛苦和怨恨中写作的,激情不时促使他写下有力雄辩的章节;但情节不合情理,主题令人难以信服,对话呆板夸张。《皮埃尔》给人感觉是作者在神经极度衰弱时写成的,但这不是精神错乱。即使麦尔维尔有什么发疯的证据，据我所知，也没有人出示过。也有人暗示，麦尔维尔从兰辛伯格搬到纽约后，由于精读了一些书，深受影响，所以变了一个人，说麦尔维尔为托马斯·布朗①爵士发狂，就像说堂吉诃德为骑士传奇发狂一样，太天真，不足信。由于某些未知的原因，一个平庸的作家变成了一个酷似天才的作家。在这个讲究性意识的时代，人们很自然去寻找某种性因素来解释这种奇特的现象。

《泰比》和《奥穆》是麦尔维尔娶伊丽莎白·肖之前写的。他们俩结合的第一年，他写了《玛迪》。书一开头继续坦率地讲述他的海上历险，而后则沉溺于漫无边际的幻想之中。这本书絮絮不休，在我看来，沉闷乏味。至于它的主题，雷蒙德·韦弗比我总结得好："《玛迪》追求的是完完整整地拥有那种圣洁神秘的喜悦。麦尔维尔求爱期间，这种喜悦触动了他。这是一种他在深爱母亲的苦痛中感受过的喜悦；一种他爱上伊丽莎白·肖时令他眼花缭乱的喜悦……《玛迪》是探求一种失去的魅力……寻找伊拉，一个来自欢乐之岛奥洛丽亚的少女。为了找到她，必须穿越文明世界，他们（书中的人物）虽然找到机会大谈国际政治和很多其他话题，伊拉却没有找到。"

如果有人想耽于猜度，可以把这个奇怪的故事看作他对婚姻状况失望的最初迹象。要猜想伊丽莎白·肖，也就是麦尔维尔太太是怎样一个人，只能靠留下来的为数不多的她的几封信：她不擅长写信，或许她把更多东西藏在心里，没有表露出来。不过，信中至少表明，她爱自己的丈夫，她是个明智、和善、务实的女人，尽管有点狭隘、传统。她忍受贫困，毫无怨言。无疑，她对丈夫的发展感到困惑，对他一心丢弃《泰比》和《奥穆》带来的声誉和名望感到惋惜，但她依然相信他，并始终仰慕他。她并不是一个智慧型的女人，但她是一个忍让、深情的贤妻。

---

① 托马斯·布朗，Thomas Browne，1605—1682，英国作家、哲学家和联想主义心理学家。他的讲稿《人的心灵哲学演讲集》，在他死后不久即发行于世。

麦尔维尔爱她吗？他求爱期间可能写过的信一封也没留下来，说他当时被"一种圣洁神秘的喜悦"触动了，无非是一种多情的臆断。他娶了她，但男人不仅为了爱才婚娶。可能是他过够了漂泊的生活，想安定下来。这个怪人的一大怪处是，尽管他自称"天性喜欢流浪"，但少年时首次去利物浦，又在南海生活了三年，他对冒险的渴望已经得到了满足。后来的航行不过是旅游观光。麦尔维尔结婚可能是因为亲朋好友都认为男大当婚，他结婚也有可能是为了对抗令自己沮丧的爱好。谁知道呢？刘易斯·芒福德说："他和伊丽莎白在一起时，从没特别快乐过，离开她时也一样。"他还说，麦尔维尔对她不只有温情，"长期分居时，激情在他体内积聚"，接下来很快就厌腻了。他不会是第一个发现这个现象的男人：与妻子分开时比她在身边时更爱她，期待性交比实现性交更令人兴奋。我想，麦尔维尔很可能忍受不了婚姻的束缚，妻子给予他的远没有他期望的多，但他仍长期维持这种夫妻关系，还让她给他生了四个孩子。而且，就人们所知，他对她忠贞不渝。

凡是认真读过麦尔维尔的人无不发现他喜欢男性美。从巴勒斯坦和意大利回来后，麦尔维尔在一次关于雕塑的讲座中专门选出《望楼上的阿波罗》这个古希腊罗马雕塑加以品评。我已经描述过托比给麦尔维尔留下的印象，托比就是那个和他一起逃离"阿库斯奈特号"的男孩。在《泰比》一书中，他详细描写了与之交往过的年轻男子完美的身体。他们的形象比跟他调过情的女孩生动得多。但在此之前，他十七岁时曾乘船去利物浦。在那儿，他跟一个叫哈里·伯尔顿的男孩交上了朋友。在《雷德伯恩》中，他是这样描写他的："他是那种身材小巧，但体形匀称的人，拳曲的头发，丝滑的肌肤，仿佛从蚕茧里生出来似的。他浅黑的肤色泛着红晕，女孩一般娇柔；他的脚小小的，手很白；他的眼睛又大又黑，像女人；诗歌暂且不谈，他的嗓音犹如竖琴声。"有人对两个男孩匆匆去伦敦旅行持怀疑态度，甚至怀疑哈里·伯尔顿这个人是否真的存在。不过，如果麦尔维尔把他创造出来是为了给小说增添一个有趣的插曲，那么，像他这么阳刚的男人创造出一个显然是同性恋者的人物也挺奇怪的。

在"合众国号"护卫舰上，麦尔维尔的密友是个叫杰克·蔡斯的英国水手。"他高大、健壮，眼睛清澈真诚，眉目清秀，一把深棕色的大胡子。"此人身上散发着惊人的理智和友好的气息。他在《白外套》中写道："不爱他的人可以断然自己是个骗子。"接着，他又说："无论此时你在哪里乘风破浪，亲爱的杰克，请带上我最深厚的爱，上帝保佑你，无论你去哪里。"话语中流露出麦尔维尔罕见的柔情。这位水手给麦尔维尔留下了极深的印象，五十年后，他把他的中篇小说《比利·巴德》献给了他，这本书是在麦尔维尔逝世前三个月才写完的，极力表现了主人公的惊人之美。正是这一点让全船的人都爱他，也正是这一点间接导致了他悲惨的结局。

似乎很明显，麦尔维尔是个受压抑的同性恋者，如果可以相信读到的内容，那么，他这类人，在当时的美国比今天普遍。一个作家的性取向与读者毫不相干，除非影响到作品，就像安德烈·纪德和马塞尔·普鲁斯特那样；如果真的影响到作品，事实就摆在面前，很多晦涩不明，甚至不可思议的东西便会清晰起来。我在此喋喋不休地论述麦尔维尔的癖好是因为，这也许可以解释他为什么对婚姻生活不满。可能是性挫折导致他的内心起了变化，让所有对他感兴趣的人困惑不解。极有可能是他的道德感占了上风，但谁知道有什么本能，也许是没有意识到的本能，即使意识到了，也会被拼命遏制，除非在想象中沉溺。我是说，谁说得清男人身上存在怎样的本能，从未屈服过的本能，对他的性情产生了不可抗拒的影响？

3

麦尔维尔读书虽没有什么条理，但阅读面一直很广。他似乎主要对17世纪的诗人和散文家感兴趣，这也许意味着，他在他们身上找到了某种尤为契合他本人杂乱癖好的东西。他们对他的影响有害，还是有利，纯属个人观点。他早期受的教育甚少，遇到这种情况，通常后来学到的文化也不会完全吸收。文化不是一套现成的衣服，拿过来就能穿上，文化是为了塑造人格摄取的营养，就像食物增强一个正在发育的孩子的体魄。文化不是修饰词句的装饰品，更不是用来卖弄学问的，而是一种得来辛苦，且丰富灵魂的手段。

为了写《白鲸》，麦尔维尔做了一项危险的实验，他为自己设计了一种基于17世纪作家风格的风格。弄好了，这种风格令人难忘，具有一种诗意的力量，但终究是模仿。这不是小觑它。模仿的作品也可以有极大的美感。《米洛的维纳斯》(The Venus of Milo)，一个公元前1世纪的作品，也是模仿，就连后来罗马的《挑刺的少年》(Spinario)也是。人们起先都以为它们是公元5世纪中期雕塑家的作品。伟大的锡耶纳画家杜乔（Duccio）模仿的是12世纪早期的拜占庭绘画，而不是两个世纪后，他所处那个时代的拜占庭绘画。当一个作家试图模仿时，他所面临的难题是，几乎无法保证语言的一致性。正如约翰逊博士的老校友爱德华兹先生发现的那样，由于愉快的心情捣乱，根本无法进行哲学探讨，同样在一部模仿作品中，作者运用自如的当代词汇会闯进来，与他模仿的词汇发生冲突。"要创作一部宏大的作品，"麦尔维尔写道，"必须选择一个宏大的主题。"显然，他认为必须用一种宏大的风格来叙述。罗伯特·路易斯·史蒂文森[①]声称麦尔维尔没有耳朵。我不知道他这么说是什么意思。麦尔维尔的节奏感很好,而且,他的句子,无论有多长,总的来说,平衡感都是极好的。他喜欢煞有介事的措辞,他所选用的堂皇的辞藻确实能频繁获得极美的效果:有时,这种癖好会导致同义反复,比如,他所说的"荫翳蔽日"(umbrageous shade)就是"成荫的树影"(shady shade);但你几乎无法否认声音圆润。有时,人们看到"慌忙仓促"(hasty precipitancy)这样的同义反复会停下来,结果不无敬畏地发现弥尔顿写过:"怀着喜悦的仓促,他们慌忙赶往那方。"(Thither they hasted with glad precipitance.)有时,麦尔维尔会以出人意料的方式使用普通词汇,并经常以此取得可喜的新奇效果:有时,即便你觉得他使用的词语无法承受所要表达的意义,也不要"慌忙仓促"去责备他,因为他有权这么做。他说到 redundant hair 时,你会想到少女嘴唇上的绒毛过多,而不是小伙子的头发;但如果查一下字典,你就会发现,redundant 的第二条释义是"浓密",而且,弥尔顿也写过"redundant locks(浓密的头发)"。

麦尔维尔决心在《白鲸》中使用的写法的困难在于,必须始终保持同一修辞水平。内容必须与风格一致。作家可不能伤感,或幽默。麦尔维尔时常兼而有之,这读起来就尴尬了。

他的品位不确定,有时试图诗意,结果搞得很荒唐:"可是,亚哈的脑海里并不大想到牧羊神,他像一尊铁像似的站在后桅索具的老地方,一只鼻孔心不在焉地吸着来自巴士群岛的带甜味的麝香气(温顺的爱侣们一定正在那些可爱的树林中散步),另一只鼻孔则有意识地吸进了新发现的海洋的海水气息……"用一只鼻孔闻一种气味,同时用另一只鼻孔闻另一种气味,这可不是什么非凡的技艺,这是不可

[①] 罗伯特·路易斯·史蒂文森,Robert Louis Stevenson,1850—1894,19世纪后半叶英国伟大的小说家。代表作品有长篇小说《金银岛》《化身博士》《绑架》《卡特丽娜》等。

能的。我对麦尔维尔偏爱古语和诗歌用语的做法不敢苟同：oer 代替 over，nigh 代替 near，ere 代替 before，还有 anon 和 eftsoons，这使本可以稳健的文体散发出一股陈腐浮华之气。他的词汇丰富，但有时控制不住。他发现写下一个名词时总是忍不住再加上一个形容词 mystic，无论当时他希望这个词是什么意思，用起来好像都意味着奇怪、神秘、使人敬畏、令人恐惧。斯托尔教授所写的一切都是优秀、辛辣、明智的，他在我之前提到的那篇文章中公正地将这种文体定性为"伪诗体"。在这篇文章中，斯托尔教授谈到了一种肯定会令所有麦尔维尔的读者心烦的特点，那就是，他偏爱由分词转化来的副词。或许正是由于这一点，史蒂文森说麦尔维尔没有耳朵，因为我们不得不承认，这种构词极少有悦耳的。我注意到的最难听的词是 whistlingly，但斯托尔教授引用了其他的词：burstingly, suckingly，他还可以举一百个类似的例子。《美国文人系列》里有一本书是牛顿·阿尔文写的，他可谓煞费苦心，但在我看来，他是执迷不悟，书中列举了几个麦尔维尔自创的词语：footmanism, omnitooled, uncatastrophied, domineerings；他似乎认为这些词为他的风格增添了独特的光彩。它们确实加强了他特有的风格，但绝对没有增添美感。如果麦尔维尔受过更正统的教育，品位再确定一些，他本可以实现他想要的效果，而不必扭曲他所模仿的语言。

麦尔维尔的对话与日常语言几乎没有相似之处，风格化极强。"裴廓德号"上的主要人物均为贵格会信徒，麦尔维尔自然会用第二人称单数。不过，我认为除此之外，他觉得这个写法符合他深思熟虑过的目的。他可能还觉得，这会给他撰写的对话增添一丝僧侣的特色，并赋予他所使用的词句一种诗歌的味道。他在区分不同人物的说话方式上缺乏高超的技巧：所有人讲起话来几乎都一个样，亚哈像船员，船员像木匠和铁匠，修辞丰富，大量使用隐喻和明喻。魁魁格，想着自己要死了，躺在他给自己打好的棺材里，还有比普，那个疯了的小黑人,"走到魁魁格身旁,轻声呜咽着,一只手抓着魁魁格的手,另一手拿着他那只小手鼓"。这是他对土著人说的话:"可怜的漂泊者!你是不是再也不过这种发腻的流浪生活啦?那么,你要到哪里去呀?如果波涛把你漂到那美丽的安地列斯,啊,那边的海滩所击拍的只有睡莲,那么,请你给我办一个小差事好不好?把一个叫作比普的给找出来,他是早就失踪了的,我想他是在老远的安地列斯那边。如果你找到他,就请安慰安慰他;因为他一定很悲伤;你看!他还留下他这只小手鼓是我找到的。的啦嗒嗒!现在魁魁格死啦;让我来给你敲死亡进行曲吧。斯达巴克眼睛望着下边的小舱口,嘴里喃喃道:'弟兄们,患很厉害的热病的人,都是莫知莫觉的,爱说陈年的古话,等到秘密一揭穿,原来说的都是他们早已忘却了的童年时代的古话,这些古话又确是他们听到一些伟大的学者说过的。'所以,按照我的信心看来,可怜的比普在他这样疯疯癫癫地说出来的怪得可爱的话中,却给我们带来了我们的乐土里的一切至福的证言,可是他是从什么地方学来的呢?听!他又在说了。不过,这会儿有点胡说了。"

当然,小说中的对话必定具有某种风格。精确再现令人难以忍受。这是一个程度的问题。对话也要逼真,以免吓到读者。当亚哈向二副斯塔布提到白鲸时,大喊道:"我要十倍地把这个无法估量的地球给包围起来;而且还要直钻进去,不过,我还要把它杀了再说!"面对这种虚夸矫揉的言辞,你会一笑置之。

即便如此,尽管人们持保留意见,麦尔维尔的英文写作还是异乎寻常地好。正如我所指出的那样,有时他习得的这种风格导致他在修辞上过于夸张,但处于最佳状态时,他所呈现出来的丰富壮观、洪亮、雄伟和生动流畅。据我所知,没有哪一位现代作家达到过这种境界,的确会让人想起托马斯·布朗爵士华贵的词句和恢宏的弥尔顿时代。我想提醒读者们注意,麦尔维尔在他精心设计的结构中巧妙地融合了海员们日常工作中使用的普通航海术语。这么做的效果是,为这支肃穆的交响曲，也就是这部奇怪且强大的小说《白鲸》，注入了一种现实主义的调子和新鲜的海盐味。每一位作家都有权以其巅峰水平接受评判。读者可以通过阅读《伟大的无敌舰队》这一章自行判断麦尔维尔的巅峰水平到底有多好。他有情节要描述时，做得很出色，也很有力，而且，他那种庄重的写作风格极大地增强了惊心动魄的效果。

4

凡是读过我写的东西的人，都不会指望我把《白鲸》，麦尔维尔唯一一部可跻身伟大小说家之列的作品，当一则寓言来谈论。读者必须去别处寻觅。我只能从我自身，一个并非毫无经验的作家的立场来谈论这本书。小说的目的是给人带来审美上的愉悦，没有什么实用目的。小说家的职责不是发展哲学理论，那是哲学家该做的事，他们也能做得更好。但既然某些非常智慧的人把《白鲸》看成一则寓言，那么，我来谈谈这个问题也是应该的。他们认为麦尔维尔自己说的一段话具有讽刺意味："他害怕，自己的作品会被看作可怕的神话，更糟糕、更可恶的是，被看作一则丑陋的、令人难以忍受的寓言。"当一位老练的作家说了一席话，我们就想当然地以为，他的话一定比评论者的话更可信，下这样的结论是不是太草率了？确实，在给霍桑夫人的一封信中他说过，写作时，"他隐约感觉整本书会有寓言的结构"，但拿这个做他有意要写一则寓言的证据就太薄弱了。如果确实可以这样解释，且事出偶然，那么就像他对霍桑夫人说的那番话所表明的，难道他不可能有点泄气吗？我不知道评论家们如何写小说，但我对小说家如何写小说有一些自己的想法。他们不采用一般的命题，比如"诚实才是上策"，或者"闪光的未必都是金子"。然后说，"我们就这个主题写篇寓言吧。"一群人物激发了他们的想象，灵感通常来源于他们认识的人，有时同时，有时过一段时间，一个或一连串他们亲身经历、道听途说，或凭空臆造的事件似乎突然冒了出来，他们通过一种人物与事件的合作，在阐述已然在头脑中形成的主题的过程中，对其适当加以利用。麦尔维尔不是一个充满幻想的人，至少当他试图幻想时，就像在《玛迪》中那样，结果是惨败。他有丰富的想象力，想象时，他更需要坚实的事实做基础。确实，某些批评家因此指责他缺乏创造力，我认为这个说法没有道理。诚然，有经验，无论是他自己的，还是别人的经验，做基础来支撑他时，他的创造更令人信服，然而，大多数小说家同样如此，这时，他的想象力会得到更自如、更有力的发挥。当他没有经验时，比如在《皮埃尔》中，写得就很荒诞。麦尔维尔的确生来喜欢思考，随着年岁增长，他开始热衷形而上学，很奇怪的是，雷蒙德·韦弗将其说成"无非是溶于思想的痛苦"。这是一个狭隘的观点：人类可以对此予以更恰当的关注，因为形而上学涉及人类灵魂所面对的最重大的问题。麦尔维尔看待它的方式不是理性的，而是感性的：他思行合一，有怎样的感觉就怎么做，但这并不妨碍他的诸多思考令人难忘。我本该想到，刻意写一则寓言需要理智上的超然和公正，而这是麦尔维尔做不到的。

斯托尔教授已经阐明，扔给无害公众的对《白鲸》象征意义上的解读有多么荒谬可笑和自相矛盾。他已言之凿凿，我不必再就这个主题详细阐述。不过，为了给这些评论家辩护，我会这么说：小说家并不复制生活，他编排生活，以符合他的意图，并根据自身独特的性情处理手头的材料。他绘制一幅连贯的图画，但他绘制的画面会随着读者的态度、爱好和癖性变化。根据你的偏好，你可以把一座白雪皑皑、直插云霄、光彩威严的阿尔卑斯山峰理解成一种人类渴望与上帝融合的象征；或者，如果你相信一座山脉可以因剧烈的地震被夷为平地，那么，你可以把它视作人类阴暗邪恶的欲望对其怒目而视，想要毁灭它的象征；如果你想赶时髦，也可以把它看作阳具的象征。牛顿·阿尔文将亚哈的象牙腿看成"一种暧昧的象征，既象征他的阳痿，也象征针对他并使其成为跛子的独立男性原则"，而白鲸是"原型父母，是父亲，没错，也是母亲，只要她成为父亲的替代者"。在埃勒里·塞奇威克看来，正是象征主义成就了这部伟大的作品，他声称，亚哈代表的是"人——有觉知力、好思索、目标明确、笃信宗教的人，他屹立于天地之间，对抗造物无穷的奥秘"。他的对手，莫比·迪克，就是那个无穷的奥秘。他不是奥秘的创造者，但他等同于宇宙的法度与无法无天令人烦恼的公正，而以赛亚虔诚地认为，宇宙之父是上帝。刘易斯·芒福德把莫比·迪克看作邪恶的象征，把亚哈同他的冲突看作善恶的冲突，最终，善被击败。这个说法似乎有道理，也很符合麦尔维尔喜怒无常的悲观主义。

然而，寓言是个很难对付的动物，你可以抓住它的头，也可以抓住它的尾巴，在我看来，截然相反的解读同样讲得通。为什么要假定莫比·迪克是邪恶的化身呢？那头不会说话的野兽把亚哈变成了残废，亚哈对它满怀疯狂复仇的激情，确实，麦尔维尔让讲述者以实玛利亚也受了他的感染。但这是他必须使用的一种文学技巧，首先，因为已经有了斯巴达克代表常识；其次，因为他需要有人来分担，并在一定程度上同情亚哈的一意孤行，从而诱导读者认为这种安排并非太不合情理。芒福德教授所说的"空虚的恶毒"就存在于莫比·迪克遭受攻击时的自我防卫中。

> 这个畜生太恶毒，
> 一遭攻击就自卫。

白鲸为什么象征恶，而不能象征善？白鲸光艳照人、身形庞大、力大无比，自由自在地遨游在大海中。亚哈傲慢愚蠢、毫无怜悯之心、严酷、残忍，怀恨在心，他才是恶。最后一次遭遇时，亚哈连同他那一整船"杂七杂八的逃兵、流浪者和食人者"全部覆灭，正义得到了伸张，泰然自若的白鲸神秘地离去，恶被击败，善终于获胜。这在我看来和其他解读一样合理，因为，我们不要忘了，《泰比》颂扬的是未受文明的罪恶腐蚀的高尚的野蛮人。麦尔维尔认为自然人是好人。

好在，人们读《白鲸》读得津津有味，并不去想书中是否有某种寓意或象征意义。我不厌其烦地说，读小说不是为了教诲或启迪，而是智力享受，如果你发现自己从中得不到这样的享受，还是不读为妙。但是必须承认，麦尔维尔似乎竭尽所能阻碍读者享受。他正在写一个奇特、新颖、激动人心的故事，也是一个直截了当的故事。浪漫的开篇令人赞叹。你的兴趣被唤起，并被抓住。一个接着一个被介绍出场的人物形象清晰、鲜活，且可信。故事变得紧张起来，随着情节加速，你越来越兴奋。高潮部分极富戏剧性。令人费解的是，为什么麦尔维尔白白牺牲掉他对读者的控制，不时停下来，写些关于鲸鱼的自然史的章节，比如，鲸鱼的大小、骨骼、恋爱什么的。显然，这和一个人在吃饭时讲故事，不时停下来告诉你他所使用的词语的词源含义一样无意义。蒙哥马利·贝尔金在一个版本的《白鲸》的引言中明智地假设，由于这是一个关于追捕的故事，追捕的结果必须被无限期延长，这就是麦尔维尔写这些章节的目的。我不信。倘若他确有此意，那么，在太平洋上那三年，他肯定亲眼看见或听人讲过很多故事，完全可以糅进他的故事中，更贴切地实现这个目的。我个人认为，麦尔维尔写这几章的原因很简单，和许多自学成才的人一样，他过分重视辛苦学来的知识，无法抗拒炫耀的诱惑，就像在早期作品中"他叫来伯顿、莎士比亚、拜伦、弥尔顿、柯勒律治和切斯特菲尔德，还有普罗米修斯和灰姑娘、穆罕默德和克利欧佩特拉、圣母马利亚和伊斯兰教的天国美女、美第奇和穆斯林，将他们漫不经心地点缀于整本书中"。

就我个人而言，这些段落的大部分内容，我都可以读得饶有趣味，但不可否认的是，都是些枝节话，削弱了故事的张力，可惜啊。此外，麦尔维尔还缺乏法国人所谓的"连续精神"（l'esprit de suite），断言他的小说结构完善是愚蠢的。既然他以这种方式创作，这就是他想要的。接不接受，随你的便。他很清楚《白鲸》不讨喜。他的性格很固执，公众的漠视、评论家猛烈的攻击，以及身边人的缺乏理解，反倒坚定了他的决心，想怎么写就怎么写。你必须容忍他的异想天开、有缺陷的品位、沉闷的玩笑、结构的错误，看在他那些优点的分上，因为他的语言时常出彩，他对情节的描写生动刺激，他对美有精妙的感受力，还有他"神秘"的深思所蕴含的悲剧力量，或许正因为他脑子糊涂，没有非凡的推理天赋，才令人心潮澎湃、难以忘怀。不过，当然是亚哈船长险恶巨大的形象弥漫整本书，并赋予它独特的力量。你听到的关于他的一切都会让你的心中充满宿命感，类似的宿命感必须去希腊剧作家那儿寻找，还有去莎士比亚那儿，才能找到拥有如此可怕的力量的人物。无论人们持有怎样的保留意见，正因为赫尔曼·麦尔维尔创造了亚哈，《白鲸》才是一本伟大的书。

我再三说过，想深入了解一部伟大的小说，作者的情况，该了解的就得了解。就麦尔维尔而言，我觉得，反过来也成立。对我来说，一读再读《白鲸》，从中得到的对此人的印象更可信，也更明确，胜过从其他任何渠道获悉的他的生平和境遇。他天授异禀，却被邪恶的天赋毁坏，好似龙舌兰，花一绽放便枯萎；一个忧伤寡欢的人心怀恐惧，在本能面前畏缩不前，却饱受它的折磨；一个人清楚身上再无美德，承受失败与贫穷之苦；一个有爱心的人渴望友情，结果发现友情亦是虚空。这便是我眼中的赫尔曼·麦尔维尔，一个我们只能对其深表同情的人。

艾米莉·勃朗特和《呼啸山庄》

1

休·普朗蒂，一个唐郡的年轻自耕农，1776年娶了埃莉诺·麦克格罗瑞为妻。第二年的圣帕特里克节，他们的十个孩子中的老大出生了，于是他们以爱尔兰保护神的名字为他命名。他好像不识字，因为他似乎一直不太清楚自己的名字怎么写。洗礼簿上，他的名字写成了"布朗蒂"和"布朗提"。他那一小块农田不足以养活一大家子，于是他去一个石灰窑做工，管得不太严的时候，他还去附近一个乡绅的庄园里干活。他的长子在自家地里打杂，直到长大成人，可以赚工资。他成了一名手摇纺织机织工。但他是个聪明的孩子，雄心勃勃，不知怎的，十六岁那年，他已经接受了足够的教育，在出生地附近的一所村学当上了教师。两年后，他在德拉姆巴里洛内的教区学校得到一份类似的工作，一做就是八年。关于那时发生了什么，有两种说法：一种说法是，他的能力给卫理公会的牧师们留下了深刻的印象，他们希望他接受培训，将来做一名牧师，于是捐了些钱，再加上他自己攒的那点钱，让他得以入读剑桥大学；另一种说法是，离开那所教区学校后，他在一个牧师家里做家庭教师，在那个人的帮助下，他进了圣约翰学院。那时,他二十五岁,早到了上大学的年纪,他是个高大健壮的小伙子,相貌英俊,而且对自己的容貌很自负。他靠一份奖学金、两份优胜奖学金(exhibition),和给人辅导功课赚来的钱维持生活。二十九岁时,他获得文学学士学位,并被英国圣公会授以圣职。如果真是卫理公会的牧师们帮他上的剑桥大学,他们肯定觉得这笔投资失败了。

就在圣约翰学院就读期间,帕特里克把录取名单上他的姓"布朗蒂"(Brunty)改成了勃朗特(Bronte),后来又加上了分音符,署名为帕特里克·勃朗特(Patrick Brontë)。他被任命为埃塞克斯郡威瑟斯菲尔德的副牧师,并在那里爱上了一个玛丽·伯德小姐。她十八岁,家境算不上富裕,但也小康。他们订婚了。由于某种说不清的原因,勃朗特先生抛弃了她,据推测,他自视甚高,认为等一等对自己更有利。伯德小姐受伤很深。或许英俊的副牧师的行为在教区颇受诟病,于是他离开了威瑟斯菲尔德,在什罗普郡的惠灵顿做了一名副牧师,几个月后,他又去了约克郡的哈茨黑德。在那儿,他认识了一个三十岁的女人,相貌平平、个头矮小,名叫玛丽亚·布兰威尔。她每年有五十镑收入,出身于一个体面的中产阶级家庭。帕特里克·勃朗特那时已经三十五岁了,也许他觉得,尽管自己长得漂亮,说话带讨喜的爱尔兰口音,这个女人还是符合他的预期的。于是,他向她求了婚,她接受了,1812年,他们结了婚。还在哈茨黑德时,勃朗特太太就生了两个孩子,她们分别叫玛丽亚和伊丽莎白。后来,他又被任命为副牧师,这回是在布拉德福德附近,勃朗特太太又在那儿生了四个孩子。他们的名字分别是夏洛蒂、帕特里克·布兰威尔、艾米莉和安妮。结婚前一年,勃朗特先生自费出过一本诗集——《村舍诗集》,结婚一年后又出了一本诗集:《乡村吟游诗人》。住在布拉德福德附近时,他写了一部小说《林中村舍》,读过这些作品的人都说它们一无是处。1820年,勃朗特先生被任命为约克郡的一个村子霍沃思的"终身副牧师",他在那儿一直生活到死,他的野心算是得到了满足。他从没回爱尔兰看望过留在那里的父母和兄弟姐妹,不过,他母亲在世时,他每年给她寄二十英镑。

1821年,结婚九年后,玛丽亚·勃朗特死于癌症。这个鳏夫说服他的小姨子伊丽莎白·布兰威尔离开她原先生活的彭赞斯,来照看他的六个孩子。不过,他还想续弦,适当等了一段时间后,他给伯德太太,十四年前他伤害过的那个姑娘的母亲去了封信,询问她是否还单身。几个星期后,他收到了回信,于是他立刻给她本人写了一封信。这封信写得自以为是、沾沾自喜、油腔滑调,说实在的,品位低劣。他竟然恬不知耻地说,旧日的爱火再次点燃,他渴望见到她。其实,他是在求婚。她的回信很刻薄,但他并没有因此气馁,又给她写了一封信,并用极其生硬的口吻对她说:"随你怎么想,随你怎么写,但我毫不怀疑,如果你是我的女人,你会*比现在的你,或者单身的你更幸福*。"(斜体是他自己加的。)玛丽·伯德这边不成,他便将注意力转向了别处。他好像从来没有想过,一个四十五岁的鳏夫,还带着六个孩子,并不是什么抢手货。他向伊丽莎白·弗里斯小姐求了婚,她在布拉德福德附近做副牧师时就认识她,可是她也拒绝了。此后,他似乎放弃了这个白费力的事。不管怎么说,多亏有伊丽莎白·布兰威尔帮他照看房子、看管孩子。

霍沃思牧师寓所是一栋褐色砂石的小房子,位于陡峭的山脊上,山下便是零落的村舍。房前屋后各有一条狭长的花园,两侧是墓地。勃朗特姐妹的传记作者们认为这个环境很压抑,对医生来说或许如此,但牧师很可能认为此景给人启迪,甚至安慰,反正这个牧师家庭肯定习以为常了,就像卡普里岛的渔夫对维苏威火山的景色,或伊斯基亚岛的渔夫对落日一样熟视无睹。楼下有一间客厅、勃朗特先生的书房、一个厨房和一个储藏室,楼上有四间卧室和一个门厅。除了客厅和书房,地上都没有铺地毯,窗户上也没有挂窗帘,勃朗特先生特别怕家里着火。地板和楼梯全是石头的,冬天又潮又冷,布兰威尔小姐害怕着凉，总是绕着房子，沿预定路线走来走去。一条小径从房子通向荒原。作家们想让勃朗特姐妹的故事更辛酸些，或许他们并没有意识到这一点，因此习惯把霍沃思写得那么荒凉、寒冷、沉闷。然而，毫无疑问，即使在冬天，也有天空蔚蓝、阳光灿烂的日子，凛冽的空气令人神清气爽，草地、荒原和树林涂上一层柔和的色彩。就在这样的一天，我来到霍沃思。整个乡村笼罩在一片银灰色的薄雾中，远处轮廓模糊，给人一种很神秘的感觉。叶子掉光的树有一种日本版画冬景中树木的优雅，路旁的山楂树篱上结的冰霜闪着白光。艾米莉的诗歌和《呼啸山庄》告诉你，荒原的春天有多么令人兴奋，夏日多么艳丽妖娆。

勃朗特先生在荒原上散步，走很久，走很远。晚年时，他自夸曾一天走四十英里。他是个离群索居的人，跟从前比起来有点变化，因为作为一名副牧师，他曾是一个社交动物，喜欢聚会和调情，现在，除了附近教区的牧师们偶尔下山来找他喝喝茶，他只见堂区执事和教区居民。如果这些人来请他，他就去见他们，让他主持个仪式，他也欣然应允，但他和他的家人"不与人们来往"。他，一个穷困潦倒的爱尔兰农民的儿子，不允许他的孩子们与村里的孩子交往，他们被撵到二楼冰冷的小门厅，也就是他们的书房里坐着，读书或耳语，他们担心打扰到父亲，他一旦被惹恼，或心情不好，就会闷闷不乐，一言不发。他上午给他们上课，布兰威尔小姐教他们做针线、干家务活。

早在妻子去世之前，他就喜欢把饭端到书房里自己吃，这个习惯他保持了终生。他给出的理由是，消化不良。艾米莉在一篇日记中写道："晚饭我们要吃煮牛肉、芜菁、土豆和苹果布丁。" 1846年，夏洛蒂从曼彻斯特写信来说："爸爸只需要牛肉、羊肉、茶叶、面包和黄油。"对于慢性消化不良患者来说，这个食谱似乎不太好。我倾向于认为，勃朗特先生独自用餐是因为不太喜欢孩子们在身边，他们打扰到他，他会发脾气。晚上八点，他带领全家做祷告，九点钟，锁好并闩上前门。经过孩子们所在的房间时，他嘱咐他们不要晚睡，楼梯上到一半时，他停下来，给时钟上一下发条。

加斯科尔夫人认识勃朗特先生数年，她得出的结论是，他自私、暴躁、跋扈。夏洛蒂的密友之一玛丽·泰勒在写给另一个朋友埃伦·纳西的信中说："一想到夏洛蒂为那个自私的老头做出的牺牲，我就伤心愤怒。"近来，有人试图为他洗白。但是无论如何洗白都掩盖不了他给玛丽·伯德写的信。这些信在克莱门特·肖特的《勃朗特一家和他们的圈子》一书中全文刊载；无论如何洗白都掩盖不了他的副牧师尼克尔斯先生向夏洛蒂求婚时他的表现。加斯科尔夫人写了下面这段话："勃朗特太太的保姆告诉我，一天，孩子们去了荒原，突然，天上下起雨来，她想他们会被雨水淋湿，于是翻出一个朋友送的彩色靴子。她把几双小靴子挂在炉火周围烘烤，但孩子们回来时，靴子却不见了，只闻到一股皮子烧焦的气味。勃朗特先生进来，看见靴子，认为它们对他的孩子来说太艳丽、太奢侈，就把它们丢进火里了。凡是触犯他老派的朴素思想的东西，他一概不要。此前很久，曾有人送给勃朗特太太一件丝绸礼服，无论是款式、颜色，还是面料，都不符合他一直以来对得体的要求，所以勃朗特太太从来没穿过这件衣服。但即便如此，她还是把它珍藏在抽屉里，抽屉通常上着锁。但是有一天，她正在厨房里，忽然想起钥匙落在抽屉里了，听到勃朗特先生在楼上，她预感到那件衣服要遭殃，于是急忙跑上楼，结果还是看到那件衣服被剪成了碎片。"这个故事有点偶然，但保姆不太可能胡编乱造。"有一次，他拿起壁炉前的地毯，塞进壁炉里，故意用火烧它，尽管臭气熏天，他却一直待在屋子里，直到火焰没了，缓缓燃烧，烧得地毯皱缩到不能再用为止。还有一次，他拿起几把椅子，锯掉椅背，把椅子变成了凳子。"勃朗特先生宣称这些故事都不是真的，只有补上这么一句才公平。但没有人怀疑他性情暴烈，也没有人怀疑他严苛专横。我曾问过自己，是否要把勃朗特先生这些不和蔼可亲的特点归因于他对生活的失望。和许多出身低微，为了提高社会地位，经历过痛苦挣扎，受过教育的人一样，他可能高估了自身的能力。我们知道他对自己英俊的外表很自负。他在文学方面的努力没有取得成功。当他意识到，与逆境长期斗争只换来一个约克郡荒原里的终身副牧师职位时，心怀怨愤并不奇怪。

牧师寓所生活的艰难和孤独被夸大了。那对有才华的姐妹似乎对此很满意。确实，如果她们静下来考虑一下父亲的出身，可能会认为自己与不幸相去甚远。和全英格兰许许多多牧师的女儿们比起来，她们既不比她们富，也不比她们穷，都过着孤独的生活，财产有限。勃朗特家的邻居，牧师、士绅、工厂主、小制造商，住得都不远，走路就能到，可以跟他们交往；过清净的日子是他们自己的选择。他们既不富有，也不贫穷。勃朗特先生的圣职为他提供了一栋房子和每年两百英镑的收入，他的妻子每年有五十英镑的收入，她死后，这笔财产想必由他继承了，伊丽莎白·布兰威尔来霍沃思生活后也带来每年五十英镑的收入。因此，全家每年有三百英镑可供支配，当时这笔钱至少相当于现在的一千二百英镑。如今许多牧师，即使算上所得税，也会认为这是一大笔钱。如今牧师的太太有一个女佣就谢天谢地了：勃朗特太太通常有两个女佣，活儿太多的时候，还会叫村子里的姑娘过来帮忙。

1824年，勃朗特先生把四个大一点儿的女儿送入柯文桥的一所学校，这所新建的学校专门为穷牧师的女儿们提供教育。这个地方不卫生、伙食差、管理人员也不称职。两个大点儿的女儿死了，夏洛蒂和艾米莉的健康也受到了影响，奇怪的是，过了一个学期，她们才被带走。此后似乎都是姨妈在教育她们。勃朗特先生更在意他的儿子，而不是三个女儿，确实，布兰威尔被看作家里的聪明人。勃朗特先生不愿送他去上学，而是亲自教他。这个男孩早慧，举手投足很有魅力。他的朋友F.H.格兰迪这样形容他："他的个头特别小，他一生为此烦恼。他有一头浓密的红发，他把刘海梳得高高的，我想是为了显高吧，他有一个凸起的、聪明的大脑门，几乎占了整张脸的一半；雪貂似的小眼睛深陷，被永远不摘的眼镜进一步隐藏起来，鼻子高挺，但下半张脸稀松平常。他一副垂头丧气的样子，从来没有改变过，除了间或匆匆一瞥。他又小又瘦，乍看一点也不迷人。"他有才华，姐姐们都很欣赏他，期望他能干大事。他渴望表达，且善于表达。他父亲是个沉默且忧郁的人，他却从某个爱尔兰祖先那里继承了社交、健谈和可亲的天赋。若有旅人到黑牛客栈投宿，看上去有些寂寞，店主就会问他："需要有人陪您喝酒吗，先生？需要的话，我派人把帕特里克叫来。"布兰威尔总是喜欢为人效劳。我应该补充一句，多年后，夏洛蒂·勃朗特业已成名，店主被问到此事时，否认做过类似的事："布兰威尔才不需要有人去叫他。"如今去霍沃思的黑牛客栈，你还会看到那个房间，布兰威尔曾和他的朋友们坐在那几把温莎椅上喝酒。

夏洛蒂快十六岁时又去上学了，这次是在罗黑德，她在那儿挺快乐的，可是一年后，她又回家了，教她的两个妹妹读书。正如我所指出的，这个家没像声称的那么穷，但姑娘们还是没啥盼头。勃朗特先生的养老金将在他死后会自动停发，布兰威尔小姐那点钱还要留给她爱玩的外甥，于是她们拿定主意，把自己培养成家庭教师或中小学教员才是谋生的唯一手段。那时，自认为是淑女的女性没有其他职业选择。这时，布兰威尔已经十八岁了，必须决定从事哪个行当或哪种职业了。他在绘画上有些天赋，他的姐姐们也有，他渴望当画家。最终的决定是，他去伦敦，就读于皇家艺术学院。他去了，但这个计划毫无成果，他观光游览了一番，尽情享乐了一通，便返回霍沃思。他试着写作，但没有成功；后来，他说服父亲给他在布拉德福德建一座工作室，他可以靠给当地人画像谋生，但这次尝试也失败了，勃朗特先生把他召回了家。之后，他给巴罗弗内斯的一个波斯尔思韦特先生当家庭教师。他似乎干得不赖，但不知为何，六个月后，勃朗特先生又把他领回了霍沃思。很快，他就在利兹曼彻斯特铁路局的索厄比布里奇火车站得到了一份主管办事员的工作，后来又去了鲁登登福特。他无聊、孤单，喝大酒，最终因严重失职被解雇。与此同时，夏洛蒂回到罗黑德教书，还把艾米莉作为学生带在身边，但艾米莉想家想出了病，不得不被送回家去。性子更平和、更顺从的安妮代替了她。这个工作，夏洛蒂做了三年，最后因身体不好，也回了家。

她才二十二岁。布兰威尔不仅是一个烦恼的根源，也是消费的根源。夏洛蒂的身体刚好起来，就不得不当起了保育员。这不是她喜欢的工作。她和妹妹们都不喜欢孩子，并不比她们的父亲更喜欢。"我发现拒绝孩子们粗鲁的亲密行为好难。"她写信告诉埃伦·纳西。她讨厌依赖别人，时刻提防有人冒犯她。她不是个好相处的人，从她的信中可以看出，雇主认为有权要求她做的事，她似乎期望求她帮忙。三个月后，她离开了，回到牧师寓所，但大约两年后，她又在布拉德福德附近的罗顿的怀特夫妇家里做起了事。夏洛蒂认为他们不够有教养，"我相信怀特太太是一个收税官的女儿，我也深信，怀特先生的出身非常低"。不过，她在这个地方过得挺开心的，但在给同一个密友的信中，她写道："除了我自己，没人知道家庭教师的生活对我来说有多艰苦，因为除了我自己，没人知道我打心底对这个职业厌恶透顶。"她一直有跟妹妹们一起开一所属于自己的学校的想法，现在她又旧事重提；怀特夫妇似乎是那种心肠很好的人，他们在鼓励她的同时，建议她在指望成功之前先取得一定的资格。虽然她能读法文，但不会说，而且不懂德文，于是她决定出国学语言。布兰威尔小姐被说服垫付这笔费用，之后，夏洛蒂和艾米莉，还有一路上照顾他们的勃朗特先生，动身前往布鲁塞尔。两个姑娘，夏洛蒂二十六岁，艾米莉二十二岁，成了黑格寄宿学校的学生。十个月后，布兰威尔小姐病重，她们被召回英国。她去世了，布兰威尔因行为恶劣被剥夺了继承权，她把仅有的一点财产留给了外甥女们。这笔款子足够她们实现讨论已久的那个创办一所属于自己的学校的计划。但由于父亲老了，视力下降，她们决定就在牧师寓所办学。夏洛蒂认为自己还不能胜任这份工作，于是接受了黑格的邀请，回到布鲁塞尔，在他的学校里教英文。她在那里生活了一年，回到霍沃思后，三姊妹分发招生简章，夏洛蒂写信给朋友们，请他们推荐她们想创办的学校。牧师寓所只有四间卧室，而且都被她们占用了，怎么给学生提供住宿，从未有过任何说明，由于没有一个学生来报名，也就永远不需要说明了。

2

她们从小就断断续续地写作，1846 年，三姊妹以科勒、艾利斯和阿克顿·贝尔的笔名自费出版了一本诗集，花了五十镑，卖出去两本。她们又各自写了一部小说。夏洛蒂（科勒·贝尔）的小说叫《教授》，艾米莉（艾利斯·贝尔）的小说叫《呼啸山庄》，安妮（阿克顿·贝尔）的小说叫《艾格妮丝·格雷》。这三本小说被一个个出版商拒绝了，但是当夏洛蒂把《教授》的书稿最后寄给施密斯与埃尔德公司时，他们回了信，并表示，如果她写个长一些的小说，他们愿意考虑。她手头正有一部即将完成的小说，一个月内就能寄给他们。他们接受了。这本书叫《简·爱》。艾米莉和安妮的小说最后也被一个叫纽比的出版商接受了，"开出了让两位作者更贫穷的条件"，夏洛蒂把《简·爱》交给施密斯与埃尔德公司之前，她们校对了稿子。尽管对《简·爱》的评论并不是特别好，但读者喜欢，它成了一本畅销书。纽比先生随即试图让公众相信，《呼啸山庄》和《艾格妮丝·格雷》也出自《简·爱》的作者之手，当时他已将这两部小说以三卷本的形式出版，但这两本书并没有给人留下多少印象，确实有很多评论家认为这是科勒·贝尔早期不成熟的作品。经过一番劝说，勃朗特先生同意读一下《简·爱》，读完,他进来喝茶时,说:"姑娘们,你们知道夏洛蒂一直在写书吗?比我想象的好多了。"

布兰威尔小姐去世时,安妮正在索普格林给一个罗宾逊太太的孩子们做家庭教师。她天性温和可亲,明显比苛刻易怒的夏洛蒂好相处。她对自己的处境没有什么不满。她回霍沃思参加了姨妈的葬礼,回索普格林时,带上了当时在家里无所事事的布兰威尔,给罗宾逊太太的儿子辅导功课。埃德蒙·罗宾逊先生是个富有的牧师、上了年纪的病人,有一个还算年轻的妻子,尽管她比布兰威尔大十七岁,布兰威尔还是爱上了她。他们到底是什么关系不清楚,无论他们是什么关系,反正被发现了。布兰威尔被解雇了,而且罗宾逊先生不许他"再见到他的孩子们的母亲,不许他再踏入她的家门,不许他再给她写信,再跟她说话"。布兰威尔"暴跳如雷,大吼大叫,发誓说,离开她,他活不了,大声抱怨她留在丈夫身边。还咒这个病人早死,这样,他们就可以幸福了"。布兰威尔向来酗酒,如今心情烦躁,又染上了鸦片瘾。不过,他好像还是能跟罗宾逊太太联系上,他被辞退几个月后,他们好像在哈罗门饭店见过一面。"据说,她不惜放弃自己的身份地位,提议两个人一起私奔。倒是布兰威尔劝她耐心些,再等一等。"由于这只是布兰威尔的一面之词,而且很可能不是真的,我们可以认为这个故事是一个天生愚蠢自负的年轻人臆造的。突然,他收到一封信,通知他罗宾逊先生死了。"他在教堂的院子里跳起舞来,仿佛精神错乱了一般。他太喜欢那个女人了。"有人对艾米莉的传记作者玛丽·罗宾逊说。

"第二天早上,他起床后精心打扮,准备启程,但没等他离开霍沃思,两个人就骑着快马来到村子里。他们叫人去找布兰威尔,他兴冲冲地赶来,其中一人下马,同他一起走进黑牛客栈。"他捎来那个寡妇的口信,求他不要再靠近她,因为哪怕只见他一次,她就会失去全部财产和对孩子的监护权。这是他说的,但是由于从来没有人出示过这封信,而且人们发现罗宾逊先生的遗嘱里并没有类似的条款,他是否说的是真话无从得知。唯一确定的是，罗宾逊太太让他知道，她不想再跟他有任何瓜葛了，也许这是她编出来的借口，好让这一打击不至于令他太过窘迫。勃朗特一家相信她曾是布兰威尔的情妇，并将他随后的行为归咎于她的恶劣影响。她可能是他的情妇，同样可能的是，他和他之前之后的许多男人一样，吹嘘自己征服了某个女人，其实并没有。然而，即使她曾短暂迷恋过他，也没有理由就此假定她曾有过嫁给他的念头。他一直喝酒，喝到死。有个曾在他病重期间照顾过他的人告诉加斯科尔夫人，知道自己大限将至，他想站着死，于是坚持要从床上起来。他只在床上躺了一天。夏洛蒂太难过，只得被带走，她的父亲、安妮和艾米莉看着他站起来，挣扎了二十分钟后，死了，如他所愿，他是站着死的。

　　自从布兰威尔死后那个星期天开始，艾米莉就再也没有出过家门。她感冒了，咳嗽，病情越发严重，夏洛蒂写信给埃伦·纳西说："我担心她胸口疼，有时她走得太快，我发现她呼吸急促。她看上去特别特别瘦，面色苍白。她缄默的个性搞得我心神不安。问她也没用，得不到回答。建议什么治疗方法更没用，绝不会被采纳。"一两个星期后，夏洛蒂给另一个朋友写信说："我多么希望艾米莉今晚能好一点，但这很难确定。她在疾病方面真够坚忍的，既不想博取他人的同情，也不接受同情。提出任何问题，提供任何帮助，都会惹她生气；除非不得已，她在痛苦或疾病面前寸步不让；平日里的爱好，她也不肯放弃。你只能眼睁睁地看着她做她不该做的事，一句话也不敢说……"一天早上，艾米莉像往常一样起床，穿好衣服，开始做针线活。她呼吸困难，目光呆滞，但她仍继续干活。她的病情逐渐恶化。她总是拒绝看医生，但终于，到了中午，她让人叫个医生来。太迟了。两点钟，她去世了。

　　夏洛蒂正在创作另一部小说《谢利》，但为了照顾安妮，她只好暂时搁笔。安妮感染了一种当时被称作奔马痨（急性肺结核）的病，布兰威尔和艾米莉也是得这种病死的，艾米莉去世仅五个月后，性格温和的安妮也撒手人寰,直到她死后,夏洛蒂才完成这本书。1849 年和 1850 年,她去了伦敦,备受尊重。她被介绍给萨克雷,乔治·瑞奇蒙[①]为她画了像。有位詹姆斯·泰勒先生是施密斯与埃尔德公司的一员,被夏洛蒂形容为一个严厉且无礼的小个子,他曾请求她嫁给他,但她拒绝了。这之前,两个年轻的牧师向她求过婚,也被她拒绝了,她父亲或邻近教区的牧师手下的两三个副牧师也特别关注过她,但夏洛蒂让这些求婚者泄了气(艾米莉被姐妹们称作"少校",她对付这些人的方法很有效),她的父亲也不赞成,所以没有什么结果。但最后,她还是嫁给了父亲手下的一个副牧师阿瑟·尼科尔斯。1844 年,他来到霍沃思。她在当年写给埃伦·纳西的信中提到过他:"我无论如何也看不出你所发现的那些有趣的美德的萌芽,他给我留下的主要印象是心胸狭窄。"她对副牧师这个群体普遍蔑视,两三年后,她把他也列入其中:"他们把我看成老处女,我则认为他们全是些乏味透顶、目光短浅、毫无魅力可言的糙男人。"尼克尔斯先生是个爱尔兰人,假期去了爱尔兰,夏洛蒂照例给纳西写信说:"尼克尔斯先生还没回来,我很遗憾地说,很多教区居民表达了他不必再费心重新穿越海峡的意愿。"

1852 年,夏洛蒂给埃伦·纳西写了封长信,并附上一张尼克尔斯先生写的便笺,她写道:"这张便笺令我牵肠挂肚……爸爸看到了什么,或猜到了什么,我不会打听,但我猜得到。他气愤地注意到尼克尔斯先生情绪低落,扬言移居国外,而且健康状况欠佳,他对此并没有多少同情,反而有不少间接的嘲讽。礼拜一晚上,尼克尔斯先生来这儿喝茶,虽然没有看清,但我隐约感觉到了,有一段时间了,我不用看也能感觉到他坚定的表情和奇怪且兴奋的克制意味着什么。喝过茶,我一如往常退回餐厅。尼克尔斯先生照常和爸爸坐到八九点钟,接着,

---

[①] 乔治·瑞奇蒙,George Richmond,1809—1896,英国画家,职业肖像画家,年轻时是沿袭布莱克风格的复古派成员之一。

我听见他推开客厅的门，好像要走了。我等着听前门关上的声音，他在走廊上站下了，轻轻敲门，随后发生的事就像一道闪电从我身上划过。他进来了，站在我面前。他说了什么，你猜得到；他的举止，你几乎搞不懂，我也无法忘记；他浑身颤抖，脸色惨白，声音很低、很激烈，却又很吃力，他让我头一次感觉到，一个男人在示爱时怀疑对方不回应有多么费力。

"看到一个平日里如雕塑般的男人如此战栗、激动、情不自已，令我惊诧。他说起几个月来承受的痛苦，他再也无法忍受的痛苦，并恳请得到一些希望。我只能请求他暂时离开，并答应第二天给他答复。我问他征求过爸爸的意见没有，他说他不敢。我想我是把他半领半推出房间的。他走后，我立刻去找爸爸，把刚才发生的事告诉他，引发了他的焦躁和愤怒，激烈程度超乎想象。如果我真爱尼克尔斯先生，听到有人用那样的言辞侮辱他，一定无法容忍。事实上，我热血沸腾，感觉不公平。然而，爸爸进入了一种无法视同儿戏的状态，他太阳穴上的青筋如鞭绳暴起，眼睛里突然布满了血丝。我赶忙向他保证，明天就明确拒绝尼克尔斯先生。"

在另一封日期注明是三天后的信中，夏洛蒂写道："你问爸爸在尼克尔斯先生面前的表现如何？我真希望你在这儿，亲眼看看爸爸现在的心情：这样你会对他有所了解了。他对他是十分的轻蔑、万分的鄙视。他们俩还没有面谈过，一切都是通过书信进行的。我必须说，星期三，爸爸给尼克尔斯先生写了一张特别残忍的短笺。"她继续说她父亲"对缺钱想得太多了；他说我这是下嫁，自暴自弃，如果我真的结婚的话，他希望我千万不要这样"。事实上，勃朗特先生的表现和多年前他对玛丽·伯德的表现一样恶劣。勃朗特先生和尼克尔斯先生的关系变得极度紧张，以至于后者辞去了副牧师的职务。不过，他的继任者们也不让勃朗特先生满意，夏洛蒂终于被他的抱怨惹恼了，告诉他，要怪他只能怪自己。他只要让她嫁给尼克尔斯先生，一切都会好的。爸爸依旧"非常非常不友善，且极其不公正"，可她还是见了尼克尔斯先生，并与之通信。他们订了婚，1854年，他们结了婚。那时，她三十八岁。九个月后，她死于难产。

在埋葬了他的妻子、妻妹、六个孩子后，帕特里克·勃朗特牧师成了孤家寡人，在他喜欢的孤寂中独自用餐，在荒原上散步，只要逐渐衰退的体力允许，能走多远就走多远，看报纸，布道，回卧室睡觉的路上给钟表上发条。有一张他老年时的照片。一个男人穿着黑西装，脖子上戴着一条巨大的白领带，一头白发剪得短短的，眉目清秀，挺直的大鼻子，嘴巴闭得紧紧的，眼镜后面是一双暴躁的眼睛。他死在霍沃思，享年八十四岁。

3

我在写艾米莉·勃朗特和《呼啸山庄》时，对她的父亲、弟弟和姐姐夏洛蒂着墨更多，这并非有意为之，因为在记述这个家庭的书籍中，我们看到的大多是他们的情况，很少涉及艾米莉和安妮。安妮是个温和、漂亮的小姑娘，但无足轻重，她的才学不高。艾米莉则大不相同。她是一个奇怪的、神秘的、模糊的人物。她从未被人直接看见过，仿佛是荒原水塘中的倒影。你只能从她的一部小说、诗歌，及散落各处的暗示和零星的逸事中猜想她是怎样一个女人。她冷漠不群，是一个易动感情，且令人不安的人，而当你听说她沉浸于无拘无束的欢乐中时，有时她在荒原上散步就会这样，却叫人不自在。夏洛蒂有朋友，安妮有朋友，艾米莉一个朋友都没有。她的性格里充满了矛盾，她在严厉、武断、固执、苦闷、愤怒、褊狭的同时，虔诚、尽职、勤奋、毫无怨言，对所爱之人温柔，且有耐心。

玛丽·罗宾逊形容十五岁时的她"是一个个头儿很高、手臂很长的姑娘，完全发育了，走起路来有弹性，身材纤瘦，穿上最好的衣服时，如女王般高贵，但当她没精打采地走在荒原上，冲着狗吹口哨，或阔步走过粗糙不平的土地时，就懒散得像个男孩子了。这是一个高高、瘦瘦、行动灵活的姑娘——不丑，但五官不太端正，面色苍白暗淡"。她天生一头深色的秀发，后来用梳子松松束在脑后，看上去很美，但1833年，她弄了一头细密的小卷，不好看。她有一双漂亮的、淡褐色的眼睛"。和她的父亲、弟弟和姐妹们一样，她也戴眼镜。她长了一个鹰钩鼻和一张富有表情的突出的大嘴。她不顾什么时尚，羊腿袖早就不流行了，她照穿不误，长长的直筒裙裹住瘦长的身体。

她和夏洛蒂一起去了布鲁塞尔。她讨厌那个地方。朋友们想对两个姑娘好点，请她们周日和假日来家里玩，但她们太腼腆了，去的话简直是痛苦，过了一段时间，主人得出结论，不邀请她们才更体贴。艾米莉无法容忍闲聊，当然，闲聊的大部分内容是琐碎的，不过是表示友善罢了，人们参与闲聊是因为懂礼貌。艾米莉太害羞，无法参与其中，参与的人令她恼火。她的害羞中包含了胆怯和傲慢。如果她真那么怕见生人，穿得如此惹眼就奇怪了。通常，害羞本身带着一丝表现欲，人们可能认为，她穿可笑的羊腿袖是为了炫耀她对平庸之人的轻蔑，在他们中间，她总是张口结舌。

上学时的休息时间，姐妹俩总是一起散步，艾米莉紧紧依偎着姐姐，通常沉默不语。有人跟她们说话时，总是夏洛蒂答话，艾米莉极少跟人说话。她们都比其他姑娘大几岁，不喜欢她们身上与年龄相符的喧闹、快乐和傻气。黑格先生认为她很聪明，但过于固执，只要跟她的愿望或信条相抵触，什么劝说她都不听。他还发现她以自我为中心、过分苛求，对夏洛蒂的态度很蛮横。但他承认她身上有与众不同之处。她本该是个男人，他说："她坚强且傲慢的意志绝不会被反对或困难吓倒，有生之年绝不会让步。"

布兰威尔死后,艾米莉回到霍沃思,永远地回来了。她再也没有离开过那里。似乎只有在那里,她才能生活在给她的生命带来慰藉和折磨的幻想之中。

早上她比所有人起得都早,在年老体衰的女仆泰比下楼之前,她就把一天中最辛苦的家务事做完了。她给全家人熨衣服,煮饭也基本上是她的活儿。她做面包,面包做得很好吃。揉面团时,她会瞥一眼支在眼前的书。"跟她一起在厨房干活的姑娘们,也就是活儿多时叫来帮忙的姑娘们都记得,她在手边放一张纸和一支铅笔,灵感来了,正在煮饭或熨衣服的她就会放下手里的活计,匆匆记下某些急切的想法,然后继续干活。"她对这些姑娘总是非常热情友好,令人愉快,有时快活得像个男孩,那么和善可亲。给我提供消息的人说,面对陌生人,她却极为胆怯,如果肉店的伙计或面包师的徒弟来到厨房门前,她会像小鸟似的飞进大厅或会客室,直到听见他们的鞋钉重重地踩在小路上的声音。村里人说,"她更像小伙子,而不是姑娘"。她不喜欢男人,对父亲的副牧师连基本的礼貌都谈不上,只有一个例外,那就是威廉·维特曼牧师。他被描述为年轻英俊、口才好、机智风趣;他身上还有"某种女性的样貌、举止和品位"。他被这家人称为西莉亚·阿米莉亚小姐。艾米莉和他相处得极好。个中缘由,不难明白。梅·辛克莱在她名为《勃朗特三姐妹》的书中提到她经常用"男子气"这个词。罗默·威尔逊在谈到艾米莉时问:"孤独的父亲在她身上看到自己了吗?感觉到她是家里除他之外唯一的男人了吗?……她早就知道自己身上那个男孩,后来又知道了那个男人。"据说,夏洛蒂的小说中的谢利就是以艾米莉为原型塑造的。奇怪的是,谢利的老家庭教师责备她在说到自己时总是把自己当男人。女孩通常不会这么做,我们只能假设,这是艾米莉的一个习惯。她的性格和行为中有很多东西令她的同代人不解,今天却很容易解释。在那个年代,人们不像今天这样可以公开讨论同性恋,这常常会令人尴尬,但同性恋存在,有男同性恋,也有女同性恋,一直存在,还有一种可能,艾米莉自己、她的家人,以及家人的朋友,我说过,她没有朋友,都没有意识到她为什么会这么古怪。

加斯科尔夫人不喜欢她。有人告诉她,艾米莉"从没在乎过任何人,把爱全给了动物"。她喜欢它们的狂野和难以驯服。有人送给她一条叫"管家"的斗牛犬,关于它,加斯科尔夫人讲了一个奇怪的故事:"只要跟朋友在一起,'管家'就会忠诚至极,但如果有人用棍子打它,或者拿鞭子抽它,就会激起这只畜生残忍的天性,他会立刻扑向那个人的喉咙,抓住不放,直到其中一方只剩最后一口气。'管家'平日有这样的缺点,它喜欢偷偷上楼,将粗壮的黄褐色的四肢伸展开,趴在铺着精美的白床单的舒服的床上。但牧师寓所收拾得干干净净、一尘不染,'管家'这个习惯太讨厌了,为了回应泰比的抗议,艾米莉宣布,再发现它不听话,她会无视警告和斗牛犬出了名的凶猛,狠劲揍它,直到它再也不犯错为止。一个秋天的傍晚,暮色渐浓,泰比一半得意扬扬,一半哆哆嗦嗦,总之怒气冲冲地来告诉艾米莉,'管家'正躺在最好的床上,昏昏欲睡,享受得很。夏洛蒂看到艾米莉发白的脸和紧闭的嘴,但不敢过问,当艾米莉面色苍白,眼睛这样冒着光,嘴巴抿成石头样时,没人有这个胆量。她上了楼,泰比和夏洛蒂站在下面幽暗的走廊里,走廊充满了将至的夜晚的黑影。艾米莉下楼了,身后拖着不情愿的'管家',它的后腿加力反抗,颈毛被抓着,但一直恶狠狠地低吼。旁观者想开口,但不敢开口,怕分散艾米莉的注意力,导致她把目光从那头暴怒的畜生身上移开片刻。她松开了手,让它待在楼梯下面一个阴暗的角落里,没工夫去拿棍棒,担心它会扑过来抓住她的喉咙——在它跳起来之前,她攥紧拳头,捶向那双凶狠的红眼睛,用赛马的术语说就是,她"惩罚"了它,直到它的眼睛肿起来,这只神志不清、半瞎的畜生才被领回它平时的窝里,艾米莉还得亲自为它热敷和护理肿胀的脑袋。"

夏洛蒂这样写她："她当然无私且精力充沛，但是她不像我所希望的那么温顺、乐于听取不同的意见，我必须记住，人无完人。"艾米莉的脾气不好捉摸，她的姐妹们很怕她。从夏洛蒂的信中，我们可以推断，她很困惑，而且艾米莉经常惹恼她，显然，夏洛蒂不知如何看待《呼啸山庄》，也不清楚妹妹已经写出了一本别出心裁的书，她自己的书与之相比倒显得平凡了。她觉得有必要为此道歉。这本书打算再版时，她担任了编辑的工作。"我同样强迫自己通读一遍，自从妹妹死后，这还是我第一次打开这本书。"她写道，"文字的力量使我重新满怀赞赏之情，但我感觉很压抑：它简直不允许读者体会到一丝纯粹的欢悦，每一束阳光都是透过一块块预示要下雨的乌云倾泻下来的，每一页文字都负载着一种强烈的道德情绪，作者却没有察觉。"她又写道："如果朗读手稿时，听众受到那些迷失堕落的灵魂冷酷无情的性格影响而感到不寒而栗的话；如果有人抱怨，仅仅听到某些生动可怕的场景便会夜不成寐、日难心宁，艾利斯·贝尔[①]会纳闷怎么会这样，怀疑发牢骚的人装模作样。如果她还活着，她的思想会像大树一样生长，变得更高、更直、更枝繁叶茂——成熟的果子会更加甘美多汁，花朵会开得更灿烂。然而，只有时间和经验能对她的思想起作用，不易受到其他才智的影响。"人们倾向于认为，夏洛蒂从来就不了解自己的妹妹。

4

《呼啸山庄》是一本超凡的书。小说大抵能暴露它们所处的时代，不仅因为当时常见的写作方式，也与当时的舆论、作者的道德观，以

[①] 艾米莉·勃朗特的笔名。

及他们接受或拒绝的偏见保持一致。年轻的大卫·科波菲尔很有可能写出《简·爱》这类小说，尽管才能稍逊，阿瑟·潘丹尼斯①也很有可能写出类似《维莱特》②的小说，尽管劳拉的影响力无疑会让他避开赋予夏洛蒂的小说以辛辣感的赤裸的性描写。但《呼啸山庄》是个例外。它与那个时代的小说毫无关联。这是一本很糟的书。这是一本很好的书。它是丑的，它也有它的美。这是一本可怕的、令人痛苦的、充满力量和激情的书。有人认为，一个牧师的女儿，过着一种单调的隐居生活，认识的人很少，对世界一无所知，不可能写出这样一本书。依我看，这是无稽之谈。《呼啸山庄》极其浪漫。浪漫主义避开现实主义的耐心观察，陶醉于毫无羁绊的想象，时而兴致勃勃，时而忧愁苦闷，有恐惧、有神秘、有激情，也有暴力。考虑到艾米莉·勃朗特的性格，以及她受到压抑的激烈情感，据我们对她的了解，《呼啸山庄》正是她理应写出的那种书。但表面上看，更像她那个无赖哥哥写的，而且很多人相信，他要么写了全部，要么写了部分。有个叫弗兰西斯·格兰迪的人这样写道："帕特里克·勃朗特向我宣称，他姐姐也证实了这个断言，《呼啸山庄》的大部分内容是他写的……我们在鲁登登福特长时间散步时，他常讲些病态天才的奇思怪想逗我们开心，这些内容又在小说中出现了。我倾向于相信，故事情节是他虚构的，不是他姐姐。"有一次，布兰威尔的两个朋友迪尔登和莱兰跟他约好在通往基思利的路上的一家小酒馆见面，朗读彼此的诗作，下面就是大约二十多年后，迪尔登写给《哈利法克斯卫报》的话："我读了《魔后》的第一幕，可是当布兰威尔把手伸进他的帽子——通常，这是他存放即兴之作的容器——他以为他把诗稿放在里面了，结果发现，放进去的是他'牛刀小试'的几页小说。他既失望，又懊恼，正想把那几页纸放回帽子里，两个朋友恳请他念一下，他们都很好奇，想知道

---

①萨克雷的名著《潘丹尼斯》的主人公。
②夏洛蒂·勃朗特以笔名柯勒·贝尔出版的一部半自传体小说。

他的小说写得怎么样。他犹豫了一下，答应了我们的请求，他把我们的注意力吸引了大约一个小时，念完一页就把那页纸丢进帽子里。故事在一句话中间戛然而止，他给我们口述后面的故事，还说了人物原型的真实姓名；不过，其中一些人仍在世，我可不能把他们的名字公之于众。他说，书名还没定下来，他担心永远也遇不到一个有魄力将其呈现在世人面前的出版人。布兰威尔念的那个片断和其中介绍的人物——只要展开来写——就是《呼啸山庄》中的人物，而夏洛蒂自信地断言，这是妹妹艾米莉的作品。"

这番话要么是鬼话，要么是事实。夏洛蒂鄙视，且在基督教仁慈的界限内，憎恶她的弟弟，但众所周知，基督教的仁慈总是会体谅很多善良诚实的憎恨，夏洛蒂这番未经证实的话，我们不能接受。她或许曾说服自己去相信她愿意相信的东西，人们常常如此。这个故事十分详尽，没有什么特别的理由就虚构这样一个故事挺奇怪的。怎么解释？无法解释。有人暗示，布兰威尔写了前四章，后来他酗酒、吸毒，就放弃了，艾米莉接着写。有人认为，这几章的写法比后面夸张造作，在我看来，这种观点站不住脚；如果说这部分文字给人感觉更浮夸，我认为应该归因于艾米莉本人并非不成功的尝试，她想表明洛克伍德是个愚蠢自负的傻瓜。我丝毫不怀疑《呼啸山庄》是艾米莉写的，而且只可能是艾米莉写的。

必须承认，这本书写得很糟糕。勃朗特姐妹写得并不好。身为家庭教师，她们喜欢那种浮夸且学究气十足的风格，有人专门为这种风格创造了一个词——literatise。大部分故事是由来自约克郡的迪恩太太讲述的，她和勃朗特家的泰比一样，是个干杂活的仆人，谈话式的风格更合适，艾米莉让她的表达方式异于常人。以下是她典型的说话方式："我反复肯定说那次背信告密的事，如果该受这样粗暴的名称的话，也该是最后一次了，我借这个肯定来消除我对于这事所感到的一切不安。"艾米莉·勃朗特似乎意识到了，她让迪恩太太说出的词语，她不可能知道，为了解释这一点，她让迪恩太太说她在服侍人的过程中有机会读书，但即便如此，她话语中的自命不凡同样令人震惊。她不"看信"，而是"阅读书信"；她不寄"信"，而是寄"信函"；她不"离开房间"，而是"退出寝室"；她把她白天的工作称为"日间职业"；她"着手"，而不是"开始"；人们不喊不叫，而是"叫嚷"；他们也不"听"，而是"聆听"。令人感伤的是，这个牧师的女儿力求写得高贵，结果只做到了文雅。然而，人们并不指望《呼啸山庄》写得多么优雅：写得更好未见得就更好。正如一幅关于埋葬基督的佛兰德早期画作，瘦骨嶙峋的人们脸上痛苦的表情，以及他们僵硬笨拙的肢体动作，为画面增添了极大的恐怖感和直面事实的残暴感，提香对同一事件的描绘则充满了美感，与之相比，这种效果更深刻，也更悲惨。

《呼啸山庄》结构笨拙。这并不奇怪，艾米莉·勃朗特以前从没写过小说，她要讲一个复杂的故事，涉及两代人。这很难办到，因为作者要让两组人物和两组情节达到某种统一，她必须非常谨慎，不能让一组的趣味盖过另一组。艾米莉在这一点上做得并不成功。凯瑟琳·欧肖死后，力度削弱了一些，直到想象力十分丰富的最后几页。小凯瑟琳这个人物不令人满意，艾米莉·勃朗特似乎不知道该把她塑造成什么样。显然，她不能赋予她年长的凯瑟琳那种充满激情的独立性格，也不能赋予凯瑟琳她父亲那种愚蠢和软弱。她是一个被惯坏了的人，任性、不懂事、粗鲁无礼；对于她的痛苦，你无法深表同情。她是如何一步步爱上小哈里顿的，书中没有交代清楚。小哈里顿的形象很模糊，你只知道他闷闷不乐，且相貌英俊。我认为，写这样一个故事，作者不得不将几年的跨度压缩进一个时间段，让读者可以综观故事，就像将巨幅壁画一览无余。我不认为艾米莉·勃朗特慎重考虑过如何将统一的印象写成散乱的故事，但是我认为，她肯定问过自己，如何才能做到前后连贯；她或许想到，最好的办法就是让一个人物给另一个人物讲述一连串的故事。这种讲故事的方法很方便，不是她的创举。不利之处在于，当叙述者必须讲一大堆事时，比如景物描写，根本不可能保持一种谈话式的写作风格，头脑健全的人都不会想到这么做。还有，有一个叙述者（迪恩太太），就必须有一个倾听者（洛克伍德）。经验丰富的小说家或许能找到一种更好的方式来讲述《呼啸山庄》的故事，但我无法相信，艾米莉·勃朗特采用这种方式是因为，她是在别人创作的基础上写的。

然而，不仅如此，当你考虑到艾米莉·勃朗特的极端、她的病态、羞涩和沉默寡言时，我想，你就会想到她会采用这种写法。还有什么可供选择的方法吗？一种方法是从全知的视角写，比如《米德尔马契》和《包法利夫人》。我觉得，如果把这个无法无天的故事当成她自己的创造讲出来，会跟她严厉强硬的性格相抵触，如果她这么做了，难免要讲一讲希斯克里夫在离开呼啸山庄后都做了什么，比如那些年他如何受的教育，怎么赚的大钱。可是，她办不到，因为她根本不知道他是怎么做到的。要求读者接受的事实难以置信，她满足于交代一句就好。另一种方法是让一个人，比如迪恩太太，把故事讲给她，艾米莉·勃朗特听，用第一人称讲述，但我怀疑，这也会让她和读者靠得太近，导致敏感的她紧张战栗。而这样由洛克伍德讲故事开头，再由迪恩太太向洛克伍德展开故事情节，她可以说是把自己藏在了双重面具后面。勃朗特先生给加斯科尔夫人讲过一个故事，在这方面有意义。孩子们还小的时候，他想了解一下他们被胆怯的性格遮蔽的本性，于是让他们轮流戴上一张旧面具，躲在面具后头，他们就可以无拘无束地回答他的问题了。他问夏洛蒂，世上哪本书最好，她回答《圣经》；可当他问艾米莉他该如何对待她棘手的弟弟布兰威尔时，她说："先跟他讲道理，要是他不听劝，就拿鞭子抽他。"

那么，艾米莉写这部强大、激情、可怕的书时为什么要隐藏自己呢？我想这是因为，她在书中暴露了内心最深处的本能。她凝视内心孤独之源，发现那里有不可告人的秘密，尽管如此，她身为作家的冲动驱使她吐露隐衷。据说,点燃她的想象力的是,父亲过去经常讲的他年轻时在爱尔兰的奇特经历,还有她在比利时上学时读过的霍夫曼的故事,据说回到牧师寓所后,她仍坐在壁炉前的地毯上,搂着"管家"的脖子继续读这些故事。我愿意相信,她从这些德国浪漫主义作家的神秘、暴力和恐怖的故事中找到了某种吸引她自身狂野个性的东西,我认为,她在她隐秘的灵魂深处找到了希斯克里夫和凯瑟琳·欧肖。我认为她本身就是希斯克里夫,我认为她本身就是凯瑟琳·欧肖。书中的两个主要人物身上都有她的影子,这个写法是不是很奇怪?一点也不奇怪。没有谁是单一的,我们内心都住着不止一个人,通常,他们之间保持着一种非同寻常的伙伴关系。小说家的独特之处在于,他有能力将由各种人杂糅而成的个体形象具体呈现出来。他的不幸在于,如果这些人物身上没有他自己的影子,无论这些人物对故事来说有多么重要,他都无法把人物刻画得栩栩如生。这就是《呼啸山庄》中的小凯瑟琳不令人满意的原因。

　　我认为艾米莉·勃朗特把自己整个放在希斯克里夫身上了。她把她的暴怒,她热烈而受挫的情欲,她未得到满足的爱的激情,她的嫉妒,她对人类的仇恨与轻蔑,她的残酷,她的施虐心理全都给了他。读者会记得这件事:她为了一点小事就挥起拳头打爱犬的脸。埃伦·纳西还讲过一件怪事:"她喜欢把夏洛蒂领到她自己不敢去的地方。夏洛蒂对没见过的动物怕得要死,艾米莉则乐于把她领到近前,告诉夏洛蒂,她做了什么,是怎么做到的,并开心地嘲笑着她的恐惧。"我认为,艾米莉以希斯克里夫那种男性的、动物之爱爱着凯瑟琳·欧肖;我想,当她像希斯克利夫那样对欧肖又踢又踩,还把他的头往石板上撞时,她笑了,就像她嘲笑夏洛蒂的恐惧时那样;我想,当她像希斯克里夫那样,扇小凯瑟琳的耳光,肆意羞辱她时,她也笑了;我想,当她欺凌、辱骂、恫吓她塑造的人物时,她会有一种解脱感,因为在现实生活中,在人群中间,她就曾遭受过类似的羞辱。我还认为,凯瑟琳扮演了双重角色，尽管她同希斯克里夫争斗，尽管瞧不起他，尽管她知道他是一个凶狠残忍的人，她还是全身心地爱着他，她因为能压倒他而狂喜，由于施虐者身上总带着一点受虐的倾向，她为他的粗暴、他的残忍、他不驯服的性格着迷。她觉得他们是一类人，确实如此，如果我没猜错，他们都是艾米莉·勃朗特。"耐莉，我就是希斯克利夫！他永远永远地在我心里。他并不是作为一种乐趣，并不见得比我对我自己还更有趣些，却是作为我自己本身而存在。"

《呼啸山庄》是个爱情故事，或许是作家笔下最奇特的爱情故事，比较奇怪的地方是：恋人们保持了贞洁。凯瑟琳疯狂地爱着希斯克利夫，希斯克利夫也疯狂地爱着她。对埃德加·林顿，凯瑟琳只有和善的忍耐，时常会被他惹恼。令人困惑的是，无论要面对怎样的贫穷，爱得如此轰轰烈烈的两个人为什么不私奔。令人不解的是，他们为什么没有成为真正的情人。也许艾米莉所受的教育导致她将通奸视为不可饶恕的罪过，也许她对两性的交媾充满厌恶。我相信这姐妹俩的性欲都很旺盛。夏洛蒂相貌平平，脸色蜡黄，从侧面看，鼻子很大。她籍籍无名、身无分文时就有人向她求婚，那时的男人都希望妻子能带来一份嫁妆。然而，美貌并非唯一让女人有吸引力的东西，事实上，绝世之美往往令人生畏：你会欣赏这种美，却不为其所动。年轻男子爱上夏洛蒂这么一个吹毛求疵、爱挑剔的年轻女人，肯定是觉得她很性感，也就是说，他们隐约觉得她性欲旺盛。嫁给尼克尔斯先生时，她并没有爱上他，她觉得他狭隘、武断、闷闷不乐，一点也不聪明。从她的信中可以清楚地看出，婚后她对他的看法有了很大转变，在她看来，他们着实轻佻起来了。她爱上了他，他的缺点不再重要。可能性最大的解释是，她的性欲终于得到了满足。我们没有理由认为艾米莉的性欲没有夏洛蒂强。

5

一部小说的起源是个很奇怪的事。在一个小说家的处女作中，就我们所知，艾米莉只写了一部，包含了却心愿和想象的自传成分，并非不可能。可以想象，《呼啸山庄》是纯粹幻想的产物。谁知道艾米莉在漫长的不眠之夜，整个夏日躺在石楠花丛中时，会有怎样的性幻想？大家一定都注意到了，夏洛蒂笔下的罗切斯特和艾米莉笔下的希斯克利夫何其相似。希斯克利夫可能是个私生子，是罗切斯特家的一个小儿子跟他在利物浦遇到的一个爱尔兰女佣生下的杂种。这两个男人都肤色黝黑、性情粗暴、面相凶狠、充满激情，且神秘莫测。他们的不同点在于，塑造他们以满足自身急迫且受挫的性欲的姐妹俩的性格不同。不过，罗切斯特是拥有正常本能的女人的梦中情人，她渴望献身于这个霸气无情的男人；艾米莉则把自己的阳刚之气、激烈的性格和残暴的脾气赋予了希斯克利夫。依我看，姐妹俩塑造的这两个粗暴且不好相处的人物的原型就是她们的父亲，帕特里克·勃朗特牧师。

尽管我说过，可以想象，艾米莉完全凭空构思出《呼啸山庄》，但我并不相信是这样。我本该想到，造就一部小说的富有成效的想法绝少如流星般突然出现在作者眼前；这种想法多半源于一段经历，通常是自己的情感经历，如果是从别人那里听来的，通常具有情感吸引力；然后开动想象力，人物和事件一点点产生，直到最后的成品面世。然而，很少有人知道，有助于点燃作者的创造火花的是多么小的一个暗示，一件看似多么无关紧要的小事。当你注视着仙客来，心形的叶子围绕盛开的花朵，淡漠的花瓣一副任性的模样，好像它们是胡乱长出来的，我们似乎难以相信，如此悦目的美丽、浓艳的色彩竟然来自一粒针头大小的种子。因此，有一粒可繁殖的种子便能造就一部不朽之作。

在我看来，只有读读艾米莉·勃朗特的诗才能猜到，究竟是怎样的情感经历导致她通过写作《呼啸山庄》来试图解除痛苦。她写过很多诗，水平参差不齐，有的平庸，有的动人，有的可爱。她似乎最熟悉礼拜日在霍沃思教区教堂唱诵的赞美诗的韵律，然而，她所采用的平庸的韵律无法掩饰她的激情。许多诗歌来自《冈德尔传奇》，冈德尔是她和安妮小时候自娱自乐，想象出来的一个岛屿，她们为它书写漫长的历史，艾米莉长成大姑娘后仍在写。也许她认为这种方式便于释放内心的痛苦，她天性缄默，不愿用其他方式讲述出来。其他诗似乎就直抒胸臆了。1845年，她在去世前三年写了一首诗，名叫《囚徒》。据我们所知，她从未读过任何神秘主义作品，然而，她在这些诗作中对神秘体验的描述，让人不可能相信她讲的不是个人经历。她使用了几乎与神秘主义者同样的措辞来描述自己与上帝合一又分离后内心所感受到的痛苦。

"哦，遏制的可怖——剧烈的痛苦——
当耳朵开始倾听，当眼睛开始凝视，
当脉搏开始悸动，当头脑开始思考，
灵魂感知肉体，肉体感知镣铐。"

这几行诗无疑反映了一种有感触，且深有感触的体验。人们为什么会认为艾米莉·勃朗特的情诗只是练笔呢？我本该想到，这些诗清楚地表明，她曾坠入爱河，但被拒绝了，伤得很深。她是在哈利法克斯附近的洛希尔的一所女校教书时写下的这些诗。当时她十九岁。她几乎没有可能接触到男性（而且我们知道，她见到男人就躲），所以，根据她的性格，我们可以猜测，她很可能爱上了某个女教师或女学生。这是她一生中唯一的爱。这给她带来的痛苦很可能足以在她苦恼而敏感的这片沃土上埋下种子，结出我们知道的这个奇异的果子。我想不出还有哪部小说，其中爱情的痛苦、狂喜和无情得到如此有力地阐述。《呼啸山庄》有很大的缺点，但无关紧要，就像倒下的树干、散落的石头和风吹成的雪堆，可以妨碍，但无法阻止阿尔卑斯山洪顺着山坡湍流而下。你不能把《呼啸山庄》和其他任何书相提并论。你只能把它比作埃尔·格列柯[①]的一幅伟大的画作：在阴沉、贫瘠的风景中，在雷云之下，瘦长的人形做出扭曲的姿势，被一种非尘世的情绪搞得神魂颠倒，屏住呼吸。铅灰色的天空划过一道闪电，给这个场景平添一份神秘的恐怖感。

[①] 埃尔·格列柯，El Greco，1541—1614，西班牙著名画家，生于希腊克里特岛，卒于托莱多。原名多米尼克斯·希奥托科普罗斯，后被称为格列柯，意为希腊人。主要作品有《圣母子与圣马丁》《托莱多风景》《脱掉基督的外衣》《拉奥孔》等。

费奥多尔·陀思妥耶夫斯基和《卡拉马佐夫兄弟》

1

费奥多尔·陀思妥耶夫斯基生于1821年。他的父亲是莫斯科圣玛丽医院的外科医生,是一名贵族,陀思妥耶夫斯基似乎很重视这一点,他被宣判有罪后被剥夺了贵族身份,为此,他很痛苦。刚一获释,他就催促几个有权有势的朋友帮他恢复身份。但是俄国的贵族和其他欧洲国家的贵族不一样,俄国的头衔可以通过某种途径获得,比如做到一定级别的公职,意义似乎并不大,无非是把你跟农民和商人区别开来,允许你将自己视作绅士。事实上,陀思妥耶夫斯基的家庭属于清贫专业人士的白领阶层。他的父亲很严厉,为了让七个孩子接受良好的教育,不仅放弃了奢华享乐,甚至放弃了舒适的生活。从孩子们年幼时起,他就教导他们要适应苦难和不幸,为生活中的责任和义务做好准备。他们拥挤地生活在医院的两三间医生宿舍里。他们从不被允许独自外出,得不到零花钱,也没有朋友。除了医院的工资,他还有私人诊所的收入,终于,他在距莫斯科几百英里的地方买下一处小房产,从那时起,母亲和兄妹们就去那儿过夏天,这是他们头一次尝到自由的滋味。

Ten Novels And Their Authors

陀思妥耶夫斯基十六岁那年，母亲去世了，医生把最大的两个儿子米哈依尔和费奥多尔带到圣彼得堡，送进军事工程学院学习。长子米哈依尔因体质较差被学校拒之门外，费奥多尔就这样同他唯一喜欢的人分开了。他孤独且不悦。他的父亲要么不愿，要么不能给他寄钱，他连书和鞋子这些生活必需品都买不了，甚至无力支付常规的学费。医生安顿了两个大儿子，又把另外三个孩子寄放在莫斯科他们一个姨母处，然后关了私人诊所，同两个年幼的女儿一起，隐居到乡下的田庄里。他开始酗酒。他对孩子很严厉，对农奴的态度可谓粗暴，一天，他们杀死了他。

这时，费奥多尔十八岁。他的成绩不错，尽管缺乏热情，完成学业后，他被委派到作战部的工程部门任职。从父亲那里继承了部分财产，加上自己的薪水，当时他一年有五千卢布的收入。换成英国货币的话，当时这笔钱相当于三百英镑多一点。他租了一间公寓，迷上了桌球这个昂贵的爱好，他到处挥霍金钱，一年后，他辞了职，因为他觉得工程部的工作"像土豆一样乏味"，这时，他已债台高筑。直到生命的最后几年，他一直欠着债。他是一个不可救药的败家子，尽管挥霍无度令他陷入绝望，他却从来没有足够的意志力来抗拒自己的任性。他的一个传记作者曾这样指出，在某种程度上，他本身缺乏自信这点要对他浪费金钱的习惯负责，因为花钱的那一刻他感觉自己无比强大，过度的虚荣心因此得到了满足。后面我们将看到，这个不幸的弱点将使他的生活变得多么困窘。

还在读书时，陀思妥耶夫斯基就开始创作一部小说了，决定以写作为生后，他完成了这部小说。书名叫《穷人》。文学圈的人，他一个也不认识，不过，他有一个叫格里戈罗维奇的熟人跟一个叫涅克拉索夫的人很熟，后者正打算办一本书评杂志，格里戈罗维奇提议把这本小说拿给他看看。一天，陀思妥耶夫斯基很晚才回到住处，他整晚都在给一个朋友读他的小说，并一起讨论。凌晨四点，他步行回家。

他没有上床睡觉，而是打开窗户，坐在窗边。突然，门铃响了，吓了他一跳。格里戈罗维奇和涅克拉索夫激动地冲进来，眼泪都快掉下来了，一次次拥抱他。在此之前，他们读了这部小说，轮流大声朗读，读完时，夜已经深了，但他们还是决定立刻去找陀思妥耶夫斯基。"即使他睡着了也没关系，"他们对彼此说，"我们把他叫醒，这事儿可比睡觉重要。"第二天，涅克拉索夫把手稿拿给别林斯基，后者是当时最重要的评论家，他和这两位一样兴奋。小说出版了，陀思妥耶夫斯基发现自己成名了。

他并没有心平气和地接受成功。他曾被带去见一位帕纳耶夫·戈洛瓦乔夫夫人，她这样描述他给她的第一印象。"一眼便知，新来者是个极其紧张、易受影响的年轻人。又矮又瘦，一头金发，气色不好，小小的灰眼珠焦虑地瞄来瞄去，苍白的嘴唇不安地抽搐。在场的人他几乎全认识，可他似乎很害羞，不参与交谈，尽管大家为了消除他的拘谨感，也为了让他觉得自己是我们这个圈子的一员，轮流逗他说话。那晚以后，他时常来看望我们，拘束感逐渐消失：他甚至……喜欢上参与辩论，纯粹观点上的对立促使他当面拆穿所有人的谎言。事实上，他的年轻气盛，加上紧张的性格，让他完全丧失了自控，导致他过分炫耀身为作家的傲慢和自负。换言之，突然闪亮登上文坛令他眼花缭乱，文学界的大人物们的赞美令他不知所措，他，就像很多易受影响的人一样，在按部就班进入文学界的年轻作家们面前，掩饰不住地洋洋自得……他的吹毛求疵和妄自尊大的口吻表明，他认为自己比同行们强出不知多少倍……陀思妥耶夫斯基尤其怀疑所有人企图藐视他的才华。由于他从每一个坦率的字眼当中都能察觉出轻视他的作品和当面冒犯他的愿望，他总是渴望找碴儿吵一架，向假想的诋毁者发泄胸中全部的怒气，来我们家做客时，他常常心怀怨恨。"

凭借成功，陀思妥耶夫斯基签了一部长篇小说和几个短篇小说的合同。拿到预付款后，他继续过放荡的生活，朋友们为了他好，批评了他。他跟他们争吵，连给了他很大帮助的别林斯基也不例外，因为他不相信"他赞美的纯粹性"，他自认为是天才，是俄国最伟大的作家。欠的债越来越多，他被迫匆忙工作。长期以来，他的神经轻微紊乱，如今病了，他担心自己会发疯，或者患上肺痨。在这种情况下写出来的短篇小说均是失败之作，长篇小说也不值一读。曾大肆吹捧他的人转而猛烈攻击他，他们普遍认为，他江郎才尽了。

2

一天清晨，即1849年4月29日，陀思妥耶夫斯基被捕了，并被押往彼得堡罗要塞。他加入了一个青年组织，这些人被灌输了当时在西欧盛行的社会主义思想，他们一心要实施某些改革措施，尤其是解放农奴和废除审查制度，他们每星期聚会一次，交流想法。他们组装了一台印刷机，用于秘密传播组织成员撰写的文章。警察已经监视他们一段时间了，所有人都在同一天被捕。坐了几个月牢后，他们受到审判，其中有十五人，其中包括陀思妥耶夫斯基，被判处死刑。一个冬日的早晨，他们被押往刑场，士兵正准备行刑时，一个信使赶到，宣布死刑减为流放西伯利亚服苦役。陀思妥耶夫斯基被判在鄂木斯克服刑四年，刑满后，他当了一名普通士兵，被送回彼得堡罗要塞后，他给哥哥米哈依尔写了下面这封信。

"今天是12月22日，我们全部被带到谢苗诺夫斯基广场。他们在那里向我们宣读了死亡判决书，十字架拿给我们亲吻，匕首在我们头顶折断，丧服（白衬衫）也做好了，随后，他们命令我们三个站到执行死刑的木栅前。我是这排人里的第六个；三个人一组传唤我们，所以我在第二组，没有多少工夫可活了。我想到了你，哥哥，想到你的一切！在最后的时刻，我的心中只有你。我头一次意识到，我有多么爱你，我亲爱的哥哥！我还有时间拥抱一下身边的普莱斯特切夫和杜洛夫，向他们道别。最后，撤退信号响起，那几个本该站到木栅前的人又被带回来了，他们向我们宣读了命令，沙皇陛下准许我们活命，随后又宣读了最终判决……"

陀思妥耶夫斯基在《死屋手记》中讲述过牢狱生活的恐怖。其中一点值得注意。他记述道，刚到监狱的两个钟头，新来者便会同其他囚犯熟络起来。"可是，对于一名绅士、一个贵族而言，情况就不同了。无论他有多谦逊、脾气有多好、人有多聪明，从始至终，都会遭到他人一致的痛恨和鄙视，永远不被理解，更得不到信任。永远不会有人把他当成朋友或同志，尽管随着时间的流逝，他可能不再是众人羞辱的对象，但他仍无力过自己的日子，无法摆脱那个折磨人的念头：他是一个孤独的陌路人。"

陀思妥耶夫斯基并非什么绅士，他的生活和他的出身一样贫寒，除了荣耀过那么一阵子，他一直穷困潦倒。大家都喜爱杜洛夫，他的朋友兼狱友。陀思妥耶夫斯基的孤独，监狱生活带给他的痛苦，看样子至少有部分可以归因于他的性格缺陷——他的自负、自私、多疑和急躁。身处两百名同伴中间的孤独又迫使他回归自身："通过这种精神上的隔绝，"他写道，"我获得了一次机会，可以回顾过往的生活、剖析毫厘，探查迄今为止的存在方式，严厉无情地评判自己。"《新约全书》是他唯一获准拥有的书，他读个不停，这本书对他的影响极大。从那时起，他开始练习谦卑，同时压抑正常的人欲需求。"在一切面前谦卑起来，"他写道，"想想你过往的生活如何，想想你将来能够实现什么，想想你的灵魂深处潜藏着怎样一堆卑鄙、低劣和邪恶。"牢狱生活，至少在那段时间，震慑住了他自负专横的灵魂。出狱时，他不再是个革命者，而是一个王权和既定秩序的坚定支持者。出狱时，他还是个癫痫病人。

监禁期满后，他被送往西伯利亚一个小军镇，作为列兵完成刑期。那里的生活很艰苦，但他把这种痛苦当作他的罪孽应该受到的惩罚，因为他已得出结论，他的改革行为是有罪的。他写信给哥哥说："我不抱怨，这是我的十字架，我理应背负它。"1856年，经由一个老校友说情，他在军队升了职，生活比从前好了一些。他交了朋友，还谈了恋爱，恋爱对象叫玛丽亚·德米特耶夫娜·伊莎耶娃，是个政治犯的妻子，一个小男孩的母亲，这个被流放的政治犯因酗酒和肺病已奄奄一息。据形容，她是一个相当漂亮的金发美人，中等个、很瘦、热情、高贵。我们对她的情况知之甚少，只知道她和陀思妥耶夫斯基一样疑心重、好妒忌、喜欢折磨自己。他成了她的情人。但过了一段时间，她的丈夫伊沙耶夫从陀思妥耶夫斯基驻扎的村子被转走了，去了大约四百英里外的一个边防驻地，并死在了那里。陀思妥耶夫斯基写信向她求婚，她犹豫不决，一方面是因为他们俩都很穷，还有一个原因，就是她的心被一个叫佛古诺夫的"高尚且可爱"的年轻教师俘获了，她已经成了他的情妇。深爱着她的陀思妥耶夫斯基嫉妒得发狂，可是由于他喜欢让自己痛苦，再加上作为小说家，他有一种把自己看作小说人物的倾向，于是他做了一件很特别的事，宣布佛古诺夫比自己的亲兄弟还亲，并恳求一个朋友给他寄钱，好让玛丽亚·伊莎耶娃嫁给她的情人。

不过，他可以扮演一个心碎的男人，愿意为意中人的幸福牺牲自己，且不会有什么严重的后果，因为这个寡妇唯利是图，佛古诺夫尽管"高尚且可爱"，却身无分文，相反，陀思妥耶夫斯基已是一名军官，过不了多久，他的赦免状就该下来了，而且他没有理由不再写出成功的作品。1857年，这对情人结了婚。他们没有钱，陀思妥耶夫斯基一直借钱度日，直到无钱可借，他重又开始文学创作，可是，作为一个有前科的人，他必须拿到出版许可，这并非易事，婚姻生活也是如此，事实上，非常不如意，陀思妥耶夫斯基把这归因于妻子多疑且爱胡思乱想的性格。他没有意识到，其实他自己也性情急躁、爱争吵、神经过敏，而且缺乏自信，跟他刚成功时一样。他开始写各种小说的片断，然后搁到一边，又去写别的，最终作品很少，且无足轻重。

1859年，由于他本人的申诉和朋友们的关系，他获准返回彼得堡。哥伦比亚大学的欧内斯特·西蒙斯教授在他那本关于陀思妥耶夫斯基的有趣且有教育意义的书中，不无公正地指出，陀思妥耶夫斯基重获行动自由的手段可谓卑劣："他写了爱国主义诗歌，一首是庆祝亚历山德拉皇太后的生日，另一首关于亚历山大二世的加冕礼，他还为尼古拉一世驾崩写了挽歌。他给当权者和新沙皇本人写求救信，在信中明确表示自己崇拜这个年轻的君主，并把他形容为一视同仁、普照众生的太阳，他还宣称愿意为沙皇舍弃生命。他对自己的罪行供认不讳，但坚称自己已经后悔，并在为已经放弃的主张受苦。"

他同妻子和继子在首都定居下来。自从他作为罪犯离开这里，已经过去了十年。他和哥哥米哈伊尔一起办了一份文学杂志，名叫《时代》，他为这份杂志写了《死屋手记》和《被侮辱与被损害的》。杂志成功了，他的手头渐渐宽裕起来。1862年，他把杂志交给米哈伊尔打理，自己游览了西欧。他对此行并不满意。他觉得巴黎是"一座很无聊的城市"，那里的人唯利是图、心胸狭隘。伦敦穷人的悲惨生活和富人虚伪的体面令他震惊。他去了意大利，但他对艺术不感兴趣，他在佛罗伦萨待了一个星期，没去乌菲奇博物馆，而是靠读维克多·雨果的四卷本《悲惨世界》消磨时光。罗马和威尼斯都没看，他就返回了俄国。他已经不爱他的妻子了，她染上了肺结核，成了一个慢性病患者。

出国几个月前，时年四十岁的陀思妥耶夫斯基认识了一个年轻女子，她拿来一篇短篇小说，想在他的文学杂志上发表。她的名字叫波琳娜·萨斯洛娃，二十岁，是个处女，也是个美女，但为了显示自己见解高深，她剪了短发，戴上一副黑框眼镜。陀思妥耶夫斯基对她很着迷，回彼得堡后就诱奸了她。而后，由于一个投稿者的倒霉文章，杂志被停刊，他决定再次出国，他给出的理由是治疗自己的癫痫病，一段时间以来，他的病情加重了，但这只是个借口，他想去威斯巴登赌博，因为他发明了一种方法，可以把庄家的钱全赢过来，他还跟萨斯洛娃约好在巴黎见面。他把妻子临时安置在弗拉基米尔，一个距莫斯科有一段距离的城市，他从贫困作家基金会借了笔款子就出发了。

他在威斯巴登输掉了大部分钱，他不情愿地离开赌桌仅仅是因为，他对波琳娜·萨斯洛娃的热情胜过对轮盘赌的热情。他们原本计划好一起去罗马，可就在等他时，这个思想解放的姑娘同一个西班牙医科学生有了一段短暂的情事。被抛弃的她心烦意乱。遇到这种事，女人很难泰然处之，她拒绝和陀思妥耶夫斯基重修旧好。他接受了现状，并提议以"兄妹身份"去意大利，大概她也无事可做，就答应了。这一安排并不成功，缺钱的事实将问题复杂化了，他们有时要当掉一些小玩意，经过几个礼拜的"感情伤害"后，他们分手了。陀思妥耶夫斯基回到俄国后发现妻子生命垂危。六个月后，她死了。他给一个朋友写了这样一封信：

"我的妻子，这个爱慕过我，我也无限爱过的人，在莫斯科断了气，她是在死于肺痨前一年搬到那儿住的。我跟着她去了，整个冬天，我一刻不曾离开她床前……我的朋友，她无限爱我，我回报给她的感情也无法言表，然而，我们的结合并不幸福。等哪天见到你，我会把事情的原委一五一十讲给你听。不过，暂且不提我们在一起生活得不幸福，我们不该失去彼此的爱，我们对彼此的依恋应当与苦难成正比。你也许会觉得奇怪，是很奇怪，但这就是事实。她是我认识的最好、最高尚的女性……"

陀思妥耶夫斯基多多少少夸大了他的爱妻之情。那年冬天，他去了彼得堡两次，处理和哥哥共同创办的一份新杂志的事情。这本杂志不再像《时代》那样具有自由主义倾向，但后来还是停刊了。不久后，米哈伊尔患病离开了人世，欠了一屁股债，陀思妥耶夫斯基觉得自己有责任照顾他的遗孀和子女、他的情妇,以及情妇的孩子。他向一个富有的姑妈借了一万卢布,但1865年,他不得不宣告破产。他手上有一万六千卢布的借据,还有五千卢布的口头债务。债主们很麻烦,为了躲避他们,他再次向贫困作家基金会借钱,又签了一份定期交稿的小说合同,并拿到一笔预付款。凭着这些钱,他又去威斯巴登的赌桌上碰运气,当然,也是为了见见波琳娜。他向她求婚。她拒绝了。显然,即使她爱过他,现在也不爱了。我们可以推测,当初她屈从是因为,他是一位知名作家,同时还是杂志编辑,也许对她有用。但现在杂志倒了,他的相貌向来不起眼,而且已经四十五岁了,谢了顶,还是个癫痫病患者。我认为,没有什么比一个她在肉体上排斥的男人的性欲更能惹恼一个女人,坦白讲,如果他还不罢休,她真没准会恨他。我猜,波琳娜当时的情况就是这样。至于她怎么会变心,陀思妥耶夫斯基给出的理由是往自己脸上贴金。我会在适当的时候谈谈这个情况,以及这对他的影响。他把钱全输光了,于是陀思妥耶夫斯基向跟他吵过架,厌恶且鄙视的屠格涅夫写信借钱。屠格涅夫寄给他五十泰勒[①],靠着这笔钱,波琳娜得以去了巴黎。陀思妥耶夫斯基又在威斯巴登待了一个月。他既难受,又难过,只能安安静静地坐在屋子里,以免产生没钱满足的食欲。他手头紧到写信问波琳娜要钱。她似乎又在忙着谈恋爱,没给他回信。他开始写一本新书,他自己说是情势所迫、争分夺秒。这本书就是《罪与罚》。最后,他给一个西伯利亚时期的老朋友写的借钱信有了回音,拿到足够的钱后,他离开了威斯巴登,并在朋友的进一步帮助下,设法回到了彼得堡。

还在写《罪与罚》时,他忽然想起签过一份合同,必须在某个日期前交稿。他签的这份协议极不公平,倘若他不按期交稿,出版商有权出版他随后九年的所有作品,且不付给他一分钱。截稿日期马上就到了,陀思妥耶夫斯基黔驴技穷。这时,一个聪明人建议他雇个速记

[①] 旧时德国、奥地利或瑞士的银币。

员,他照办了,并在二十六天内完成了一部叫《赌徒》的小说。这个速记员叫安娜·格里高利耶夫娜,二十岁,相貌平平,但她高效、务实、有耐心、忠诚,而且崇拜陀思妥耶夫斯基。1867年初,他娶了她。他的继子、他哥哥的遗孀及其子女,料到从此他不会再像从前那样供养他们了,便使劲跟这个可怜的女孩作对,他们做得太过分了,搞得她苦不堪言,于是她劝说陀思妥耶夫斯基再次离开俄国。他又一次债台高筑。

这次他在国外待了十年。起初,安娜·格里高里耶夫娜觉得跟这位著名作家一起生活很难。他的癫痫病越发严重。他易怒、自负,不顾及他人的感受。他继续跟波林娜·沙斯洛娃通信,这无助于安娜内心的平静,但作为一名见识非凡的年轻女性,她把不满藏在心里。他们去了巴登巴登,在那里,他又开始赌博。他一如既往地输了个精光,又一如既往地给每一个可能帮助他的人写信要钱,要更多的钱。钱一到手,他就偷偷拿到赌桌上输掉。他们当掉了所有值钱的东西,一次次搬家,住处越来越便宜,有时甚至填不饱肚子。安娜·格里高里耶夫娜怀孕了。下面是他的一封信的片断,那时,他刚赢了四千法郎:

"安娜·格里高利耶夫娜恳求我说,赢了四千法郎该知足了,让我马上离开。可是还有机会呀,完全可能轻而易举地挽回一切。举几个例子?一个人除了自己赢的钱,每天还看到别人赢个两三万法郎(他看不到输钱的人)。这个世界上有圣人吗?我比他们更需要钱。我下的赌注比我输的钱多。我开始输掉仅剩的一点钱,这令我愤怒到狂躁。我输了。我当掉了衣服。安娜·格里高利耶夫娜当掉了她拥有的一切,包括最后几件廉价的首饰(真是个天使!)。她给了我怎样的安慰啊,在该死的巴登,我们躲在铁匠铺上面的两间小屋里,她是多么疲倦啊!终于,什么都没有了,一切都输光了。(哦,德国人真卑鄙,他们有一个算一个,全都是高利贷者、恶棍、流氓。房东知道我们在拿到钱之前无处可去,故意抬高了房租。)最后,我们不得不逃离巴登。"

孩子出生在日内瓦。陀思妥耶夫斯基继续赌博。把本该给妻儿提供急需的生活必需品的钱输掉后,他后悔不迭,但只要兜里有几个法郎,他就急忙赶回赌场。三个月后,令他悲痛欲绝的是,孩子死了。安娜·格里高利耶夫娜又怀孕了。两口子的日子过得十分艰难,为了给他自己和妻子买吃的,陀思妥耶夫斯基不得不向只有点头之交的人借钱,向这个借十法郎,问那个借五法郎。《罪与罚》大获成功,他着手写另一本书。他给它取名叫《白痴》。出版商答应每个月寄给他两百卢布,但他那不幸的癖好继续让他生活拮据,他被迫一再索要预付款。《白痴》不令人满意,他又开始写一本新小说——《永久的丈夫》,这之后是一部长篇小说,英文名叫 The Possessed(《群魔》)。与此同时,迫于形势,我认为指的是他们的信用透支的时候,陀思妥耶夫斯基带着妻儿不停搬家。可是,他们想家了。他从未克服对欧洲的厌恶。巴黎的文化与荣耀、舒适惬意的氛围(Gemutlichkeit)、德国的音乐、阿尔卑斯山的壮美、瑞士的湖泊明媚且神秘之美、托斯卡纳的雅致秀丽、佛罗伦萨的艺术宝藏,统统没有打动他。他觉得西方文明是资产阶级的、颓废的、堕落的,并且他坚信,它正濒于瓦解。"我在这儿变得愚钝狭隘,"他从米兰写信道:"我和俄国疏远了。我需要俄国的空气和俄国人民。"他觉得不回俄国,《群魔》永远也写不完。安娜也渴望回家。可是,他们没有钱,陀思妥耶夫斯基的出版商已经把全部连载稿费预付给他了。小说已经在杂志上连载了两期,由于担心连载中断,出版商寄来了车票钱。陀思妥耶夫斯基一家终于返回了圣彼得堡。

这是1871年,陀思妥耶夫斯基五十岁,他还有十年可活。

《群魔》广受欢迎,书中对当时激进青年的抨击为作者赢得了保守派的朋友。他们认为政府与改革做斗争时可以利用一下他,并给他提供了一份报酬优厚的工作:主编一份由官方资助的叫《公民报》的报纸。他在那里工作了一年,后来由于和出版人有意见分歧辞了职。安娜说服丈夫让她来出版《群魔》,这次实验成功了,此后安娜推出了他的作品的各种版本，从中获利不菲，使他的余生摆脱了贫困的苦恼。他余下的几年，寥寥数语便可带过。他以《作家日记》为题写了大量随笔。这些文章大受欢迎，他开始把自己看作导师和先知。这种角色，没几个作家不愿意扮演。他已经变成了一个狂热的斯拉夫优越论者，俄国民众热爱兄弟，他将这种兄弟情谊视作俄国民众独特的天赋，他们渴望为人类服务，他在他们身上看到了拯救俄国，乃至全世界的唯一希望。事态的发展表明他过分乐观了。他写了一部小说，名叫《少年》，最终定名为《卡拉马佐夫兄弟》。他声誉日隆，1881年，他突然去世时，已被许多人视为当时最伟大的作家。据说，他的葬礼现场是"俄国首都曾被目睹过的最不同寻常的民情证明之一"。

3

我已经尽量不加评论地讲述了陀思妥耶夫斯基的生平。他给人的印象是一个异常不可亲之人。自负是艺术家的职业病，作家、画家、音乐家、演员，概莫能外，但陀思妥耶夫斯基自负到了令人震惊的程度。他似乎从来没有想过，他大谈特谈自己和自己的作品，别人也有受够的时候。伴随自负的必然是缺乏自信，也就是现在所谓的自卑感。也许正因如此，他才公然蔑视作家同行。性格坚强的人很难因为坐过牢就变得谄媚顺从。他认为这一判决是对他犯下反抗当局这个罪过应受的惩罚，但这并不妨碍他竭尽全力争取赦免。这似乎不合逻辑。我已经说过，他向有权有势的人求助时卑躬屈膝到了何种地步。他完全没有自控力。受激情掌控时，什么审慎、应有的礼貌，都遏制不住他。所以，当他的第一任妻子身患重病、来日不多时，他会撇下她，跟波琳娜·萨斯洛娃一起去巴黎，被那个轻浮的女人抛弃后，才回到妻子身边。不过,最能体现他的弱点的,还是他的嗜赌成性。这个癖好一次次让他陷入赤贫。

读者可能还记得,为了履行一份合同,陀思妥耶夫斯基写了一个叫《赌徒》的中篇小说,写得并不好。书中最令我感兴趣的部分是,他十分生动地描述了他所熟知的左右受害者的心理;读了你就会知道是怎么回事了,尽管赌博会给他带来耻辱,给他和他所爱的人带来痛苦,并引发不光彩的官司(他从贫困作家基金会拿到的钱是让他写作用的,不是让他赌博用的),需要不停伸手向人要钱,人家已经厌烦了资助他,无论如何,他还是无法抵制这种诱惑。他是个爱出风头的人,凡是有创作天分的人,无论从事何种艺术,或多或少都会如此。他曾描写过一连串的好运如何满足自己这种丢脸的倾向。旁观者围拢过来,盯着这个幸运的赌徒,仿佛他高人一等。他们惊讶、钦佩,他成了众人关注的焦点。这对天性病态怯懦的不幸者而言是多么大的安慰呀!赢钱带给他一种令人陶醉的力量感,他感觉自己就是命运的主人,他的聪慧、他的直觉从不会出错,简直可以主宰运气。

"我只要展现一次意志力,一个小时内就能改变命运。"他发表赌徒宣言,"意志力是个伟大的东西。只要记住七个月前,我最后一次输钱之前,我在轮盘堡的遭遇!哦,这是展示决心的非凡实例。我输了个精光,精光啊。我正要离开赌场,结果发现马甲口袋里还有一枚金盾:'晚上我得吃点东西。'我想,但走出去一百步,我就改了主意,回去了。我押上了这枚金盾⋯⋯那种感觉实在怪异,当你孑然一身在一片陌生的土地上,远离家乡和朋友,不知道那天能不能吃上饭,却押上最后一枚荷兰盾,真真儿是最后一枚。我赢了,二十分钟后,我走出赌场,兜里揣着一百七十枚荷兰盾。这是真事。这就是最后一枚荷兰盾有时能做到的事。当时我要是灰心丧气了会怎样?要是我不敢冒险又会怎样?"

陀思妥耶夫斯基的官方传记由他的一位老朋友特拉科夫撰写,出

于著书的需要,他给托尔斯泰写了一封信,艾尔默·莫德在他写的《托尔斯泰传》中引用了这封信,我稍作删节后,将译文呈现如下:

> 写作的过程中,我始终要对抗一种厌恶的情绪,尽力压制内心的反感……我无法将陀思妥耶夫斯基看成一个善良或快乐的人。他是一个放荡堕落、满心妒忌的坏人。终其一生,他都是激情的牺牲品,激情让他变得荒唐可怜,不那么聪明,也不那么邪恶。为他作传时,我清楚地意识到了这些感受。在瑞士,他当着我的面,粗暴地对待他的仆人,那个人反抗了,对他说:"可我也是个人啊!"我至今仍记得这句话对我的触动有多大,它反映了在自由瑞士盛行的人权观念,针对的则是一个总是向其余人类鼓吹人道精神的人。类似的情景一再出现;他控制不了自己的脾气……最糟糕的是,他对自己的龌龊行径非但从不后悔,反倒引以为荣。龌龊行径对他有吸引力,他为此洋洋得意。维斯科瓦托夫(一位教授)曾告诉我说,陀思妥耶夫斯基如何吹嘘他在浴室里强奸了一个被她的家庭教师领来的小女孩……尽管如此,他沉浸在多愁善感和不切实际的人道梦想之中,正是这些梦想,加上他的文学要旨和作品倾向,让我们喜爱他。简言之,所有小说都在极力为作者开脱罪责,它们表明最顽固的恶行与最高尚的情操可以并肩存在……

确实,他的多愁善感是愚蠢的,他的人道主义是无益的。他对相对知识分子而言的"民众"了解甚少,他期待俄国的新生,对俄国人悲苦的命运没有多少同情。他猛烈攻击力图缓解平民疾苦的激进分子。他为穷人的凄惨状况提供的解决方案是"把他们的苦难理想化,并将此理解为一种生活方式。他给他们提出的不是实用的改革措施,而是宗教和神秘主义的慰藉"。

　　小女孩被强暴的故事令陀思妥耶夫斯基的崇拜者们痛苦不安，他们拒绝相信这是真的。安娜声称，他从未对她提起过此事。斯特拉霍夫显然是道听途说。但为了证实这一点，据悉，悔恨不已的陀思妥耶夫斯基把这件事告诉了他的一个老朋友，那人建议他以赎罪的方式向他在这个世上最恨的人坦白，此人就是屠格涅夫。陀思妥耶夫斯基初登文坛时，屠格涅夫曾热情赞美过他，还在物质上给予过他帮助，但陀思妥耶夫斯基讨厌他，因为他是个"西方人"：贵族、富有，而且成功。他向屠格涅夫忏悔，后者默默倾听。陀思妥耶夫斯基停顿了一下，或许就像安德烈·纪德所说的那样，他期待屠格涅夫像自己（陀思妥耶夫斯基）笔下的人物那样回应，将他揽入怀中，淌着热泪亲吻他，这样，两个人就可以和好了，然而，什么也没有发生。

　　"屠格涅夫先生，我必须告诉您，"陀思妥耶夫斯基说，"我必须告诉您，我深深地鄙视我自己。"他等着屠格涅夫开口。沉默继续。陀思妥耶夫斯基火了，大喊道："但是我更鄙视你。这就是我要对你说的话！"说完，他拂袖而去，"砰"地摔上门。这样的场景没人能比他自己写得更好，结果却被别人抢去了。

　　奇怪的是，他在自己的书中两次用到了这个令人震惊的情节。《罪与罚》中的斯维德里盖洛夫承认了同样丑陋的行为，陀思妥耶夫斯基的出版商不肯出版的《群魔》，在其中一章里，斯塔夫罗金亦是如此。或许值得注意的是，在这本书中，陀思妥耶夫斯基用夸张的手法恶意讽刺了屠格涅夫。真是无聊，又愚蠢，结果只是让一个不像样的作品更不像样，这么写似乎只是为了给陀思妥耶夫斯基一个机会发泄胸中的怨气。他不是唯一以怨报德的作家。在跟安娜·格里高利耶夫娜结婚前，他曾极不明智地把这个丑恶的故事讲给一个他正在追求的女孩听，不过，他是当故事讲的。我认为这是事实。他和他小说中的人物一样，喜欢妄自菲薄，依我看，他把这件有损名誉的事当亲身经历讲给别人听似乎也不是不可能。尽管如此，我还是不相信他谴责自己犯下的恶心的罪行是真的。我大胆猜测一下，这是他一直以来的幻想，既让他着迷，又令他恐惧。他笔下的人物经常做白日梦，很可能他自己也是。由于天性如此，小说家的白日梦很可能比大部分人的更精确，也更详细。有时，白日梦是这样的，他可以在小说中用一下，随后就忘掉。我觉得陀思妥耶夫斯基身上就发生过这种情况。在小说里用了两次这个可耻的故事，他就没兴趣了。或许这就是他从未跟安娜·格里高利耶夫娜说起此事的原因。

陀思妥耶夫斯基虚荣、嫉妒心强、好争吵、疑心重、谄媚、自私、喜欢夸口、不可靠、不体谅他人、狭隘、不宽容。总之，他是个可憎的人。然而，并非完全如此，否则，他不可能塑造出阿廖沙·卡拉马佐夫这个或许是所有小说中最具魅力的人物，他能塑造出佐西马长老这个圣徒也是不可想象的。陀思妥耶夫斯基真不是一个吹毛求疵的人。身处囹圄时，他就认识到，人可能犯下可怕的罪行，比如谋杀、强奸，或者抢劫，但同时拥有勇敢、慷慨、慈爱的品格。他是仁慈的，乞丐或朋友向他伸手要钱时，他从不拒绝。他自己一贫如洗时还会凑出一点钱来给他的嫂子和哥哥的情妇，给他那个不中用的继子，给他酗酒成性、一无是处的弟弟安德烈。他们靠他接济度日，就像他靠别人接济过活一样，但他心里一点怨恨都没有，似乎还觉得自己为他们做得不够多，并为此苦恼。他爱恋、仰慕、尊敬安娜·格里高利耶夫娜，认为她在各方面都比自己强；离开俄国那四年，他担心她单独跟自己在一起会觉得无聊，并为此苦恼，这一点令人心生感动。他不敢相信，尽管他身上有各种各样的缺点，对此他再清楚不过，却最终找到了一心一意爱他的人。

我想不出还有谁像陀思妥耶夫斯基这样，作为一个人和一个作家之间有着云泥之别。所有创造力强的艺术家身上可能都存在这种情况，然而，跟其他人比起来，作家尤为突出，因为他们的媒介是文字，他们的行为与交流之间的矛盾更令人震惊。或许是这样：创造天赋，在童年和少年时是一种正常的能力，过了青春期依然存在的话，就是一种疾病了，只有在损害人类正常特征的情况下才会蓬勃发展，也只有在混合了邪恶品质的土壤中才能茁壮成长，就像甜瓜施了粪肥才会更甜。陀思妥耶夫斯基惊人的独创能力使其成为世界上最卓越的小说家之一，而这种独创能力的源头，不是他身上的善，而是他身上的恶。

4

巴尔扎克和狄更斯塑造了很多人物。他们为人类的千差万别着迷，想象力被他们在人们身上看到的差异和将个体区分开来的特性点燃。不管人是好是坏，是愚笨，还是聪明，他们都是他们自己，所以都是可以拿来充分利用的材料。我怀疑，陀思妥耶夫斯基只对他自己感兴趣，还有其他人，但只在他们密切影响他的时候。对于漂亮的东西，有的人只有拥有了才会喜欢，从某种意义上来说，他就像这种人。有那么几个人物，他就满足了，这些人物在一部部小说中反复出现。《卡拉马佐夫兄弟》中的阿廖沙和《白痴》中的梅诗金公爵是同一个人，只是没有癫痫病。《群魔》中的斯塔夫罗金，不过是对《罪与罚》中的斯维德里盖洛夫的详细阐述。《罪与罚》的主人公拉斯柯尔尼科夫是《卡拉马佐夫兄弟》中伊万的翻版，只是没那么强硬。所有这些人物都源自陀思妥耶夫斯基痛苦、扭曲、病态的敏感。他笔下的女性人物类型更少。《赌徒》中的波莉娜·亚历山德罗芙娜、《群魔》中的丽莎贝塔、《白痴》中的娜塔莎和《卡拉马佐夫兄弟》中的卡特里娜和格鲁申卡是同一类女人；她们都是直接以波琳娜·萨斯洛娃为原型塑造出来的。这个女人给他造成的痛苦，对他的肆意羞辱，都是满足他的受虐心理所需要的刺激。他知道她恨他，他确信她爱他，于是以她为原型的女人想控制和折磨她所爱的男人，同时又顺从他，在他的手心里受苦。她们歇斯底里、满怀恶意、心肠狠毒，因为波琳娜就是这样的。分手几年后，陀思妥耶夫斯基在彼得堡见到她，再次向她求婚。她拒绝了。他怎么也无法相信，她竟然不喜欢自己，于是为了慰藉受伤的虚荣心，他抱有这样一种想法，那就是女人太在乎自己的童贞，对一个没有娶自己就夺去自己童贞的男人只有仇恨。

"你无法原谅我，"他对波琳娜说，"因为你曾把自己给了我，你现在是在报复我。"

陀思妥耶夫斯基对此深信不疑，不止一次用过这个概念。在《卡拉马佐夫兄弟》中，格鲁申卡在故事开始前的某个时候就被一个波兰人诱奸了，虽然这期间她被一个富商包养，她还是觉得，只有嫁给诱奸自己的人才能自我救赎。在《白痴》中，娜塔莎也不能原谅托洛茨基，因为他诱奸了她。我认为陀思妥耶夫斯基的这种心理有问题。童贞的特殊价值是男性伪造的，部分出于迷信，部分源于男性的虚荣心，当然，还有一个原因，不想抚育他人的孩子。我想，女性重视童贞，主要还是因为男性在乎，同时担心失去童真的后果。我认为我的说法是对的：一个男人，想要满足类似饿了就吃这么自然的需求时，即使他对欲望对象并没什么特别的感觉也会与之发生关系；而对于一个女人来说，如果不是出自本性，如果不是因为爱情，至少也是感情，那么性交只是一件讨厌的事，她只是把它当成义务，或者希望对方开心。我相信，一个处女将自己的身体献给一个她无感，甚至厌恶的男人肯定是一种讨厌的、痛苦的经历，但因此就耿耿于怀，且性格大变，在我看来是不可思议的。

陀思妥耶夫斯基很清楚自己身上的二元性，并加诸他笔下所有固执的人物身上。性格温顺的人，比如梅诗金公爵和阿廖沙，尽管亲切可爱，却是无用之人，实在令人奇怪。然而，"二元性"这个词本身就暗含着对人性的简化，与事实不符。人是一种不完美的生物。存在的主要动力是私利，否认这一点是愚蠢的；但同样愚蠢的是，否认他可以做到无私，而无私是高尚的。我们都知道，在危急时刻，人类可以挺身而出到何等地步，并展现出一种高贵的品格，他自己和别人都不知道他身上有这种品格。斯宾诺莎告诉我们，"一切都在其自身范围内竭力坚持其存在"；可我们也知道，为朋友牺牲的行为并非罕见。人身上混杂着罪恶与美德，好与坏，自私与无私，各种各样的恐惧与面对恐惧的勇气，以及吸引他这么做或那么做的癖性和偏好。构成人的各种元素如此不协调，却能在个体身上同时存在、彼此妥协，并达成一种貌似合理的和谐，实在令人惊奇。陀思妥耶夫斯基创造的人物身上并不具有这种复杂性。他们身上有支配的欲望，也有服从的欲望，有缺乏温情的爱，也有充满恶意的恨。奇怪的是，他们缺少人类的正常属性。他们只有激情。他们既没有自控，也没有自尊。他们的罪恶本能，并没有因为所受的教育、人生经历，或者使人免于丢人现眼的体统而有所减少。这就是为什么，照常理，他们的行为似乎极不可信，他们的动机完全不合逻辑。

我们西欧人认为他们的举动不可思议，惊讶的同时也能接受，如果真的接受的话，也是认为这是俄国人的正常举动。可是，俄国人真是这样吗？陀思妥耶夫斯基所处的时代的俄国人是这样吗？屠格涅夫和托尔斯泰都是他同时代的人。屠格涅夫笔下的人物很像普通人。我们都认识托尔斯泰笔下的尼古拉·罗斯托夫那样的英国青年，快乐、无忧、奢侈、勇敢、有爱、好交际；我们也认识一些像他妹妹娜塔莎那样漂亮、迷人、单纯、善良的姑娘；在我们国家找到彼埃尔·别祖霍夫那样蠢笨、慷慨、心眼好的胖子也并非难事。陀思妥耶夫斯基宣称，他笔下这些古怪的人物比现实更真实。我不知道他这么说是什么意思。蚂蚁和大主教一样真实。如果他的意思是，他们的道德品质使之出类拔萃，他就错了。如果艺术、音乐、文学中有什么价值可以纠正邪恶的性格、减轻痛苦、把一部分灵魂从人性的枷锁中解放出来，他们对此一无所知。他们缺少教养。他们举止恶劣，他们从粗暴对待彼此中获得邪恶的愉悦，目的只是伤害和羞辱对方。在《白痴》中，瓦尔瓦拉朝她哥哥脸上啐唾沫，因为他打算向一个她不喜欢的女人求婚，在《卡拉马佐夫兄弟》中，霍赫洛娃夫人拒绝借给德米特里一大笔钱，她根本没有理由借给他，他气得朝她接待自己的房间的地板上吐唾沫。他们是一群肆无忌惮的家伙，但又异乎寻常地有趣。拉斯柯尔尼科夫、斯塔罗夫金、伊万·卡拉马佐夫，跟艾米莉·勃朗特笔下的希斯克利夫和麦尔维尔笔下的亚哈船长是同一类人。他们随生活一同悸动。

5

陀思妥耶夫斯基花了很长时间酝酿《卡拉马佐夫兄弟》，可谓煞费苦心，自从他的第一本小说问世以来，穷困的处境根本不容许他这么做。总的来说，这是他结构最完善的作品。正如他的信中表明的那样，他默默相信那种我们称之为灵感的神秘的东西，并指望它能确保他写出想象中模糊的情景。然而，灵感这个玩意靠不住，往往只能在只言片语中出现。建构一部小说需要"连续精神"，通过这种逻辑感将素材编排得前后连贯，各个部分才能逼真地衔尾相属，构成一个整体，不留下尚待解释的地方。陀思妥耶夫斯基在这个方面能力不强。这就是为什么他最擅长描写场景。他在制造悬念和渲染情境方面确实有非凡的天赋。我读过的小说里，没有哪个场景比拉斯柯尔尼科夫谋杀老典当商那一幕更恐怖，也很少有哪个场景比《卡拉马佐夫兄弟》中伊万化身魔鬼遇见自己不安的良心那一幕更令人触目惊心。陀思妥耶夫斯基改不掉啰唆的习惯，他沉迷于滔滔不绝的对话，然而，即使相关人物如此恣意地表达自己，以至于你很难相信有人会这样表现，他们通常还是吸引人的。这里我顺带提一下他经常使用的一种激发读者战栗的易感性的手法。他笔下的人物的狂傲不安与口中说出的话极不相称。他们激动得发抖，相互辱骂，泪水夺眶而出，面红耳赤，面色铁青或者惨白。最平常的话语却被赋予了读者认为难以解释的意义，很快，这些肆无忌惮的姿态和歇斯底里的爆发搞得他激动不已，以至于他自己也心烦意乱起来，有事情发生时，他准备接受一次真正的震撼，什么事都没发生，他反倒有点心慌。

阿廖沙被设计为《卡拉马佐夫兄弟》的中心人物，小说的第一句就已点明："阿历克赛·费多罗维奇·卡拉马佐夫是我县地主费奥多尔·巴夫洛维奇·卡拉马佐夫的第三个儿子。老费奥多尔在整整十三年以前就莫名其妙地惨死了，那段公案曾使他名闻一时（我们县里至今还有人记得他哩）。关于那个案子，请容我以后再细讲。"陀思妥耶夫斯基是个很务实的小说家，不可能无缘无故就在开篇言辞凿凿地突出阿廖沙。但在小说中，同他的哥哥德米特里和伊万比起来，他扮演的只是一个从属角色。他在故事中进进出出，似乎对扮演更重要角色的人物没有什么影响。他的活动主要跟一群男生有关，他们的所作所为除了表现阿廖沙的魅力和慈爱外，跟主题的发展毫无关系。

可以这样解释：加内特夫人的《卡拉马佐夫兄弟》译本共有838页，这只是陀思妥耶夫斯基打算写的小说的一个片段。他计划再写几卷，继续展开阿廖沙的故事，让他经历许多人生沉浮，想必还要经受罪过的重大体验，历尽千辛万苦，最终得救。然而，死亡使陀思妥耶夫斯基未能如愿，《卡拉马佐夫兄弟》依旧是个片段。尽管如此，它仍是文学史上最伟大的小说之一，屹立于少数几部杰出小说之巅，这些作品凭借其强度和力量，拥有不同于其他小说的地位，显然，优点各异，其中有两个震撼人心的例子，那就是《呼啸山庄》和《白鲸》。

费奥多尔·巴夫洛维奇·卡拉马佐夫是个糊涂且粗俗的人，他有四个儿子，德米特里、伊万和阿廖沙，前面我已提过了，他还有一个私生子——斯美尔佳科夫，他住在家里，做厨子和贴身男仆。长子和次子恨这个丢脸的父亲；阿廖沙，书中唯一讨喜的人物，谁也恨不起来。E.J.西蒙斯教授认为，德米特里应当被看作小说的主人公。他属于那种被宽容者视作劲敌的人，这类人通常对女人有吸引力。"简单和深情是他的性格要素，"西蒙斯教授说，他进一步指出，"他的灵魂中有诗意，这体现在他的举止和多彩的语言中。他的一生犹如一部史诗，狂暴的行为被偶然的感情迸发缓解。"诚然，他高调声称自己的道德愿望，但他的行为并未因此得到改善，我想，人们不把这些当回事合乎情理。有时，他确实慷慨大方，但也有吝啬透顶的时候。他是个酒鬼，自吹自擂、恃强凌弱，挥霍起来不计后果，不厚道，不光彩。他和父亲都疯狂地爱着格鲁申卡，一个住在镇上被人包养的女人，他疯狂地吃老头子的醋。

在我看来，伊万这个人物更有趣。他聪颖、审慎、下定决心出人头地、野心勃勃。二十四岁时，他就凭借投给评论杂志的精彩文章为自己捞得了一些名气。陀思妥耶夫斯基把他形容为实干家，其聪明才智胜过那群在报社闲荡的倒霉的穷学生。他也恨自己的父亲。这个好色的老混蛋藏了三千卢布，如果格鲁申卡答应跟他上床，他就把这笔钱给她，为此，他被斯美尔佳科夫杀死了；经常扬言要杀死父亲的德米特里受到指控、审判，并被宣判有罪。这符合陀思妥耶夫斯基的计划，不过，为了达到这一目的，他被迫让相关人等的举止违背可能性。审判前夜，斯美尔佳科夫找到伊万，向他坦白说，人是他杀死的，并把偷来的钱归还给他。他还明明白白地告诉伊万，他杀死老头子是受了他（伊万）的鼓动，并得到了他的默许。伊万崩溃了，就像杀掉老典当商的拉斯柯尔尼科夫一样。然而，拉斯柯尔尼科夫神经狂乱、饿得半死、一贫如洗，伊万不是。他的第一反应是马上去找检察官，把实情告诉他，但他决定等到审判时再说。为什么？在我看来，只是因为陀思妥耶夫斯基觉得，到了那个时候，坦白会产生更震撼人心的效果。接下来是很奇怪的一幕，我已经提过了：伊万产生了幻觉，他的灵魂化身为一位衣衫褴褛、穷困潦倒的绅士，让他与他最糟糕的自我，他的卑鄙和虚伪对质。这时有人砸门。原来是阿廖沙。他进了门，告诉伊万，斯美尔佳科夫吊死了。形势危急，德米特里前途未卜。伊万确实心慌意乱，但并没有精神错乱。根据我们对他性格的了解，这样的时刻，他应该恢复镇定，理智行事。再自然且明显不过的是，他们俩应该去自杀现场，然后去找辩护律师，把斯美尔佳科夫坦白和自杀的事告诉他，并把他偷走的三千卢布交给律师。有了这些材料，那个据说能力非凡的辩护律师一定会让陪审团产生足够的怀疑，从而不愿做出有罪的判决。阿廖沙用湿毛巾给伊万敷头，伺候他躺下，给他盖好被子。我在前面已经提过，这个性情温和的人尽管心地善良，却实在百无一用。他从未像这次表现得这么明显。

至于斯美尔佳科夫的自杀，作者也没有给出任何解释。他被刻画成卡拉马佐夫的四个儿子中最有心计、心肠最硬、头脑最清楚，也最自信的一个。他事先谋划好，镇定自若地抓住好运气交给他的机会，杀死了老头子。他有诚实无欺的美誉，没有人会怀疑他偷了钱。证据指向了德米特里。在我看来，斯美尔佳科夫没有必要上吊自杀，除非给陀思妥耶夫斯基一个理由，让他以极度夸张的宣言结束那一章。陀思妥耶夫斯基是个耸人听闻的作家，而非现实主义作家，所以，他觉得自己有理由使用后者回避的方法。

德米特里被认定有罪后，作了一番陈述，声称自己无辜，末了，他是这么说的："我承受一切背着罪名公开受辱的苦难，我愿意受苦，我将通过受苦来洗净自己！"陀思妥耶夫斯基笃信受苦的精神价值，认为甘愿受苦就能赎罪，从而得到幸福。由此似乎得出了一个令人惊讶的推论，既然罪过引起痛苦，痛苦又通向幸福，那么，罪过就是必不可少且大有益处的了。可是,陀思妥耶夫斯基这种受苦可以净化改善品格的想法对吗?《死屋手记》中没有任何迹象表明,这对他的狱友有什么影响,对他自己当然毫无效果:正如我说过的,他出狱时和入狱时一个样。就肉体上的痛苦而言,我的经验是,长时间的病痛会让人牢骚满腹、自私自利、器量狭小、好猜忌。远远不是让他们变得更好,而是更坏。当然了,我也知道有些人,我自己也认识那么一两个,长期患病,不可能康复,他们反倒展现出勇气、无私、耐心和顺从,但他们以前就有这些品质,只是借着这种时机表露出来了。此外,还有精神上的痛苦。在文学界待久了总会认识一些人,他们享受过成功,但后来,由于这样或那样的原因,又失去了。这让他们变得闷闷不乐、言语尖刻、心怀怨恨、嫉贤妒能。我只能想出一个例子,这种不幸伴随着只有目击者才能懂得的羞辱,承受者表现出了勇气、尊严和坦然。毫无疑问,我谈论的这个人以前就有这些品质,只是他戴着轻浮的面具,人们不易察觉罢了。受苦是人类命运的一部分,但这一点并没有减少它的邪恶。

尽管人们指责陀思妥耶夫斯基行文烦冗,对此他自己也很清楚,但他不能,或者不愿改正;尽管人们希望他意识到应该避免不大可能的东西,不大可能的人,还有不大可能的事;尽管人们可能认为他的一些观点是错误的,《卡拉马佐夫兄弟》依然是一本了不起的书。它有一个意义深远的主题。很多评论家认为主题是寻找上帝;我个人倒想说,这是关于邪恶的问题。《争论的问题》这一节涉及了这个问题,陀思妥耶夫斯基恰当地将其视为小说的高潮。《争论的问题》包含一篇伊万对温柔的阿廖沙作的长篇独白。对人类的智力而言,全能至善的上帝的存在似乎与罪恶的存在互不相容。人为自己的罪过受苦似乎合情合理,可是无辜的孩子也要受苦,则让人从理智到情感都厌恶至极。伊万给阿廖沙讲了一个可怕的故事。一个小农奴,一个八岁的男孩,不留神抛了一块石头,把主人的爱犬的腿弄伤了。拥有大量田产的主人下令把男孩的衣服脱光,让他奔跑,随后放出所有猎犬扑向他,他的母亲眼睁睁地看着他被撕成了碎片。伊万愿意相信上帝的存在,但他无法接受上帝创造的这个世界的残忍。他坚持认为,无辜的人没有理由为罪人的罪过受苦;如果他们受苦,他们也确实受苦,那么上帝要么是邪恶的,要么不存在。这个论点很有说服力,但跟他全心全意希望相信的东西不一致,也就是,虽然世界是邪恶的,但由于它是上帝创造的,所以也是美好的。他赶紧写了一篇文章反驳,没有人比他自己更清楚,他没有成功。这一节冗长乏味,反驳得令人难以信服。

有关邪恶的问题亟待解决,伊万·卡拉马佐夫的控诉尚未得到答复。

托尔斯泰和《战争与和平》

1

前面谈到的小说以这种或那种方式各有不同，都不典型。下面我要谈的这部作品，尽管错综复杂，却凭借其形式和内容，置身于小说的主流，正如我在前面某一页讲过的，小说始于《达佛涅斯和克洛伊》这部田园传奇。《战争与和平》无疑是最伟大的小说，只能出自睿智超凡、想象力丰富、见多识广且洞悉人性的作者之手。以如此磅礴的气势、宏大的场面描写一段如此重要的历史时期，并展现如此众多的人物，依我看，前无古人，且将后无来者。同样伟大的小说或许还会有人写出来，但绝不是《战争与和平》这类。随着生活机械化，国家操控人民生活，教育千篇一律，阶级消失，个人财富减少，人人机会均等（如果这就是未来的世界），人依旧生而不平等。有些人生来就有成为小说家的特殊禀赋，但他们所认识的世界受到人和风俗的制约，更有可能造就出写《傲慢与偏见》的简·奥斯丁，而不是写《战争与和平》的托尔斯泰。这部作品理应被称为史诗。我想不出还有哪部小说真正配得上这一称号。托尔斯泰的朋友斯特拉霍夫，同时也是一名出色的文学批评家，曾用这样几句有力的话阐述自己的观点："一幅人类生活的全景图，一幅当时俄国的全景图，一幅人类历史与奋斗的全景图，一幅涵盖一切，人类可以从中发现自身的幸福与伟大、悲痛与屈辱的全景图。这就是《战争与和平》。"

2

托尔斯泰所出身的阶级并不怎么出大作家。他的父亲是尼古拉·托尔斯泰伯爵，母亲是一位女继承人，玛丽娅·沃尔康斯卡公爵小姐；他出生在母亲家的祖宅雅斯纳亚·波良纳庄园，是五个孩子中最小的，他还是孩子时父母便去世了。他先是跟一位家庭教师学习，后来就读于喀山大学和彼得堡大学。他是个差生，在两所大学均未拿到学位。他的贵族亲戚们帮他先后步入喀山、彼得堡和莫斯科的社交圈，参与他所属的上流圈子的娱乐活动。他身材矮小、貌不惊人。"我很清楚自己长得不好看，"他写道，"有时，我无比绝望：猜想这个世界上，像我这样长着如此宽的鼻子、如此厚的嘴唇、如此小的灰眼睛的人，是不会有幸福的；我祈求上帝创造奇迹，把我变得英俊，我愿意把我当时所拥有的，以及未来可能拥有的一切拿出来交换一张英俊的脸。"他不知道，他这张平凡的脸散发着一种极具魅力的精神力量。他也看不到他的眼神为他的表情增添了魅力。他衣着考究（希望像司汤达那样，靠时髦的穿着弥补相貌的丑陋），而且太看重自己的门第，以至于有些失礼。一个他在喀山大学时的同学这样描述他："我远远躲开那位伯爵，从我们初次见面起，他那一脸的冰冷、满头的怒发、半闭的眼睛、锐利的目光，就叫人反感。我还没遇见过哪个年轻人有如此奇怪且自大的神态，这对我来说是不可理解的……我跟他打招呼，他基本不理睬，似乎想恫吓我，暗示我们的地位有天壤之别……"

1851年，托尔斯泰二十三岁。他在莫斯科住了几个月。当炮兵的哥哥尼古拉休假，从高加索来到这里，假期结束时必须返回，托尔斯泰决定陪他一起回去。几个月后，他被说服参了军，作为一名士官生，他参加了俄军对山区叛乱部落的突袭行动。他对同袍们的评价似乎并不怎么宽容。"起初，"他写道，"这个圈子里的很多事都令我震惊，可是，我已经习惯了，但我并不与这些绅士为伍。我已摸索出一种快乐的中庸之道，既不骄傲，也不亲密。"真是个目空一切的青年！他身强体健，走一整天的路，骑半天的马，都不觉得累。他是个酒鬼，还是个不计后果、但运气很差的赌徒，有一次，为了还赌债，他不得不卖掉雅斯纳亚·波良纳庄园的房子，这可是他继承的财产。他的性欲很强，染上了梅毒。除了这个不幸的遭遇，他的军旅生活跟所有国家无数出身好又有钱的年轻军官的生活极其类似。花天酒地是他们发泄旺盛生命力的自然方式，由于他们认为，或许这个想法不无道理，这样可以提高他们在同伴中的声望，他们就越发甘愿沉溺于此。托尔斯泰在日记上写过，一晚，他寻欢作乐，或打牌，或玩女人，或跟吉卜赛人狂欢宴饮，从小说的内容判断，这在俄国是，或者曾经是很常见、但有些幼稚的快活方式，这之后，他曾痛悔不已，然而一旦机会出现，他照玩不误。

1854年，克里米亚战争爆发，塞瓦斯托波尔被围困期间，托尔斯泰指挥一个炮兵连。由于在乔尔纳亚河战役中"骁勇善战"，他被晋升为中尉。1856年，和平协议签署后，他辞去了军职。服役期间，托尔斯泰写了很多随笔和短篇小说，还有一部富于浪漫主义色彩的童年和少年生活回忆录。这些文字登载在一本杂志上，引起了好评和关注，返回彼得堡时，他受到了热烈欢迎。他不喜欢在那里遇到的人，他们也不喜欢他。他虽然坚信自己是真诚的，却从来无法相信他人的诚意，而且会毫不迟疑地说出来。他对公认的观点没有耐心。他性格暴躁、自相矛盾到荒谬的程度，傲慢且完全不在乎他人的感受。屠格涅夫说，他从未见过有什么东西比托尔斯泰那种追根究底的眼神更令人不安的，再来几句刻薄话，足以把人激怒。他完全不接受批评，偶然看到一封信在提到他时态度轻慢，他就立刻向作者发出挑战，朋友很难阻止他进行一场荒唐的决斗。

那时的俄国兴起了一股自由主义思潮。解放农奴成为当时紧迫的问题，托尔斯泰在首都待了几个月后，回到雅斯纳亚·波良纳庄园，他把一份要给农奴自由的计划摆在他们面前，但他们怀疑其中有诈，拒绝了。过了一段时间，他出国去了，回来后，他为农奴的孩子开办了一所学校。他的教学方法具有革命性。学生有权不来上课，即使在学校，也有权不听讲。完全不讲纪律，谁也没有受过惩罚。托尔斯泰给他们讲课，整个白天跟他们在一起，晚上还和他们一起做游戏，给他们讲故事，跟他们一起唱歌，直到深夜。

大约就在那个时候，他和一个农奴的妻子通奸，还生了一个儿子。此事并非心血来潮，他在日记中写道："我从未如此爱过。"后来，那个叫蒂莫西的私生子给托尔斯泰的一个小儿子当马车夫。传记作者们觉得有意思的是，托尔斯泰的父亲也有过一个私生子，也给一个家庭成员当马车夫。在我看来，这表明了一种道德上的迟钝。我原以为，托尔斯泰良心不安，真心想改善农奴的生活状态，让他们不再卑贱，教给他们清洁、体面和自尊，他至少该为这个男孩做点什么。屠格涅夫也有私生子，是个女儿，但他照顾她，请家庭教师教育她，深切关怀她的幸福。看到那个农民，他的私生子，坐在他的婚生子的马车的驾驶座上，他难道不会不好意思吗？

托尔斯泰有一个怪癖，就是他着手做一件新事时总是满怀热情，但迟早会厌倦。他缺少那么一点坚持不懈的美德。于是，办学两年后，他发现这么做的结果令人失望，就把学校关掉了。他感到疲倦，对自己不满，身体也不好。后来他写道，要不是生活中还有尚未探索、或许能带给他幸福的一面，他就真的绝望了。这就是婚姻。

他决定做这个实验。考虑了一大堆符合条件的姑娘,又出于这样或那样的原因放弃她们后,他娶了索尼娅,这个十八岁的女孩是别尔斯医生的次女,别尔斯是莫斯科上流社会的内科医生,是托尔斯泰家的故交。那年,托尔斯泰三十四岁。这对夫妇在雅斯纳亚·波良纳定居下来。婚后的十一年里,伯爵夫人生了八个孩子,随后的十五年间又生了五个。托尔斯泰喜欢马,骑术高超,还酷爱打猎。他的财产升值了,他在伏尔加河以东又购置了新的庄园,最终,他拥有大约一万六千英亩土地。他的生活遵循着一种人们耳熟能详的模式。俄国有很多贵族,年轻时赌博、酗酒、通奸,然后结婚,生一大堆孩子,在自己的庄园定居,照看田产,骑马,狩猎。和托尔斯泰一样具有自由主义思想的人也不在少数,他们为农民的愚昧无知苦恼,力图改善他们的命运。唯一使他有别于这些人的东西是,在此期间,他写出了世界上最伟大的两部小说:《战争与和平》和《安娜·卡列尼娜》。

3

年轻时的索尼娅·托尔斯泰似乎很迷人。婀娜的身姿、漂亮的眼睛、肉嘟嘟的鼻子、黑亮的头发。她充满活力、兴致高昂、嗓音悦耳。托尔斯泰长期记日记,他不仅记录他的希望和想法、祈祷与自责,还有他犯下的性和其他方面的过错。他不希望对未来的妻子有任何隐瞒,于是订婚后,他把自己的日记拿给她看。她大为震惊,但在一个以泪洗面的不眠之夜后,她把日记还给他,并原谅了他。原谅是原谅了,但并没有忘记。他们俩都是特别爱激动,所谓很有个性的人。通常,这意味着这类人有令人非常不快的特点。伯爵夫人难以讨好、占有欲强、嫉妒心重;托尔斯泰则苛刻、专断、褊狭。他坚持要求她亲自给孩子们喂奶，她也乐意这么做；但有一个孩子出生后，她的乳房疼得厉害，只得把孩子交给一个奶妈，于是他不通情理地冲她发火。二人偶尔口角，但总会和好。他们深爱彼此，总的来说，有很多年，他们的婚姻是幸福的。托尔斯泰工作勤奋，笔耕不辍。通常，他的笔迹很难辨认，不过，托尔斯泰每写完一部分都会为他誊写手稿的伯爵夫人在这方面是个能手，就连他匆匆记下的只言片语和不完整的句子，她都能猜出是什么意思。据说，《战争与和平》这本书她整整抄了七遍。

撰写此文时，我主要引用的是艾尔默·莫德的《托尔斯泰传》，还使用了他翻译的《忏悔录》。莫德的优势在于，他认识托尔斯泰和他的家人，他的叙事文有很强的可读性。遗憾的是，大部分读者或许并不想知道，但他还是应该多讲讲他自己，以及他自己的观点。我很感激 E.J. 西蒙斯教授那部完整、详尽、令人信服的传记。他提供了很多艾尔默·莫德大概经过慎重考虑略掉的事实。很长时间里，这本书必将是英文传记的典范。

西蒙斯教授这样描述托尔斯泰的一天："全家人聚在一起吃早餐，男主人的妙语和玩笑让谈话气氛轻松活泼。最后，他站起身说：'现在该去工作了。'随后手里端着一杯浓茶，消失在书房里。没有人敢打扰他。他午后现身是要锻炼身体，通常是散步和骑马。五点钟，他回来吃晚饭，狼吞虎咽一通，解饿后，他生动地讲述散步时的各种见闻，逗在场的所有人开心。饭后，他又躲进书房看书，八点钟，他来到客厅，同家人和来访者一起喝茶，这时总会有音乐、朗诵，或是儿童游戏。"

这是一种忙碌、有益、美满的生活，接下来的许多年，似乎没有理由不这样日复一日继续下去，索尼娅生孩子、照看孩子和房子、协助丈夫工作；托尔斯泰骑马、打猎、管理庄园、写书。他快五十岁了，对男人来说，这是一个危险期。青春已逝，回首往事，他们常常会问自己人生的价值何在；抬眼向前，只觉老之将至，前景令人不寒而栗。还有一种恐惧纠缠了托尔斯泰一生，那就是对死亡的恐惧。人皆有一死,大多数人足够理智,不去想它,除非身处险境,或身染重病。他在《忏悔录》中这样描述自己的心理状态:"五年前,我身上发生了一件很奇怪的事:一开始我很困惑,感觉遭遇了生活的瓶颈,仿佛不知道自己该如何生活,该做些什么。我迷失了,陷入无限的沮丧之中。但这些过去后,我依旧像往常一样生活。可是,这些困惑经常以相同的形式反复出现在我的生活中,而且越来越频繁。这些生活的瓶颈,往往以相同的问题来表达:人生的目的是什么?这一生何去何从?我觉得我的立足之地已经坍塌,我脚下已经什么都没有了。我赖以生存的一切已不复存在,什么都没有了。我的生活停滞不前。我能呼吸,能吃,能喝,能睡;同时又不能呼吸,不能吃,不能喝,不能睡,如行尸走肉一般,因为我已经没有想要满足,而又觉得合理的欲望了。

"这件事发生在我认为自己无论从哪个方面来讲都被人们认为是真正幸福的时候。那时,我还不到五十岁,有一个情投意合、善良的妻子,有优秀的子女,有良田万亩,田产不用我投入劳动就自动升值。亲戚朋友比以往任何时候都更尊重我。我被别人赞扬,用不着自欺欺人,我也确信自己很有名望。……我不仅没有心理、生理上的疾病,相反,我的身心更加健康了,这种心态我很少在同龄人身上发现,我能与农民在割草期一起工作而不落下风;智力方面,我能连续工作八到十个小时,没有任何不适。

"对我来说,内心世界呈现出来的是另一种景象:我之所以有生命,是仿佛有人给我的生活开了一个愚蠢、恶俗的玩笑。"

青年时期酗酒给他留下了严重的后遗症。他还是个孩子时就已经不相信上帝了,但信仰的缺失令他不快乐、不满足,因为他没有了用来解开生命谜题的理论依据。他问自己:"我为什么活?我该怎样活着?"他找不到答案。现在他又开始相信上帝了,然而,说来也奇怪,一个这么爱激动的人却是通过一番推理找到了信仰。"假如我存在,"他写道,"那就必定有原因,以及原因的原因,而一切的首要原因是人们所说的上帝。"有一段时间，托尔斯泰笃信俄国东正教，但令他反感的是，学者们的生活并不符合教义，他觉得自己无法相信他们要求他相信的一切。他打算只相信绝对且完全真实的东西。他开始接近穷人、普通人和文盲当中的信众。对他们的生活观察得越深入，他就越相信，尽管他们身处迷信的深渊，却拥有真正的信仰，信仰对他们来说是必不可少的，只有信仰能赋予他们的生命以意义，并使他们有可能活下去。

数年后，他才最终确定了自己的观点，那些年，他经历了痛苦、冥思和探究。简单概括这些观点很难，我犹豫再三才决定尝试一下。

他逐渐相信，只能在基督的话语中找到真理。他拒绝接受基督教教义中阐明的信条，认为那些都是明显的谬论，是对人类智慧的侮辱。他拒绝接受基督的神性、童贞女生子和耶稣复活。他拒绝接受圣礼，因为在教义中找不到任何依据，只用来掩盖真理。他一度不相信有来世，但是后来，当他相信自我是上帝的一部分时，才觉得自我随着躯体死亡而终结是不可想象的。最后，去世前不久，他宣称自己不相信创世的上帝，但相信存在于人的良知中的上帝。人们会认为，这样一个神灵跟半人马或独角兽一样，纯属臆造之物。托尔斯泰相信，基督教教义的本质在于"不要与恶人作对"这条戒律；他断定"什么誓都不可起"这条圣训不光适用于常见的咒骂语，也适用于一切誓言，包括证人席上的誓言和军人入伍时的誓言；而"爱你的敌人，祝福诅咒你的人"这句命令则不许人们与本国的敌人交战，遭到攻击时也不许自卫。然而，采用托尔斯泰的观点就要付诸行动，如果他得出结论，基督教的实质是爱、谦卑、自我否定、以德报怨的话，他会认为摒弃生活的乐趣、虚己下人、受苦和仁慈是责无旁贷的。

索尼娅·托尔斯泰是个虔诚的东正教徒，她坚持让孩子们接受宗教教育，并在各方面根据自己的见解尽职尽责。她不是一个非常注重灵性的女人，这么多孩子，都需要她亲自抚养，要确保他们受到良好的教育,还要管好这个家,确实没那个工夫。对于丈夫改变后的观点,她既不理解,也不赞同,但足够宽容地接受了。然而,当这种心意的转变导致行为上的变化时,她却心有不满,且毫不犹豫地表现出来了。他认为自己有责任尽量少消耗他人的劳动,于是他自己生炉子、打水、料理衣物。他想自食其力,于是请来一个鞋匠教他做靴子。在雅斯纳亚·波良纳,他跟农民们一起干活,耕地、运干草、伐木。伯爵夫人不赞成他这么做,因为在她看来,他从早到晚干的都是没用的活儿,即使干这类活的农民也都是年轻力壮的小伙子。

"当然,你会说,"她在给他的信中这样写道,"这样生活符合你的信念,你享受其中。这是另外一回事,我只能说:尽情享受吧!即便如此,令我恼火的是,这样的精神力量居然浪费在劈木头、烧茶炊、做靴子上——作为休息或调剂很好,但不能当专职做啊。"她说得很有道理。托尔斯泰认为体力劳动在任何方面都比脑力劳动高尚,这个想法是愚蠢的,况且,体力劳动并不更累人。每个作家都知道,写上几个钟头,身体就会疲惫不堪。工作本身并没有什么特别值得赞扬之处。工作是为了享受休闲,只有蠢人才会因为不工作的时候不知道该干什么才工作。然而,即使托尔斯泰觉得给闲人写小说是错的,我们还是认为他应该找个比做鞋更智能的工作,他的鞋做得很糟糕,送给别人,别人也穿不了。他开始一身农民打扮,变得又脏,又邋遢。有这样一个故事,一天,他装完粪肥回来吃晚饭,由于浑身是臭味,必须打开窗子才行。他曾痴迷打猎,现在也放弃了,而且为了不让动物被捕杀,成为盘中餐,他成了一名素食主义者。很多年来,他适量饮酒,如今则滴酒不沾,最后,经过一番痛苦的挣扎,他把烟也戒了。

这时候,孩子们都渐渐长大了,为了他们的教育着想,再加上大女儿塔尼娅即将步入社交界,伯爵夫人坚决要求冬天全家去莫斯科。托尔斯泰不喜欢城市生活,见妻子决心已定,他还是让步了。在莫斯科,看到贫富差距如此悬殊,他深感震惊。"我很难过,而且,这种感觉不会停歇,"他写道,"只要我有过剩的食物,有些人没有饭吃,我有两件外套,别人一件都没有,我就感觉自己在不停地犯罪。"人们劝他,一直在劝他,世上从来就有贫和富,而且将一直存在下去,但无济于事,他觉得这样不公平。他探访了一个贫民夜间寄宿处,看到那里的惨状,他甚至感觉没脸回家,在家里,他要坐下来享受五道菜肴,身边还有两个身穿礼服、戴白领结和白手套的男仆侍候左右。有的穷困潦倒之人急需用钱,向他求助,他也试图资助他们,但后来他得出结论:这些人从他那儿哄骗去的钱的作用弊大于利。"金钱是一种邪恶,"他说,"因此,与人钱财就是作恶。"由此,他很快便认定,财产是不道德的,占有财产有罪。

对于托尔斯泰这种人来说,下一步明摆着:他决定放弃他所拥有的一切,但在这一点上,他和妻子产生了严重的分歧,她可不希望沦为乞丐,也不想让孩子们身无分文。她扬言要告上法庭,并宣告托尔斯泰没有能力处理自己的事情。天知道经过怎样激烈的争吵,他提出把财产移交给她,她拒绝了,最后,她和孩子们分割了他的财产。这一年,这种争吵不止一次导致他离家出走,他要跟农民们住在一起,可是没走多远,他就被他给妻子带来的痛苦拽回去了。他继续生活在雅斯纳亚·波良纳,尽管周围奢侈的环境,只是适度奢侈,令他感到羞耻,但他依然从中获益。摩擦仍在继续。他不赞同伯爵夫人教育孩子的传统方式,也无法原谅她阻止他按自己的意愿处置财产。

在写托尔斯泰的生平简介时,我被迫略去很多有趣的内容,而他皈依之后三十年的生活,我必须处理得更简要一些。他成了一名公众人物,被公认为俄国最伟大的作家,并作为一名小说家、导师和道德家,在全世界享有盛誉。希望按照他的理念生活的人建起了聚居地。他们将他的准则付诸实施的企图失败了,他们的不幸遭遇既有教育意义,又滑稽可笑。由于托尔斯泰生性多疑、喜好争辩、不容异己,再加上他不加掩饰地深信,与他意见相左的人一定怀有卑劣的动机,他没剩下几个朋友；但由于他声名日隆，很多学生和朝拜者来参观俄国这片圣土，记者、观光客、崇拜者和信徒、富人和穷人、贵族和平民、纷纷来到雅斯纳亚·波良纳。

就像我说过的那样，索尼娅·托尔斯泰是个嫉妒心和占有欲都很强的女人，她一直想独占她的丈夫，讨厌陌生人闯入她的家门。她的耐心受到了严峻的考验："他一面向人们描述所有美好的情感，一面一如既往地生活，喜爱甜食、自行车、骑马和色欲。"还有一次，她在日记中写道，"我忍不住要抱怨，因为他为了人类幸福所实践的这一切让生活变得极为复杂，对我来说，生活越来越艰难了……他对爱与善的宣扬导致他对家人的冷漠，各种乌合之众闯进我们的生活。"

最早支持托尔斯泰的观点的人当中，有个叫切尔特科夫的年轻人。他很富有，曾是一名近卫军上尉，但在接受不抵抗原则后，他便辞去了军职。他是一个诚实的人，也是一个理想主义者和狂热分子，但他生性霸道，有一种将自身意志强加于人的非凡能力。艾尔默·莫德称，凡是跟他有联系的人要么变成他的工具，要么跟他争吵，要么不得不从他身边逃走。他和托尔斯泰之间迅速产生了依赖之情，这份感情一直持续到后者去世，他对托尔斯泰的影响力激怒了伯爵夫人。

托尔斯泰的朋友不多，而且大部分人认为他的观点过激，切尔特科夫却不停怂恿他再进一步，更加严格地将其付诸实施。托尔斯泰专注于灵性成长，以至于忽视了庄园，结果，尽管庄园价值大约六万英镑，每年却只带来区区五百英镑的进项。显然，这点儿钱不足以维持全家的开销和一大帮孩子的教育。索尼娅说服丈夫把1881年之前所写的一切作品的版权交给她，她拿着借来的钱，办起了自己的出版公司，经营得很成功，足以支付家庭开支了。然而，保留文学作品的版权显然与托尔斯泰"财产是不道德的"理念相悖，于是，切尔特科夫在操控他后诱使他宣布，1881年之后所写的全部作品进入公共领域，任何人都可以出版，这足以激怒伯爵夫人，然而，不仅如此，托尔斯泰还要她交出早期那些书的版权，当然，也包括那些非常畅销的小说，她断然拒绝了。她的生计，全家人的生计，全靠这个维持。随之而来的是尖酸激烈、旷日持久的争吵。索尼娅和切尔特科夫搞得他不得安宁。他被相互冲突的要求撕扯着，拒绝哪个，他都觉得不对。

4

1896年，托尔斯泰六十八岁。他已经结婚三十四年了，大部分孩子已长大成人，二女儿也快要嫁人了；他五十二岁的妻子，极不光彩地爱上了一个比她小很多的男人，一个叫塔纳耶夫的作曲家。托尔斯泰震惊、羞耻、愤慨。他给她写了一封信："你和塔纳耶夫的亲密关系令我作呕，我无法平静地容忍。同你继续在这样的情形下生活下去，只会缩短并毒害我的性命。一年了，我过的简直不叫日子。你知道的。我怒叱过你，也祈求过你。近来，我试着保持沉默。我什么都尝试过了，全都没用。你们的亲密关系仍在继续，看来要这样继续到底了。我再也无法忍受了。显然，你割舍不了，那么，只剩下一件事——分开。我已经下定决心这么做了。但我必须想出一个最佳的方式。我想，对我来说，最好是出国。我们必须找出最佳方案。有一件事是确定的——我们不能再这样继续下去了。"

可是，他们并没有分开，而是继续相互折磨。伯爵夫人以一种恋爱中的老女人的狂热追求着那个作曲家，一开始，他或许受宠若惊，但很快就厌倦了这种无以为报，且让他显得荒唐可笑的激情。她终于明白了他在躲她。最后，他当众羞辱了她。她的自尊心受到了极大的伤害，不久后，她得出结论，塔纳耶夫"无论身心都是不知羞耻、粗俗不堪的"。这桩有损尊严的风流事就此终结。

到了这个时候，这对夫妻的不和已尽人皆知，令索尼娅怨恨的是，托尔斯泰的信徒们，也是他仅有的朋友，都站在他那边，对她充满敌意，因为她阻止托尔斯泰做他们认为他该做的事。皈依并没有给他带来多少快乐，反倒让他失去了朋友，制造了家庭矛盾，引发了夫妻口角。追随者们指责他依旧过着安逸的生活，事实上，他也觉得自己应该受到谴责。他在日记中写道："我马上就七十岁了，长期抱有渴望宁静独处的精神力量，尽管没有达到完美的和谐，但总比我的生活跟我的信仰和良知严重不调和好些。"

他的健康每况愈下。随后的十年里，他生了几次病，有一次很严重，差点儿要了他的命。这个时期认识他的高尔基这样形容他：十分瘦小、白发苍苍，但双眼比以往更有神，目光也更锐利了。他的脸上沟壑纵横，蓄着一把乱蓬蓬的白胡子。他是个老人了，八十岁了。一年过去了，又一年过去了。他八十二岁了，他的身体迅速衰老，显然，只有几个月的活头了。恶劣的争吵又让他们心怀怨愤。显然，切尔特科夫并不完全赞同托尔斯泰"财产是不道德的"这个观点，他斥巨资在雅斯纳亚·波良纳附近给自己盖了一座大房子，尽管托尔斯泰对耗费金钱感到遗憾，但住得近了，自然更方便他们来往。现在他催促托尔斯泰实施他的愿望，也就是，他一去世，所有作品就进入公共领域。伯爵夫人勃然大怒，她对托尔斯泰二十五年前交给她的小说的控制权将被剥夺。她和切尔特科夫之间由来已久的敌意突然演变成公开的冲突。除了托尔斯泰的小女儿亚历山德拉完全受切尔特科夫摆布，其余的孩子全都站在母亲这边。他们不想过父亲让他们过的那种生活，尽管托尔斯泰已经把房产分给他们了，他们不明白为什么要被剥夺父亲的作品带来的大笔收入。据我所知，他们长大后没有一个自食其力的。可是尽管面对来自家庭的压力，托尔斯泰还是立下了一份遗嘱，将自己的全部作品留给公众，并宣布：在他死后，现存手稿将交给切尔特科夫，以便所有想出版这些作品的人免费获取。但显然这是不合法的，于是切尔特科夫怂恿托尔斯泰再写一份遗嘱。证人被偷偷带进来，以防伯爵夫人知道他们在做什么，托尔斯泰还把自己锁在书房里，亲手抄写了一份。遗嘱中，版权交给了他的女儿亚历山德拉，这是切尔特科夫提的名，他曾轻描淡写地写道："我确信，托尔斯泰的妻儿肯定不愿看到非家庭成员的某个人成为遗产受赠人。"由于这份遗嘱让他们失去了主要的生活来源，此话还是可信的。但切尔特科夫还是不满意，于是自己又草拟了一份，托尔斯泰坐在切尔特科夫家附近的森林里的一个树桩上抄写了一遍。切尔特科夫终于完全控制了他的手稿。

最重要的手稿是托尔斯泰晚年的日记。长时间以来，夫妇二人都有记日记的习惯，而且心照不宣，一方有权看另一方的日记。这种安排令人遗憾，因为一方读了另一方的抱怨会引发激烈的反唇相讥。早期的日记在索尼娅手里，但托尔斯泰把近十年的日记交给了切尔特科夫。她下决心得到它们，部分原因是最终出版可以获利，更重要的原因是，托尔斯泰坦率地讲述了他们之间的意见分歧，她不想让这些内容公之于众。她派人送信儿给切尔特科夫，要求他归还日记。他拒绝了。于是她威胁说，如果他不归还日记，她就服毒或投水自杀，托尔斯泰被她的大吵大闹搞得心烦意乱，把日记从切尔特科夫那里拿走了，但并没有交给索尼娅，而是存进了银行。切尔特科夫给他写了一封信，托尔斯泰在日记里对此评论道："我收到一封切尔特科夫的来信，信中充满责备的言辞，将我撕成了碎片。有时我真想远离所有这些人。"

从很小的时候起，托尔斯泰就时不时地想要离开这个充满喧嚣和苦恼的世界，隐居到某处，在孤寂中，致力于自我完善。和许多作家一样，他把这种渴望寄托在两个小说人物身上，即《战争与和平》中的彼埃尔和《安娜·卡列尼娜》中的列文，他特别偏爱这两个人。在生活现状的共同作用下，他的这种愿望几乎变成了一种执念。他的妻儿折磨他，朋友的非难也困扰着他，他们觉得他应当最终贯彻自己的理念。很多人为他的言行不一感到痛心。每天他都会收到伤人的来信，指责他虚伪。有个热切的门徒写信恳求他放弃自己的庄园，把财产分给亲戚和穷人，自己落得身无分文，走乡串镇去乞讨。托尔斯泰这样回复："您的来信深深地打动了我。您的提议一直是我神圣的梦想，但直至今日，我还是做不到。原因有很多……但主要原因是，我这么做一定不要影响到其他人。"我们都知道，人们常把自身行为的真实原因推给隐蔽的潜意识，就此事而言，我觉得，托尔斯泰既没有凭良心去做，也没有满足追随者的要求，原因很简单，那就是他不太想这么做。作家有一种心理，我从来没见任何人提过，尽管对于所有研究过作家生平的人来说一定显而易见。每一个富有创造力的作家的作品都是，至少在某种程度上，都是对本能、欲望和幻想——随你怎么叫——的升华，由于这样那样的原因，这些东西被遏制了，而通过文学表现出来，他就摆脱了那种用进一步的行动来释放的冲动，但他并没有百分之百满意，还会觉得不满足。这就是作家赞颂实干家，不情愿地嫉妒羡慕他们的起因。如果托尔斯泰没有因著书而挫其心志，或许他会在自身找到力量去做他真心认为正确的事，因为他的诚意是无可置疑的。

他是个天生的作家，出于本能，他会尽量用最有力，且最有趣的方式表达自己的想法。依我看，在他的说教性作品中，为了让他的观点更有说服力，他任由手中的笔随意驰骋，以一种更坚决、更强硬的方式阐述他的理论，倘若他停下来想一想由此可能产生的后果，他大概不会这么做。他确实也承认，理论所不允许的妥协在实践中不可避免。但这样一来，他就放弃了整个立场；如果妥协在实践中是不可避免的，这就意味着，实践是行不通的，那肯定是理论出了是什么问题。然而，对托尔斯泰来说不幸的是，那些怀着崇拜的心情成群结队来到雅斯纳亚·波良纳的他的朋友和门徒们无法甘心接受他们的偶像有屈尊妥协的念头。为了满足自己夸张的正当性，他们一再逼迫这位老人牺牲自己，这么做确实有点残忍。他是他自己的教义的囚徒。他的著作及其对很多人的影响,其中不乏灾难性的影响,因为一些人被流放了,一些人进了监狱,他所激发的忠诚与热爱,以及他所受到的崇敬,都把他逼到了一个只有一条出路的境地。他下不了决心走这条路。

终于,他离开家门,开始了那段悲伤的、著名的、以他的死亡告终的旅程,他终于决定迈出这一步,并不是他的良知和追随者们敦促他这么做,而是为了从妻子身边逃开。此举的直接起因倒十分偶然。他已经躺在床上了,不一会儿,他听到索尼娅在他的书房里翻东西。偷偷立遗嘱这事一直折磨着他,也许当时他认为她通过某种方式获悉了遗嘱的存在,正在找那份遗嘱。她走后,他起了床,拿了一些手稿,装了几件衣服,叫醒一段时间以来一直住在家里的医生,说他要离开这个家。亚历山德拉被叫醒,车夫也被他从床上拽起来,套好马,托尔斯泰在医生的陪同下,驱车前往车站。此时是凌晨五点钟,火车上拥挤不堪,冷雨中,他不得不站在车厢尽头的露天平台上。他先是在夏马丁下了车,他的妹妹在那儿的修道院做修女,亚历山德拉在此处与他会合。她带来消息,伯爵夫人已经发现托尔斯泰出走了,曾试图自杀。这种事她做过不止一次,但她对自己的意图没怎么保密,结果没有酿成悲剧,而是带来忙乱和烦恼。亚历山德拉催促他继续走,以防母亲发现他在哪儿,跟过来。他们启程前往顿河畔罗斯托夫。他已经感冒了,身体状况很糟糕;他在火车上病得厉害,医生决定必须在下一站下车。这是一个叫阿斯塔波沃的地方。站长得知病人是谁后,让出自己的房子供他使用。

第二天,托尔斯泰发电报给切尔特科夫,亚历山德拉派人去请她大哥,让他从莫斯科带一个医生过来。可是托尔斯泰的名气太大,一举一动不可能不为人所知,不到二十四小时,就有一个新闻记者把他身在何处告诉了伯爵夫人。她和当时在家的孩子一起赶往阿斯塔波沃,但当时他病得太厉害,大家觉得还是不要把她要来的消息告诉他,也不允许她进门。他生病的消息引起了全世界的关注。在那一周的时间里，阿斯塔波沃车站挤满了政府代表、警官、铁路官员、新闻工作者、摄影师，还有其他很多人。他们住在侧线上供他们住宿的火车车厢里，当地的电报局快忙不过来了。托尔斯泰将在万众瞩目下死去。更多的医生赶来，最后有五名医生给他治了病。他时常神志昏迷，但清醒的时候还惦记着索尼娅，以为她还在家，不知道他的去向。他知道自己快死了。他曾惧怕过死亡，如今不怕了。"这就结束了，"他说，"不要紧的。"他的病情又加重了。昏迷中，他仍高呼："快逃！快逃！"索尼娅终于获准进入房间，他已不省人事，她跪下来，亲吻他的手，他叹了口气，但没有任何迹象表明，他知道她来了。1910年11月7日，礼拜日，清晨六点零几分，托尔斯泰与世长辞。

5

托尔斯泰三十六岁时开始写《战争与和平》。这可是着手撰写一部杰作的好年纪。到了这个年纪，作家应该掌握了足够的创作技巧，获得了广泛的人生经验，依然充分拥有智慧活力，且正处于创造力的巅峰期。托尔斯泰选择描述的是拿破仑战争这一时期，高潮部分是拿破仑入侵俄国、莫斯科大火，以及法军的撤退与覆没。动笔写这部小说时，他原本想写一个关于贵族家庭生活的故事，历史事件仅充当背景。故事中的人物将会有许多在精神上给他们带来深刻影响的人生经历，历尽千辛万苦，最终将享受平静幸福的生活。只是在写作过程中，托尔斯泰才把重点越来越多地放在对立的两个强国间巨大的冲突上，并构想出一种被庄重地称为历史哲学的理念。前段时间，以赛亚·伯林先生出版了一本极有趣，且很有教育意义的小书，书名叫《刺猬与狐狸》，他在书中指出，托尔斯泰的思想是受到了一位杰出的外交家约瑟夫·德·迈斯特的一本著作的启发，这本书的名字叫《圣彼得堡的夜晚》。关于这个题目，我必须简单说几句，这并不是要败坏托尔斯泰的名声。小说家的工作并不是创造思想，而是塑造为其充当原型的人物。思想就在那里，正如人类就在那里，还有城乡环境、生活事件，事实上，关系到他们的一切，都可以拿来一用，为的是创作一部艺术品。读了伯林先生的书，我觉得有必要读一下《圣彼得堡的夜晚》。托尔斯泰在《战争与和平》的尾声的第二部分比较详细说明的观点，德·迈斯特用三页加以阐释，要旨包含在这句话里："C'est l'opinion qui perd les batailles, et c'est l'opinion qui les gagne."（是观点导致战败，也是观点导致获胜。）托尔斯泰在高加索和塞瓦斯托波尔亲眼见过战争，他的亲身经历使他可以生动地描绘小说中的各色人物参加的各种战争。他观察到的情况与迈斯特的观点十分相符。但他的文字冗长啰唆，有点晦涩难懂，我想，我们可以通过叙事过程中的只言片语和安德烈公爵的反思更好地理解他的想法。我顺便插句话，这是一个小说家传达自己的想法最适当的方法。

托尔斯泰的想法是，由于偶然的情况、未知的力量、判断的错误和突发事件，世上根本就不存在什么精确的战争科学，因此也不可能有什么军事天才，并非像大家普遍认为的那样，有什么影响历史进程的伟人，而是有一种隐秘的力量贯穿诸国，不知不觉间驱使他们走向胜利或失败。先遣部队的统帅所处的位置，如同一匹套在车上的马，朝着山下全速疾奔，在某个时刻，马不知道自己是拉着车跑，还是车逼着自己前进。拿破仑打胜仗，靠的并不是战略，也不是他麾下的大军，因为他的命令并未得到执行，要么就是局势有变，要么就是命令没有及时传达；还有一个原因，敌军坚信败局已定，放弃了战场。结局如何取决于一千个不可预测的可能性，任何一个可能性都可能瞬间决定局势。"就其自由意志而言，拿破仑和亚历山大的所作所为对这个或那个事件的成果所做的贡献，并不比一个自愿或强征入伍、被迫为他们打仗的新兵大。""那些所谓的伟人真的只是历史的标签,他们以自己的名字命名了某个事件,但他们作为标签,却和史实没有多大关系。"在托尔斯泰眼中,他们不过是傀儡,大势所趋,随波逐流,既不能抗拒,也无力控制。这里无疑有令人困惑之处。我不明白他如何协调事件"命中注定、无法抗拒的必然性"和"机会的反复无常",因为,当"命运"从门口进来时,"偶然"就从窗口飞出去了。

很难抗拒这样一种印象,托尔斯泰的历史哲学缘于他贬低拿破仑的愿望,至少部分上是。拿破仑很少亲自出现在《战争与和平》中,即使出现了,也似乎被描写得微不足道、容易上当、愚蠢可笑。托尔斯泰称他是"历史中那个极微小的工具,任何时候,哪怕是流放期间,他都没显示出任何男子汉的尊严"。托尔斯泰非常愤慨,连俄国人都把他视作伟人。他连骑马的姿态都不好。在这里,我还是最好先停一下。法国大革命造就了一批像科西嘉律师的儿子这样有雄心、有头脑、果敢且无耻的年轻人,人们不禁要问自己:为什么出人头地的偏偏是这个其貌不扬、有外地口音、没钱也没势的年轻人,他打了一次次胜仗,使自己成为法国独裁者,还臣服了半个欧洲?如果你看到一个桥牌选手赢得了国际比赛,或许会归因于他运气好,或者搭档出色;但不论他的搭档是谁,如果他连续很多年赢得比赛,承认他在这种运动上有特殊能力、天赋出众,比断言他获胜是之前的偶然事件所带来的不可抗拒的巨大压力造成的更容易。我本该想到,一个伟大的将军和一个伟大的桥牌运动员一样,需要集以下素质于一身,即知识、天分、勇气、估计可能性的智慧、判断对手心理的直觉。当然,时代环境帮助了拿破仑,但否认他有利用时代环境的才华,就只能说是心存偏见了。

然而,这一切并没有影响《战争与和平》的力度和趣味。故事带着你随日内瓦的罗讷河的急流与平静的莱蒙湖水相会。据说,书中共有大约五百个人物,个个立得住脚。这可是个了不起的成就。这部小说,不像大多数小说那样,把关注点放在两三个人,或某个单一的群体上，而是放在四个属于贵族阶层的家庭成员身上：罗斯托夫家、保尔康斯基家、库拉金家和别祖霍夫家。这部小说，如书名所示，讲的是战争与和平的故事，人物命运都在这个对比鲜明的背景下呈现。小说家必须应对的一个难题是，当主题要求他涉及截然不同的事件和一个以上的群体时，如何才能让从一组事件到另一组事件，一个群体到另一个群体的过渡真实可信，好让读者顺从地接受。如果作者成功地做到了这一点，读者就会感觉：他被告知了他需要被告知的一组事件和一组人物的情况，而且愿意被告知他们一段时间内一无所知的其他事件和人物的情况。总的来说，托尔斯泰纯熟地解决了这个难题，让你感觉自己关注的是一条单一的叙事线。

　　一般说来，小说家会根据自己认识或听说的人来构思人物，他也是这样，不过，他似乎并不仅仅利用他们做原型来发挥想象力，而是忠实地刻画他们。挥霍无度的罗斯托夫伯爵的原型是他祖父，尼古拉·罗斯托夫的原型是他父亲，可悲、可爱、相貌丑陋的玛丽娅公爵小姐的原型则是他母亲。时而也有人认为：刻画彼埃尔·别祖霍夫和安德烈·保尔康斯基公爵这两个人物时，托尔斯泰心里想的是自己；假如真是这样，那么说托尔斯泰意识到自身的矛盾，通过以自身为原型塑造两个截然相反的个体，以弄清搞懂自身的性格，并非捕风捉影。

　　这两个男人，彼埃尔和安德烈公爵，都爱上了罗斯托夫伯爵的小女儿娜塔莎，托尔斯泰把她塑造成了小说中最讨人喜欢的姑娘。没有比刻画一个既迷人又有趣的姑娘更难的事。通常，小说中的姑娘苍白无趣（《名利场》中的阿米莉亚）、一本正经（《曼斯菲尔德庄园》中的范妮）、聪明过头（《利己主义者》中的康斯坦尼娅·达累姆），或者纯粹是个小笨蛋（《大卫·科波菲尔》中的朵拉），要么傻乎乎地卖弄风情，要么天真到令人难以置信。对小说家而言，她们是棘手的主题，这是可以理解的，毕竟在如此稚嫩的年纪，个性尚未得到充分发展。同理，画家想要把一张脸画得有趣，人生的变迁、思想、爱情和苦难必须赋予它个性。给一位少女画像,他充其量能表现出青春的魅力和美。娜塔莎却是完全自然的。她温柔、敏感而可爱、孩子气,已经有女人味了,理想主义,性子急,心肠热,任性,变化无常,无论从哪个方面来讲,都很迷人。托尔斯泰塑造过众多女性形象,她们都无比真实,但没有哪个女人像娜塔莎这样赢得读者的喜爱。这个人物的原型是托尔斯泰太太的妹妹塔尼娅·别尔斯,查尔斯·狄更斯被小姨子玛丽·贺加斯迷住了,他也一样。这种相似性多么引人深思啊!

在爱她的两个男人,安德烈公爵和彼埃尔身上,托尔斯泰寄托了他自己对人生的意义和目标的热情追求,在安德烈公爵身上尤为明显。他是当时俄国普遍状况的产物。他是一个富有的男人,拥有广阔的庄园,还强迫一大帮农奴劳动,有谁惹他不高兴了,他就扒光那人的衣服,抽上一顿鞭子,或者把他从妻儿身边拉走,送到军队里当一名普通士兵。如果他喜欢上哪个女孩,或者已婚女人,他就派人把她叫来,供自己享乐。安德烈相貌英俊,轮廓鲜明,一双慵懒的眼睛,一副倦怠的神情。他实际上是浪漫小说中"阴郁的美男子"。他有骑士风度,为自己的门第和地位感到自豪,品格高尚,但傲慢、专横、褊狭、缺乏理性。他对地位相等的人冷淡傲慢,对地位不如自己的人则神气十足,但同时他宽容且仁慈。他很聪明,一心要出人头地。托尔斯泰用美妙的笔触这样写他:"当安德烈公爵有机会指导年轻人并且帮助他们在上流社会取得成就的时候,他就显得特别高兴了。因为高傲自负,他从来不会接受别人的帮助,但却在帮助别人的借口下,去接近那些获得成就并且吸引他的人。"

彼埃尔这个人物更令人困惑。他高大、丑陋,近视得厉害,必须戴眼镜,而且很胖。他能吃能喝,是个好色之徒。他笨手笨脚,一点也不圆滑,但脾气特别好、真诚得不得了、特别亲切、体贴无私,认识他的人没有不喜欢他的。他有很多钱,允许一群阿谀奉承之徒随意挥霍他的钱财,也不管他们多么没有价值。他是个赌徒,被他所属的莫斯科贵族俱乐部的成员无情欺骗。他早早就被骗婚，娶了个漂亮女人，她嫁给他是看上了他的钱，婚后她还轻率地与他人私通。与她的情人进行了一场可笑的决斗后，他离开她，前往彼得堡。路上，他偶遇一位神秘的老人，结果，此人是共济会成员。二人攀谈起来，彼埃尔坦承自己不相信上帝。"假使上帝不存在的话，我们根本就无法谈论他。"这个共济会成员回答道，接着这句话，他给彼埃尔讲了被称为"上帝存在之本体论证明"的基本内容。这个观点是坎特伯雷大主教安塞姆提出的，内容表述如下：我们将上帝定义为最伟大的思维对象，而最伟大的思维对象一定存在，否则，另一种同样伟大，且存在的思维对象就会更伟大。据此可以推断，上帝一定存在。这一论证遭到了托马斯·阿奎那的摒弃，被康德推翻，但说服了彼埃尔，抵达彼得堡不久，他就经人介绍加入了共济会。当然，在小说里，事件，无论是物质性的，还是精神性的，都要被压缩，否则永远不会终结：一场旷日持久的战争必须一两页就讲完，除非作者认为至关重要，其余的一切都要省略；改变心意亦是如此。在这一点上，我认为托尔斯泰做得有点过头；如此突兀的转变让彼埃尔显得异常浅薄。然而，结果是，他想放弃浪荡的生活，决定返回他的庄园、解放农奴、全身心地致力于他们的福祉。就像被赌友欺骗，他又被管家给蒙骗了，发现自己美好的心愿全部受挫。由于缺乏毅力，他的慈善计划大多落空，又过起了无所事事的生活。当他发现兄弟们只关注形式和仪式，很多人依附共济会"只是想亲近富人，并从这种亲近中获利"，他对共济会的热情就越来越小了。反感且厌倦的他重又开始赌博、酗酒、乱搞女人。

彼埃尔知道，且痛恨自身的缺点，但缺乏改正缺点所需的顽强的意志。他谦虚、仁慈、本性温厚，奇怪的是，一点常识都没有。他在博罗季诺战役中表现得很无能。身为一介平民，他驾着自己的马车上战场，挡住所有人的道，惹人讨厌，最后为了保命，他拔腿就跑。疏散莫斯科居民时，他留了下来，被当成纵火犯逮捕，并被判处死刑。

后来，死罪免了，但他还是被关进了大牢。法国军队大溃逃时，他和其他犯人也被带上了，最后，一群游击队员解救了他。

很难搞懂这个人到底是怎么回事。他善良、谦虚，性情十分温柔，同时软弱至极。我敢肯定，这个人物还原了原型生活中的样子。我认为他应该被视作《战争与和平》的男主人公，因为最后他娶到了迷人且称心的娜塔莎。我猜想，托尔斯泰是喜欢他的，描写他时满怀柔情和同情，但我不明白是否有必要把他写得这么蠢。

《战争与和平》篇幅这么长，写这本书要花很长时间，有时作者难免缺少热情。托尔斯泰以描述从莫斯科撤退和拿破仑军队的覆灭来结束这部小说。然而，这段很长，无疑也很必要的叙述，却有一个缺点，那就是把很多读者已经知道的情况又重复了一遍，除非有人对历史极度无知。其结果是缺少让读者翻页，急于想知道接下来会发生什么的惊喜感；所以，尽管故事讲得十分惨烈、富有戏剧性、哀婉动人，读起来还是不耐烦。他利用这些章节完成各种枝节问题的扫尾工作，让一些我们许久未见的人物再次登场，但我认为，他这么写的主要目的是要引出一个新的人物，此人对彼埃尔的灵性成长影响很大。

这个人就是彼埃尔的一个狱友普拉东·卡拉塔耶夫，他是农奴，因为偷木头被判在军中服役。他属于当时俄国的知识分子特别关注的一类人。他们生活在极端专制的统治之下，了解贵族阶层空虚轻浮的生活、商人阶层的无知狭隘，他们开始相信，拯救俄国要靠受压迫、被蹂躏的农民。在《忏悔录》中，托尔斯泰告诉我们，对他自身所属阶层无望的他转向旧礼仪派[①]，寻求赋予生命以意义的善良和信念。当然，有好地主，也有坏地主，有诚实的商人，也有奸诈

[①] 旧礼仪派，Old Believers，俄罗斯正教会中的一个反国教派别，亦称老信徒派。该派反对尼康和彼得一世的改革，成员多为下层贫民群众和低级教士。他们反对政府的横征暴敛，宣传平均主义和无政府主义，17世纪下半叶形成了强有力的反国教势力，曾遭沙皇的严厉镇压。

的商人，有好农民，也有坏农民。只有在农民中间才是美德，这不过是文学上的错觉。

在《战争与和平》中，托尔斯泰对普通士兵的刻画是最成功的人物刻画之一。彼埃尔自然会被他吸引。普拉东·卡拉塔耶夫爱所有人，毫无私心，愉快地承受苦难和危险。他性格温柔、情操高尚，而彼埃尔，一如既往地容易受到各种影响，他看到了普拉东身上的善，于是自己也相信起善来："那个已毁坏了的世界，如今带着一种新的美，在新的不可动摇的基础上，在他的心灵中活动起来。"彼埃尔从普拉东·卡拉塔耶夫那儿认识到"人只能从内心，从满足简单的需求中找到幸福，不幸并非源于贫穷，而是过剩，生命中没有什么东西太难面对"。终于，他发现自己拥有了徒劳寻觅多年的宁静与心安。

如果有的读者对托尔斯泰描写撤军的兴趣减少，尾声的第一部分则给了他们丰厚的补偿。这段写得十分精彩。

老一代小说家习惯在讲完该讲的故事后再告诉读者主要人物的遭遇。读者会被告知，男女主人公过上了幸福的生活，家境富裕，生了很多很多孩子，至于那个坏人，如果在结尾前还没有被干掉，则必定穷困潦倒，娶了个唠唠叨叨的老婆，这是他罪有应得。但作者写一两页就敷衍过去了，读者感觉这是作者轻蔑地丢给他一支安慰剂。这有待托尔斯泰把尾声写成具有真正价值的段落。七年过去了，读者被带到尼古拉·罗斯托夫家，他已经娶了一个富有的妻子，还生了孩子。安德烈公爵在博罗季诺战役中身负重伤。尼古拉斯娶的是他妹妹。彼埃尔的妻子在法军入侵时适时死去了，他自由了，娶到了爱慕已久的娜塔莎。他们也有了孩子。他们彼此相爱，可是，天哪，他们变得多么乏味，多么平庸啊！冒过风险、受过苦痛的他们安顿下来，沉迷于中年的自鸣得意。曾经那么温柔、那么令人捉摸不透、那么惹人喜爱的娜塔莎，变成了一个大惊小怪、难以取悦、脾气暴躁的家庭主妇。一度那么有骑士风度、兴致高昂的尼古拉·罗斯托夫，变成了一个固执己见的乡绅；彼埃尔则比以前更胖，依然温柔和善，却并不比以前更聪慧。大团圆式的结局着实可悲。我想，托尔斯泰这样写并非出于怨恨，因为他知道，这是一切的必然结果，他必须说实话。

结束语

1

你举办了一场聚会，请的都是些声名显赫之人，在催促最后一位客人上路、回到客厅后，你会很自然地，人性使然，跟你的太太，如果你有太太，如果没有，就跟与你同住的朋友，睡前喝最后一杯，边喝边议论这些人。A 状态不错。B 有个讨厌的习惯，人家正讲到兴头上，他突然来一句不相干的话打断人家，煞风景；看 A 那股喋喋不休、不知疲倦的劲头挺有意思，他根本不理会，接着往下讲，好像 B 从未开口似的。D 和 C 令人失望。他们不想费那个劲。他们从来就没想到过，参加聚会时，你有义务尽力让聚会顺利进行下去。你为其中一人辩解，说他很害羞，又为另一个辩解，说这对他来说是原则问题：没什么好说的就不说。你的朋友公正地反驳，要是大家都这么严于律己，聊天这玩意就消失了。你大笑，话题转到 E 身上。他一如既往地讽刺挖苦，刻薄劲儿丝毫不减：他闹情绪，因为他觉得自己的优点没有得到充分认可；成功会让他的态度变得温和起来，但如果他的话里不带刺儿，他的风趣也就不那么令人愉快了。你想知道 F 最近那桩风流事进展如何，还努力回想他那句让你大笑的精彩回答具体是怎么说的。总的来说,这次聚会不错,你们喝完酒,熄了灯,返回各自的卧室。

我谈论的这几位小说家陪我度过了好几个月的时光,在与他们永别之前,我想在头脑中总结一下他们留给我的各种印象,把他们当成我请来参加聚会的客人。这是一场混杂的聚会,但总的来说是欢快的。开始时是泛泛的交谈。托尔斯泰一身农民打扮,留着乱蓬蓬的大胡子,灰色的小眼睛扫来扫去,津津有味地谈上帝,粗鄙不堪地聊性爱。他自鸣得意地说自己年轻那会儿纵欲过度,但为了表明自己骨子里支持农民,他使用了更粗俗的字眼。陀思妥耶夫斯基意识到没有人真正欣赏他的才华很生气,闷闷不乐,沉默很久;突然,他大声斥责起来,要不是其他人都忙着聊天,根本没注意到他,可能会引发一场争吵。客人们分成很多小组。陀思妥耶夫斯基站起身,独自坐在一个角落里。当他注意到托尔斯泰的长衫用的是每码至少七卢布的好料子时,他那张满是创伤的脸上露出一丝冷笑。他无法原谅托尔斯泰,因为莫斯科的一家杂志的编辑曾拒绝买他的一部小说用于连载,原因是,为了《安娜·卡列尼娜》,他们刚花了一大笔钱。令他愤怒的是,托尔斯泰谈起上帝来,好像上帝是他的特权似的:难道他没读过《卡拉马佐夫兄弟》吗?陀思妥耶夫斯基冷漠的目光中掺杂着愠怒和厌恶,他打量着房间里的一个又一个人,直到目光落在一个年轻女人身上,她也独坐一隅。她的模样没什么看头,但他从她苍白的脸上看出她对同伴的鄙夷和不喜,这在他备受折磨的灵魂中引起了共鸣。她的表情中有一种灵性吸引了他。他已经听说这位是艾米莉·勃朗特小姐,于是起身向她走去,他拉过来一把椅子,坐在她身边。她顿时满面绯红。他看出她非常害羞,也非常紧张,他和蔼地拍了拍她的膝盖,她立刻把腿收回去了,为了让她放松,他开始给她讲他最喜欢的故事:在莫斯科的一个浴室,一个家庭女教师带来一个小女孩,他把那个小女孩强暴了;可是,由于语速过快,法语说得又很蹩脚,这位年轻女士一个字也没听懂,他对她讲,因为犯下这个罪过,他有多么悔恨痛苦,他的话才说到一半,她突然起身离开了。

当参与者散布于宽敞的房间各处时,奥斯汀小姐选了一个靠边的座位。司汤达尽管从未克服面对女性时的羞怯,还是觉得应该向她献献殷勤,但她冷淡的回应令他困窘不安,瞥见亨利·菲尔丁正跟赫尔曼·麦尔维尔聊天,他便加入了喧闹的一群人,这其中有巴尔扎克、查尔斯·狄更斯和福楼拜。奥斯汀小姐倒也乐得一个人待着,这样可以不受打扰地观察这群人。她看见勃朗特小姐离开跟她说话的那个相貌丑陋的小个子男人,坐到一张沙发的一角。这个可怜的小东西,穿着很差,还是羊腿袖;她的眼睛很漂亮,头发也很好看,但为什么打扮得这么不好看?看上去就像个家庭女教师,这可真叫人难过,当然,她是牧师的女儿,无疑,出身低微。见她一副迷惘孤单的表情,奥斯汀小姐觉得跟她说说话是友好的表示。于是,她站起身,挨着她坐在沙发上。艾米莉吓了一跳,对于奥斯汀小姐提出的友善的问题,她用尴尬的一两字来回答。奥斯汀小姐发现,勃朗特家的姐姐并未受邀参加聚会,对此她并不意外。这样也无妨,那位小姐对《傲慢与偏见》评价很低,认为作者缺乏诗意和柔情。不过,作为一个有教养的女人,奥斯汀小姐认为打听一下夏洛蒂小姐的情况是有礼貌的表现。艾米莉又用一个单音节词作答,奥斯汀小姐得出结论,对这个小东西来说,跟不认识的人交谈是一种痛苦,让她一个人待着更仁慈。她回到原来的座位上,因为卡桑德拉的缘故,她继续琢磨房间里的其他人。当然,一封信里有太多东西要讲,她必须等到她们在乔顿重聚的时候。想到自己逐一描述这些怪人,亲爱的卡桑德拉如何哈哈大笑,她的脸上露出一丝微笑。

狄更斯先生比奥斯汀小姐心目中的理想男性矮一些,打扮得又太过时髦;但他长了一张可爱的脸和一双漂亮的眼睛,看他那个活泼劲儿,大概是个有幽默感的男人,可惜太庸俗了。此外还有两个俄国人,其中一个人的名字不好念,看上去极讨厌,又普通;另一个是托尔斯泰,一副绅士派头,不过,外国人可说不准。奥斯汀小姐不明白他为什么穿那件奇怪的长衫,像件艺术家的衣服,还穿了一双笨重的大靴子。据说,他还是个伯爵,不过,她一向觉得外国头衔可笑。至于其他人——贝尔先生,人们叫他司汤达,又胖又丑;对于自命高雅的人来说,福楼拜先生的笑声太吵;至于巴尔扎克先生,他的举止很糟糕。事实上,今天在场的唯一的绅士是菲尔丁先生,他正在跟一个美国人交谈,奥斯汀小姐想知道,他到底能在那人身上发现什么让他感兴趣的东西。那个人是麦尔维尔先生,身材不错,高大挺拔,但他留着胡子,看上去像个商船的船长。他正在给菲尔丁先生讲故事,显然,这个故事很有趣,菲尔丁先生开怀大笑。菲尔丁先生有些醉意,不过,奥斯汀小姐知道男人经常这样,虽然有些遗憾,但并不震惊。菲尔丁先生风度翩翩,尽管样子有几分放荡,还是很有教养的,绝不输给她在哥德玛夏姆的兄弟,奈特先生的任何一个朋友。毕竟他是玛丽·沃尔雷-蒙塔古夫人的表弟,而且属于哈普斯堡后裔中的登比伯爵家族那一支。看到她在看他,他起身离开那个古怪的美国人,走到奥斯汀小姐跟前,给她鞠了一躬,问可否坐在她身旁。她微笑同意,尽量让自己显得亲切得体。他愉快地闲聊起来,很快,奥斯汀小姐就鼓起勇气告诉他,她小时候读过《汤姆·琼斯》。

"我相信它对您没什么害处吧,夫人。"他说。

"一点害处都没有,"她回答,"我认为它对有合理原则和良好判断力的年轻女士都不会有什么害处。"

然后,菲尔丁先生带着几分献殷勤的微笑,问奥斯汀小姐,她这么迷人、聪慧、优雅的女人怎么会一直未婚。

"我怎么可能结婚呢,菲尔丁先生?"她愉快地回答,"我要是嫁人也要嫁给达西,可是他已经娶了我那亲爱的伊丽莎白了。"

查尔斯·狄更斯加入到三个杰出小说家的谈话当中,他们是司汤达、巴尔扎克和福楼拜，但他感觉不太自在。尽管他们足够热情，但他还是觉得他们把他看成一个亲切的粗人。他们的观点很明显，法国之外创作不出任何有文学价值的作品。一个英国人竟然写小说，这简直是引人发笑的表演，就像马戏团里受过训练的小狗一样滑稽可笑，当然说不上有任何艺术价值。司汤达承认英国有莎士比亚，而且喜欢时不时地来一句"生存还是毁灭"；还有一回，福楼拜的嗓门儿格外大，他用揶揄的目光看着狄更斯，嘴里嘟哝着："余下的只有沉默。"通常，狄更斯是聚会上的灵魂人物，在那些夸夸其谈的人面前尽力做出一副开心的样子，但他笑得很勉强。听他们那么下流随意地谈论性爱奇遇，他着实震惊。他可不喜欢听人谈性。他们问他，英国女人是不是真的性冷淡，他不知如何回答，巴尔扎克粗俗地讲述他跟一个英国最上层的贵族成员吉多博尼伯爵夫人的风流韵事时，痛苦的他默不作声。他们拿英国人的过分拘谨打趣；"不得体"是英语词汇中最常用的词，这也不得体，那也不得体；司汤达说，英国人会给钢琴的琴腿套上裤子，这样学琴的姑娘做五指练习时就不会被淫念分心了。狄更斯以他一贯的好脾气忍受他们的戏谑，可是想到这些人根本不知道他和威尔基·柯林斯去巴黎旅行时开的那些玩笑，他又暗自发笑。最后那次远足，他们去看多佛白崖，柯林斯转过身面向他，异于往常，一脸严肃。"查尔斯，"他说，"英国的可敬，感谢上帝，正是牢牢建立在法国的不道德之上的。"查尔斯一时语塞，当他明白这句话的深意后，眼中噙满爱国主义的泪水。"上帝保佑女王。"他用沙哑的嗓音低声道。威尔基向来是个绅士，只见他庄严地举起了大礼帽。多么难忘的时刻啊！

2

很明显，这些小说家都具有突出且非凡的个性。他们都有发达的创作本能，而且酷爱写作。倘若以他们为标准下判断，我们完全可以放心地说，讨厌写作的作家算不上好作家。这并不是说，他们认为写作容易。写好了很难。但写作仍是他们的喜好。写作不仅是他们的谋生手段，也是一种如饥似渴的迫切需求。大概每个人都有几分创作本能。小孩子会很自然地摆弄彩色铅笔、画几幅小水彩画，等他学会了读写，通常还会写几首小诗、编个小故事什么的。我认为，一个人的创作本能会在二十几岁时达到巅峰，然后，有时因为它只是青春期的产物，有时因为日常事务和谋生的需要，他无暇练习，这种本能就渐渐枯萎死去了。然而，这种本能会继续存在于很多人，比我们以为的还要多的人身上，向他们施以重压，并令他们迷醉。由于内心难以遏制的冲动，他们成了作家。遗憾的是，尽管创作本能或许十分强大，但缺少创作出有价值的作品的能力。

到底是什么东西必须跟创作本能结合在一起才能让作家创作出有价值的作品呢？嗯，我觉得是个性。也许是讨喜的个性，也许是讨厌的个性，都无所谓。重要的是，有了某种天生的癖性，作家才能以一种特有的视角看待问题。哪怕人们普遍认为，他看问题的方式既不公正，也不真实，都无所谓。你也许不喜欢他眼中的世界，比如，司汤达、陀思妥耶夫斯基，或福楼拜眼中的世界；但他用来呈现这个世界的内在力量总会打动你；或者，你喜欢他的世界，就如同你喜欢菲尔丁和简·奥斯汀的世界，那么你就会关注这个作者。这一切都取决于你的性情，与作品本身的价值无关。

如果可以的话，我很想知道，我所谈论的这些小说家身上究竟有哪些特点使他们能够创作出合格观点一致叫好的伟大作品。我们对菲尔丁、简·奥斯汀和艾米莉·勃朗特所知甚少，至于其他人，对于这类探究而言，材料可谓汗牛充栋。司汤达和托尔斯泰写了一卷又一卷谈论自己的书；福楼拜有大量揭露隐情的信件；至于其余的人，他们的亲戚朋友们写过回忆录，传记作者们详细讲述过他们的人生经历。奇怪的是，他们的文化水平似乎都不高，福楼拜和托尔斯泰读过很多书，但主要是为写作搜集资料；其他人的阅读面并不比同一阶层的普通人更广。他们似乎对他们所从事的艺术之外的任何艺术都不怎么感兴趣。简·奥斯汀就承认过音乐会令她厌烦。托尔斯泰喜欢音乐，会弹钢琴。司汤达偏爱歌剧，这是一种为不喜欢音乐的人带来快乐的音乐表演。他在米兰时，每晚都去斯卡拉歌剧院，和朋友们闲聊、吃饭、打牌，跟他们一样，只有当一位著名歌唱家演唱一支知名的咏叹调时，他才会关注台上的情况。他对莫扎特、奇马罗萨[①]和罗西尼同等钦佩。我没发现音乐对其他人有什么意义。造型艺术亦是如此。他们在书中提到的绘画和雕塑作品表明他们的品位老套得令人难过。众所周知，托尔斯泰摈弃绘画，认为它毫无价值，除非主题提供道德意义。司汤达则哀叹，达·芬奇缺少圭多·雷尼[②]指导和示范的优点，他还声称，卡诺瓦[③]是比米开朗基罗更伟大的雕塑家，因为他创作了三十件杰作，米开朗琪罗只创作了一件。

当然，写一部好小说需要智慧，但那是一种特殊的智慧，也许并不需要太高端，这些大作家是智慧的，但并非智力超群。涉及一般理

[①] 奇马罗萨，Domenico Cimarosa，1749—1801，18世纪后半叶具有代表性的喜剧作曲家，人们往往把他比作"意大利的莫扎特"。奇马罗萨一生共写有70多部歌剧，代表作是喜歌剧《秘婚记》。

[②] 圭多·雷尼，Guido Reni，1575—1642，意大利画家。卢多维科·卡拉齐去世后，他接任波伦亚美术学院院长。54岁时被任命为罗马圣路加学院院长。雷尼的画风具有严谨的素描、明快的色彩，富有抒情的意境，风格很接近拉斐尔和柯勒乔。

[③] 卡诺瓦，Antonio Canova，1757—1822，意大利人，新古典主义时期欧洲艺术界最重要的雕塑家之一。

念时,他们的天真时常令人惊讶。他们接受当时盛行的一些哲学上的陈词滥调,用到小说中,结果往往不理想。事实上,理念并非他们分内之事,他们与理念有关系时对理念的关注是情绪化的。在概念思维上,他们没什么天赋。他们感兴趣的不是命题,而是实例,因为让他们感兴趣的是具体的东西。如果说智力不是他们的强项,他们可以用对他们有用的天赋弥补。他们的感受很强烈,甚至激烈;他们有想象力、敏锐的观察力和换位思考的能力,他们把自己想象成笔下的人物,乐其所乐,痛其所痛;最后,他们还有一种才能,就是把他们看见的、感受到的和想象的东西,有力、清晰且具体地展现出来。

这些都是很高的天赋,拥有这些天赋的作家是幸运的,但只有这些是不够的,还要有别的东西。加瓦尔尼谈到巴尔扎克时这样说过,总的来说,他对各个学科的信息完全ignare。看到这个词的第一反应是想把它译成ignorant(无知),但这也是个法语词,而ignare的含义不止于此,还暗指蠢人的愚钝无知。不过,加瓦尔尼接着说,当巴尔扎克开始写作时,他对事物有一种直觉,似乎一下子就无所不知了。我认为直觉是一种基于某些根据的判断,这些根据是合理的,或者人们以为是合理的,但并不存在于意识之中。但显然巴尔扎克不属于这种情况。他所展现的知识没有根据。加瓦尔尼大概用错了词,"灵感"这个词也许更好。灵感就是作家写出伟大作品所需要的那个"别的东西"。但灵感是什么?我有很多心理学方面的书,本想从中找出一点能启发我的东西,结果一无所获,只偶然发现一篇试着谈论这个主题的文章,艾德蒙·加罗(Edmund Jaloux)写的《诗意的灵感与枯竭》。艾德蒙·加罗是法国人,书写他的同胞。或许法国人对精神状态的反应比盎格鲁-撒克逊人更强烈。他是这样描述灵感爆发时的法国诗人的:他变了副模样,面容平静,同时容光焕发;神态放松,双眼闪着极其清澈的光,蕴含着一种奇怪的欲望,却并无真实的目的。这是一种不容置疑的实体存在。但艾德蒙·加罗接着说,灵感并不是恒久不变的，随之而来的是灵感枯竭，这种状况也许会持续一会儿，也许会持续数年。于是，自觉半死不活的作者脾气很坏，备受怨恨的折磨，这种情绪不仅让他意志消沉，还会让他变得咄咄逼人、充满恶意、憎恨世人，既嫉妒同行的作品，也嫉妒自身丧失的工作动力。我觉察到这种状态与神秘主义者的状态极其相似：神启的时刻，他们会感觉自己与上帝合一；而在被他们称作"灵魂黑夜"的时期，则会感觉枯萎、空虚、被上帝抛弃。

艾德蒙·加罗这么写，似乎只有诗人才有灵感，也许是这样，诗人比散文作家更需要灵感。毫无疑问，因为他是诗人而写的诗和有灵感时写的诗之间差别更明显；但散文作家和小说家也有灵感。不承认《呼啸山庄》《白鲸》和《安娜·卡列尼娜》中的某些段落，还有济慈或雪莱的诗一样是由灵感产生的，只能说是偏见。小说家也许有意依靠这种神秘物。陀思妥耶夫斯基在给出版商的信中常常概述他想写的场景，他说，等他开始写的时候，如果灵感来了，一定会非常高妙。灵感属于青年，很少持续到晚年，而且只是偶然出现，靠意志力召唤不来，但作家们发现，灵感时常可以诱引出来。席勒进书房工作时会闻一闻放在抽屉里的烂苹果以唤醒灵感。狄更斯的书桌上必须摆上某些物件，不然，一行字也写不出来。由于某种原因，这些物件的存在让他的灵感发挥了作用。不过，这种说法极不可靠。作家可以像济慈写出他最伟大的颂诗时那样获得真正的灵感，却创作出毫无价值的东西。在这点上，神秘主义者们又提供了一个类似的例子：阿维拉的圣特蕾莎并不认为修女们的狂喜和看见异象有什么价值，除非它们转化成善行。我很清楚我本该告诉读者，但还没有告诉读者，灵感究竟为何物。我希望能做到，但我不知道灵感是什么。这是一种神秘的东西，可以让作者写出连他自己都不知道自己知道的东西，以至于回过头来，他会问自己："这玩意到底是从哪儿得来的？"我们知道，夏洛蒂·勃朗特很困惑，她的妹妹艾米莉何以写出据她所知她根本不熟悉的人和事。当作者获得这种可喜的力量时，各种观点、形象、比喻、甚至确凿的事实都会向他涌来，他感觉自己只是一个工具，简直就是个速记员，记下口述给他的东西。不过，关于这个晦涩的话题，我已经讲得够多了。我谈论这个问题只是想说明一点：无论一个作家有何种天赋，倘若没有这种神秘的东西施以影响、供以动力，任何天赋都没用。

3

年过三十还有创作本能是不正常的，除了简·奥斯汀，她似乎拥有女人所能拥有的一切美德，同时又不是一个令人无法忍受的完人——在某些方面，这些作家都不正常。陀思妥耶夫斯基是个癫痫病患者；福楼拜也是，人们普遍认为，医生开的药影响了他的创作。这让我想起了一种说法，即生理缺陷或童年不幸是创作本能的决定性力量。这么说，拜伦若不是有畸形足，就永远成不了诗人，狄更斯若不是在鞋油厂待过几个星期，就永远成不了小说家。在我看来，这个说法很荒谬。无数人天生足部畸形，无数孩子曾被送进工厂，干那些他们觉得不体面的活儿，却从没写出几行诗歌，或几行散文。创作本能人所共有，但只在少数幸运儿身上表现得旺盛且持久；不论是有畸形足的拜伦、有癫痫病的陀思妥耶夫斯基，还是在亨格福德桥有过不幸经历的狄更斯，要不是他们的天性中有那种冲动，根本成不了作家。健康的亨利·菲尔丁、健康的简·奥斯汀和健康的托尔斯泰也同样有这种冲动。我并不怀疑，生理或精神上的缺陷会影响一个作家的作品，这会在一定程度上让他与众不同，更有自我意识，且心存偏见，因此，他会从一个不同寻常，时常过分幼稚的角度，去看待世界、人生和人类；最为重要的是，这种缺陷会给予创作本能不可分割的外向性增添内向性。我并不怀疑，假如陀思妥耶夫斯基没有癫痫病，就写不出那样的作品，但我同样相信，真是那样的话，他仍会成为一名高产作家。

总的来说，除了艾米莉·勃朗特和陀思妥耶夫斯基，这些伟大的作家一定都是相处起来很愉快的人。他们有活力。他们是好伙伴、健谈家，他们的魅力会给每一个与之接触的人留下深刻的印象。他们有惊人的享受能力，喜爱生活中美好的东西。以为有创造力的艺术家喜欢窝在阁楼里是不对的。他们不喜欢这样。他们的性情中有一种充沛洋溢的东西使他乐于展示出来。他们喜好奢华。别忘了菲尔丁的挥金如土，司汤达的华衣、轻便马车和马夫，巴尔扎克愚蠢的炫耀，狄更斯盛大的晚宴、豪华宅第、马车和两匹马。这些都丝毫没有禁欲主义倾向。他们想要钱财，并非为了聚藏，而是为了挥霍，而且，他们对获取金钱的方式也不总是顾虑重重。无节制符合他们活跃的性格，如果这是缺点，那也是我们大多数人可以同情的缺点。不过，同样，除了一两个例外，他们并不好相处。他们的某些性格特点会把哪怕是最宽容的人也搞得很窘迫。他们都是以自我为中心的人。对他们来说，除了工作，其余的一切都不那么重要，为此，他们准备牺牲所有跟他们有关系的人，并且心安理得。他们虚荣、不体谅他人、自私，而又倔强。他们几乎没有自控力，从未想过不要满足自己的心血来潮，因为这么做可能会给他人带来苦恼。他们好像也不太想结婚，即使结了婚，也是因为天性爱激动，或者反复无常，没给妻子带来多少幸福。我认为他们结婚是为了逃避躁动不安的本性：过上安定的生活似乎能为他们带来平静与安宁，他们把婚姻想象成一个锚地，安全地生活在那里可以躲避外面世界的狂风巨浪。然而，逃避、平静与安宁、安全，最不符合他们的个性。婚姻需要不断妥协，怎么能指望这些本质上顽固的利己主义者妥协呢？他们有风流韵事，但这些风流韵事，无论对他们自己，还是对他们的情感对象，似乎都不太令人满意。这是可以理解的：真正的爱让步，真正的爱无私，真正的爱温柔，而温柔、无私、忍让这些美德是他们无法拥有的。除了特别正常的菲尔丁和好色的托尔斯泰，其他人的性欲似乎都不强。人们会猜想，他们有风流韵事更多是为了满足虚荣心，或者证明自己有阳刚气概，而不是被什么难以抗拒的诱惑搞得神魂颠倒。我斗胆说一下自己的想法，一旦达到这些目的，他们就会松一口气，回去继续工作。

当然，这些都是概述，我们知道，概述只是大体正确。我选择的这几个人都是我有了解的，并对他们发表了一些评论，有些说法很容易显得夸大。我没有考虑这些作家所处的生活环境和舆论气候（遗憾的是，这个表达方式虽然陈旧，但很实用），不过，很明显，这些因素对他们的影响绝对不容忽视。除了《汤姆·琼斯》，我谈及的小说均问世于19世纪。这是一个革命的时代，社会革命、工业革命、政治革命；人们摒弃了曾世代盛行几乎一成不变的生活和思维方式。在这样一个时代，旧的观念不再被无可非议地接受，到处充满了骚动，生活变成了一场全新的、刺激的冒险，有助于产生非同一般的人物和非同一般的作品。19世纪产生了空前或绝后的更伟大的小说，如果你愿意认为19世纪直到1914年才结束，这个说法至今依然成立。

我认为，人们会把小说大致分为现实主义和耸人听闻两类。这种分类很模糊，因为很多现实主义小说家有时也会引入一起轰动的事件，反之亦然，耸人听闻类的小说家通常会通过现实主义的细节，努力让故事情节显得更可信。耸人听闻类的小说名声不佳，但你不能耸耸肩，对一种巴尔扎克、狄更斯、陀思妥耶夫斯基使用的写法不以为意。只是风格不同罢了。侦探小说大受欢迎说明它对读者有强大的吸引力。读者希望被刺激、被震动、被折磨。耸人听闻类的小说家力图用狂暴、荒诞的故事情节牢牢抓住你，让你迷惑、惊诧。他要冒的风险是，你不相信他的话。但正如巴尔扎克所言，你要相信他告诉你的事确实发生过，这一点至关重要。要做到这一点，作者可以创造出远远超出一般经验的人物，他们的所作所为反倒更可信。耸人听闻类的小说需要人物略微夸张一些，也就是陀思妥耶夫斯基所说的比现实更真实的人物。这种人有无法遏制的激情，情绪过于激动，冲动鲁莽、肆无忌惮。情节具是他们的合理领域，如果有人对此不以为然，通常是这样，那就像贬低一幅立体派画作不具象一样不合情理。

现实主义者意图描绘生活原貌。他回避暴力事件，因为一般说来，这种事在他谈论的普通人的生活中不会发生。他所讲述的事情，不仅要有可能发生，甚至不可避免。他并不追求骇人听闻，或者让你血流加速。他想要的是认可的愉悦。你认识他要你感兴趣的那类人。你熟悉他们的生活方式。你进入他们的思维和感官世界，因为它们跟你的世界很像。发生在他们身上的事很可能会发生在你身上。然而，总的来说，生活是单调乏味的，所以现实主义小说家经常担心读者厌烦。这个想法会诱使他插入一段耸人听闻的故事。调子是强拧的，读者感觉幻灭。在《红与黑》中，司汤达的表现手法是现实主义的，直到于连去了巴黎，接触到玛蒂尔德小姐，此后就变得耸人听闻起来。作者莫名其妙地选择了一条新路，你还得不自在地陪他一起走。从创作《包法利夫人》开始，福楼拜就很清楚枯燥乏味的危险，他认定只有借助文体美才能避免这个问题。简·奥斯汀则凭借无穷无尽的幽默避免了枯燥。然而，没有多少小说家能像福楼拜和简·奥斯汀那样把现实主义风格坚持到底，且毫不动摇。这需要精湛的技巧。

我在什么地方引述过契诃夫的一句话，由于说得中肯，我斗胆再引述一次："人们不会跑到北极，从冰山上摔下来。他们去办公室，跟老婆吵架，喝白菜汤。"这个说法过分缩小了现实主义小说的范围。人们会去北极，如果不从冰山上摔下来，也会有同样可怕的冒险经历。他们去非洲、亚洲和南太平洋。布卢姆斯伯里广场，或南部海岸的旅游胜地，不会发生同样的事。也许耸人听闻，但如果是平常的事，现实主义小说家大可去描述，没有理由迟疑。确实，普通人去办公室，跟老婆吵架，喝白菜汤，但现实主义作家的职责是从普通人身上挖掘出不普通的东西。那么，喝白菜汤和从一座冰山上摔下来同样是伟大的时刻。

然而，即便现实主义者也并不原样复制生活，而是将生活加以编排，为其所用。他尽可能避免不太可能的东西，但某些不太可能的东西十分必要，而且很普遍，读者会毫无异议地接受。举个例子来说，如果小说的主人公迫切需要立刻见到某个人，那么他走在皮卡迪利大街拥挤的人行道上就会和他不期而遇。"喂，"他会说，"想不到在这儿遇见你了！我正找你呢。"这就像打桥牌的人被发到十三张黑桃牌一样不可能，读者却坦然接受。可能性随着读者的老练程度的不同而变化：曾经不被注意的事，在今天的读者心里却会引起一阵怀疑。我不认为《曼斯菲尔德庄园》当时的读者看到托马斯·伯特伦爵士从西印度群岛回来当天恰好赶上他家里举办业余戏剧演出有什么好奇怪的。今天的小说家一定会把他赶在这个尴尬的节骨眼儿上回家写得更可信些。我讲这番话只是为了说明，现实主义小说尽管更微妙含蓄，没那么喧嚣露骨，实际上，并不比耸人听闻的小说更忠实于生活。

4

我谈到的这些小说各不相同，但有一个共同点，那就是讲的都是好故事，而且作者的讲述方法直截了当。他们叙述情节、探究动机，但并未求助讨厌的文学伎俩，比如意识流、闪回，这些手法把很多现代小说搞得令人生厌。他们已经告诉读者他们想说什么了，而不是像时下流行的这样，让读者去猜人物是谁，从事哪种职业，处境如何：

事实上，他们尽量让读者读起来轻松。他们似乎并不想通过微妙来打动读者，也并不想用新颖令读者惊奇。作为人，他们足够复杂；作为作家，他们又简单得惊人。他们神秘而又独特，就像儒尔丹先生[1]满嘴散文一样自然。他们试图道出实情，却又不可避免地透过自身癖性的变形的镜头来观看。他们凭借可靠的直觉，避开只会引起一时兴趣的主题，随着时间的推移，这类主题会失去意义；他们谈论的都是人类持久关注的主题：上帝、爱恨、死亡、金钱、野心、嫉妒、骄傲、善恶；简言之，就是那些从一开始就人所共有的激情与直觉，正因如此，一代又一代的人都能从这些书中找到适合自己的东西。正是由于这些作家观察、判断，并描述他们不同寻常的个性所展现出来的生活，他们的作品才有持续强烈吸引我们的特质和个性。归根结底，所有作家要呈现的都是他本身，正因为这几位作家是独特力量和非凡超群的产物，随着时间的流逝，他们作品的魅力依然不减，且带给读者不同的习性和新的思维方式。

有一件怪事，尽管他们写了又写，多半不停地修改，但他们并非文体大家。似乎只有福楼拜一个人曾努力写好。然而，具有讽刺意义的是，他煞费苦心写就的《包法利夫人》，正是由于文体的缘故，反倒不如那些随便写成的信札更受法国知识界的赏识。几年前，克鲁泡特金王子在谈到托尔斯泰和陀思妥耶夫斯基时对我说，托尔斯泰的文笔像绅士，陀思妥耶夫斯基的文笔像欧仁·苏[2]。如果他的意思是，托尔斯泰用那种有教养的文化人的会话风格写作，那么在我看来，这是小说家可以采用的很好的文体。我想，奥斯汀小姐的写作风格与我们想象中那个时代的淑女的谈话方式极为相似，这种风格也极其适合

---

[1] 莫里哀的喜剧《贵人迷》中的主人公，儒尔丹是一个醉心贵族生活的资产者，贵族的一切便是他行动的标准。《贵族迷》对这种资产阶级的庸俗心理进行了无情的讽刺。

[2] 欧仁·苏，Eugène Sue，1804—1857，法国19世纪中叶著名小说家。他的作品揭露了这个时期法国社会的种种弊端，描绘了下层人民的贫困状况。

她的小说。小说不是科学论文。每部小说都要有其独特的风格，这一点福楼拜很清楚，于是，《包法利夫人》的风格与《萨朗波》不同，《萨朗波》的风格又和《布瓦尔和佩库歇》不一样。据我所知，没有一个人声称，巴尔扎克、狄更斯和艾米莉的文笔上乘。福楼拜说，司汤达的作品不堪卒读，因为他的文笔太差了。即使从译文也能明显看出陀思妥耶夫斯基的文体不拘小节。文笔好似乎不是小说家必需的素质，更重要的是生机与活力、想象力、创造力、敏锐的观察力、对人性的了解，以及对人性的兴趣与同情，还有丰富的创作力和智慧。尽管如此，文笔好总强过文采平平。

特别奇怪的是，这些杰出的作家并没有把各自的语言写得多么好，更奇怪的是，他们怎么会走上写作这条路。他们的才华在遗传中找不到任何解释。他们的家庭或多或少是体面的，但十分普通，既没有多么智慧，也谈不上多么文雅。他们年轻时并未接触过对文艺感兴趣的人。他们不认识任何作家，本身也不是特别用功。他们参与同龄和同样出身的男孩女孩们的娱乐消遣活动。没有迹象表明他们拥有非同寻常的能力。除了托尔斯泰是贵族，其他人都属于中产阶级。照理说，在这种环境中长大，应该成为医生、律师、政府官员或商人才对。这些人动笔写作就像羽翼初丰的小鸟飞向高空。还有一点着实奇怪，同一个家庭里的两个成员，比如卡桑德拉和简·奥斯汀，费奥多和米哈伊尔·陀思妥耶夫斯基，他们以同样的方式长大，过着几乎相同的生活，接触同样的环境，彼此间又有着深厚的感情，竟然是这个，而不是那个，天赋异禀。我想，我已经说过，伟大的小说家需要各种各样的才能，不光是创造力，还要有敏锐的洞察力、细心的观察力和汲取经验的能力，最重要的是，对人性永不枯竭的兴趣，以上这些因素幸运地结合在一起才能成就他这类的小说家。可是，为什么这些才能会被赋予到一个人而不是另一个人身上呢，最令人费解是，为什么这些才能的拥有者是一个乡村牧师的女儿、一个籍籍无名的医生的儿子、一个讼棍或一个诡诈的政府职员的儿子，据我所知，这是一个不解之谜。这些小说家到底是怎么获得这些罕见的天赋的，没人说得清。这似乎取决于性格，而性格，除了极少数例外，是由值得称道的品质和阴险的缺点混合而成的。

艺术家的特殊才能，他的才华，或者，如果你愿意的话，他的天分，好似兰花种子，似乎偶然落在热带丛林的一棵树上，并在那里发芽，它没有从树上，而是从空气中获取养分，而后绽放出一朵奇葩。然而，那棵树被伐倒后用作木材，或者顺河漂到一家锯木厂，这块曾开出艳丽且奇异的花朵的木头，与原始森林中成千上万其他树木并没有什么分别。